戦後政治と「首相演説」

1985-2004

3

藤本一美

専修大学出版局

目　次

第Ⅴ部　中曽根退陣・天皇崩御・「55年体制」の終焉

第1章　1985年の政治状況と「首相演説」14

1　はじめに　14

2　政治状況──創政会旗揚げ─田中元首相倒れる・防衛費1％枠・靖国神社公式参拝　16

3　第二次中曽根第二次改造内閣　18

4　首相演説　19／①施政方針演説（1月25日）19／②所信表明演説（10月14日）21

5　おわりに　22

第2章　1986年の政治状況と「首相演説」25

1　はじめに　25

2　政治状況──撚糸工連事件・東京サミット・衆参同時選挙　26

3　第三次中曽根内閣　28

4　首相演説　29／①施政方針演説（1月27日）29／②所信表明演説（9月12日）31

5　おわりに　33

第3章　1987年の政治状況と「首相演説」36

1　はじめに　36

2　政治状況──売上税廃案・ココム違反事件・自民党総裁選　37

3　中曽根内閣の退陣　39

4　首相演説　40／①施政方針演説（1月26日）40／②所信表明演説（7月6日）42

5　竹下内閣の発足　44

3

6　首相演説 45／①所信表明演説（11 月 27 日）45

7　おわりに 47

第 4 章　1988 年の政治状況と「首相演説」51

1　はじめに 51

2　政治状況──天皇御病気・リクルート事件・消費税成立 52

3　竹下改造内閣 54

4　首相演説 55／①施政方針演説（1 月 25 日）55／②所信表明演説（7 月 29
日）57

5　おわりに 59

第 5 章　1989 年の政治状況と「首相演説」63

1　はじめに 63

2　政治状況──天皇崩御・政権交代・参院選挙 64

3　竹下内閣退陣 66

4　宇野内閣発足と退陣 67

5　海部内閣発足 68

6　首相演説 68／①施政方針演説（2 月 10 日）68／②所信表明演説（6 月 5 日）
70／③所信表明演説（10 月 2 日）73

7　おわりに 74

第 6 章　1990 年の政治状況と「首相演説」78

1　はじめに 78

2　政治状況──衆院解散─総選挙・選挙制度改革・日米構造協議 79

3　第二次海部内閣と第二次海部改造内閣 82

4　首相演説 83／①施政方針演説（3 月 2 日）83／②所信表明演説（10 月 12 日）
85

5　おわりに 87

目　次

第 7 章　1991 年の政治状況と「首相演説」90

　1　はじめに　90

　2　政治状況――日ソ首脳会談・湾岸戦争支援・海部内閣退陣―宮澤内閣発足　91

　3　宮澤内閣の発足と課題　93

　4　首相演説　94 ／①施政方針演説(1 月 25 日) 94 ／②所信表明演説(8 月 5 日) 96 ／③所信表明演説（11 月 8 日）98

　5　おわりに　99

第 8 章　1992 年の政治状況と「首相演説」102

　1　はじめに　102

　2　政治状況――参院選挙・「PKO」法案成立・竹下派分裂　103

　3　宮澤内閣改造　105

　4　首相演説　106 ／①施政方針演説（1 月 24 日）106 ／②所信表明演説（10 月 30 日）108

　5　おわりに　110

第 9 章　1993 年の政治状況と「首相演説」113

　1　はじめに　113

　2　政治状況――内閣不信任決議案可決・衆院解散―総選挙・細川連立政権の発足　114

　3　宮澤内閣の退陣　116

　4　細川内閣の発足　116

　5　首相演説　118 ／①施政方針演説(1 月 22 日) 118 ／②所信表明演説(8 月 23 日) 120 ／③所信表明演説（9 月 21 日）122

　6　おわりに　123

第 10 章　1994 年の政治状況と「首相演説」126

1　はじめに　126

2　政治状況――政治改革関連法案・「国民福祉税」・細川内閣―羽田内閣―村

山内閣 127

3 細川内閣の課題 129

4 羽田内閣の課題 130

5 村山内閣の発足 132

6 首相演説 133／①帰国報告（2月16日）133／②施政方針演説（3月4日）134／③所信表明演説（5月10日）136／④所信表明演説（7月18日）138／⑤所信表明演説（9月30日）140

7 おわりに 143

終章——首相演説の特色（1985年〜1994年）146

第Ⅵ部　阪神・淡路大震災、自民党復活、小泉長期政権

第1章　1995年の政治状況と「首相演説」150

1 はじめに 150

2 政治状況——阪神・淡路大震災・「戦後50年国会決議」・参院選挙 151

3 村山改造内閣の課題 153

4 首相演説 154／①施政方針演説（1月20日）154／②所信表明演説（9月29日）156

5 おわりに 158

第2章　1996年の政治状況と「首相演説」161

1 はじめに 161

2 政治状況——橋本内閣の発足・安保共同宣言・衆院解散—総選挙 162

3 橋本内閣の課題 164

4 首相演説 164／①施政方針演説（1月22日）164／②所信表明演説（11月29日）166

5 おわりに 168

目　次

第 3 章　1997 年の政治状況と「首相演説」171

1　はじめに 171

2　政治状況——第二次橋本改造内閣・中央省庁再編・新ガイドライン・駐留軍用地特例法 172

3　第二次橋本改造内閣の課題 174

4　首相演説 175 ／①施政方針演説（1 月 20 日）175 ／②所信表明演説（9 月 29 日）177

5　おわりに 179

第 4 章　1998 年の政治状況と「首相演説」182

1　はじめに 182

2　政治状況——参院選挙・橋本内閣退陣—小渕内閣発足・金融国会 183

3　小渕内閣の特色 184

4　首相演説 185 ／①金融安定化対策演説（1 月 12 日）185 ／②施政方針演説（2 月 16 日）187 ／③所信表明演説（8 月 7 日）189 ／④所信表明演説（11 月 27 日）191

5　おわりに 193

第 5 章　1999 年の政治状況と「首相演説」196

1　はじめに 196

2　政治状況——自自公連立政権・自民党総裁選—民主党党首選・村山訪朝団 197

3　小渕改造内閣 199

4　首相演説 200 ／①施政方針演説（1 月 19 日）200 ／②所信表明演説（10 月 29 日）202

5　おわりに 203

第 6 章　2000 年の政治状況と「首相演説」206

1　はじめに 206

2　政治状況——小渕内閣総辞職・森内閣発足・衆院解散—総選挙 207

3　森内閣の課題 209

4　首相演説 211／①施政方針演説（1 月 28 日）211／②所信表明演説（4 月 7 日）213／③所信表明演説（7 月 28 日）215／④所信表明演説（9 月 21 日）217

5　おわりに 219

第 7 章　2001 年の政治状況と「首相演説」222

1　はじめに 222

2　政治状況──森内閣退陣─小泉内閣発足・参院選挙・テロ特措法 223

3　小泉内閣の特色と課題 226

4　首相演説 227／①施政方針演説（1 月 31 日）227／②所信表明演説（5 月 7 日）229／③所信表明演説（9 月 27 日）231

5　おわりに 233

第 8 章　2002 年の政治状況と「首相演説」236

1　はじめに 236

2　政治状況──日朝首脳会談・スキャンダル国会・民主党混乱 237

3　小泉内閣改造 238

4　首相演説 239／①施政方針演説（2 月 4 日）239／②所信表明演説（10 月 18 日）241

5　おわりに 244

第 9 章　2003 年の政治状況と「首相演説」247

1　はじめに 247

2　政治状況──イラク支援特措法・自民党総裁選・衆院解散─総選挙 248

3　小泉内閣改造 250

4　首相演説 250／①施政方針演説（1 月 31 日）250／②所信表明演説（9 月 26 日）252

5　おわりに 254

目　次

第 10 章　2004 年の政治状況と「首相演説」257

1　はじめに 257

2　政治状況──年金制度改革・参院選挙・沖縄ヘリ墜落事故 258

3　第二次小泉改造内閣 260

4　首相演説 261／①施政方針演説(1 月 19 日) 261／②所信表明演説(10 月 12 日) 263

5　おわりに 265

終章──首相演説の特色（1995 年〜 2004 年）268

参考文献 271

索引 274

事項索引 274

人名索引 277

戦後政治と「首相演説」1　1945-1964

目　次

序　文

第 I 部　占領・独立

第 1 章　1945 年の政治状況と「首相演説」
第 2 章　1946 年の政治状況と「首相演説」
第 3 章　1947 年の政治状況と「首相演説」
第 4 章　1948 年の政治状況と「首相演説」
第 5 章　1949 年の政治状況と「首相演説」
第 6 章　1950 年の政治状況と「首相演説」
第 7 章　1951 年の政治状況と「首相演説」
第 8 章　1952 年の政治状況と「首相演説」
第 9 章　1953 年の政治状況と「首相演説」
第 10 章 1954 年の政治状況と「首相演説」
終章——首相演説の特色（1945 年〜1954 年）

第 II 部　「55 年体制」・高度成長

第 1 章　1955 年の政治状況と「首相演説」
第 2 章　1956 年の政治状況と「首相演説」
第 3 章　1957 年の政治状況と「首相演説」
第 4 章　1958 年の政治状況と「首相演説」
第 5 章　1959 年の政治状況と「首相演説」
第 6 章　1960 年の政治状況と「首相演説」
第 7 章　1961 年の政治状況と「首相演説」
第 8 章　1962 年の政治状況と「首相演説」
第 9 章　1963 年の政治状況と「首相演説」
第 10 章 1964 年の政治状況と「首相演説」
終章——首相演説の特色（1955 年〜1964 年）

目　次

戦後政治と「首相演説」2　1965-1984

目　次

第III部　日米・日韓・日中関係

第1章　1965年の政治状況と「首相演説」
第2章　1966年の政治状況と「首相演説」
第3章　1967年の政治状況と「首相演説」
第4章　1968年の政治状況と「首相演説」
第5章　1969年の政治状況と「首相演説」
第6章　1970年の政治状況と「首相演説」
第7章　1971年の政治状況と「首相演説」
第8章　1972年の政治状況と「首相演説」
第9章　1973年の政治状況と「首相演説」
第10章　1974年の政治状況と「首相演説」
終章——首相演説の特色（1965年〜1974年）

第IV部　自民党総裁予備選・衆参ダブル選挙・日本列島不沈空母

第1章　1975年の政治状況と「首相演説」
第2章　1976年の政治状況と「首相演説」
第3章　1977年の政治状況と「首相演説」
第4章　1978年の政治状況と「首相演説」
第5章　1979年の政治状況と「首相演説」
第6章　1980年の政治状況と「首相演説」
第7章　1981年の政治状況と「首相演説」
第8章　1982年の政治状況と「首相演説」
第9章　1983年の政治状況と「首相演説」
第10章　1984年の政治状況と「首相演説」
終章——首相演説の特色（1975年〜1984年）

第Ⅴ部　中曽根退陣・天皇崩御・
「55 年体制」の終焉

第1章　1985年の政治状況と「首相演説」

1　はじめに

　中曽根康弘首相は1985年に入ってから、外交分野で多くの実績を残した。まず、1月1日、中曽根首相は日本を出発し、2日、米国のロサンゼルスでロナルド・レーガン大統領と異例の年頭首脳会談を行うなど、この年に何と外遊が5回にも及び、意欲的な外交政策を展開した。

　実際、米国から帰国するや、中曽根首相は1月13日から20日まで、フィジー、パプアニューギニア、オーストラリア、およびニュージーランドの太平洋4ヵ国を訪問して首脳たちと意見交換し、次いで、3月12日から15日まで、チェルネンコ・ソ連共産党書記長の葬儀に参列するため訪ソし、ミハイル・ゴルバチョフ新書記長と会談した。また、4月29日から5月1日には、「主要先進国首脳会議（サミット）」出席のため西ドイツを訪れ、ヘルムート・コール首相と会談。その後、7月12日から21日まで、フランス、イタリア、バチカン、ベルギーの四ヵ国、および欧州共同体（EC）本部を訪問し、各国首脳らと会談した。最後に、10月19日から26日までは、国連創設40周年記念総会に出席するためニューヨーク市を訪問、国連総会で演説をする一方、各国首脳たちと会談をこなしたのである[1]。

　それでは、日本国内の政治状況はどのようになっていたのか。2月7日、田中角栄元首相の子飼いの中堅や若手議員たちが、竹下登蔵相を担いで政策集団「創政会」を発足させ、長期政権を維持してきた自民党の中で、一枚岩の団結力を誇っていた最大派閥の田中派にひび割れが生じた。また、同月27日、創政会騒動で揺れていた最中、田中元首相が脳梗塞で倒れて入院するなど、元首相の政治的影響力が急速に低下し、そのため、中曽根政権をめぐる党内の力学も微妙な変化を余儀なくされた[2]。

第 1 章　1985 年の政治状況と「首相演説」

　こうした状況の中で、中曽根首相の政治的延命がなるかの一つの材料は、10 月 14 日に召集された第 103 回臨時国会での衆議院の定数是正問題であった。7 月 17 日、最高裁判所は衆議院における現行の定数配分規定が憲法第 14 条に違反すると判断し、定数訴訟の出た 21 選挙区の選挙を違法としたのだ。この結果、次期総選挙の実施は困難となり、政府と国会に大きな責任を課した。だが、政府・自民党が国会に提出した「6 増 6 減案」は廃案となり、次期通常国会に持ち越された [3]。この中で浮かび上がってきたのは、中曽根政権の党内基盤が弱体で、国会運営などで首相の手足となって働く自民党所属議員は極めて少ない事実であった [4]。

　政府は 9 月 18 日、「中期防衛力整備計画」を正式に決定した。これは、防衛庁の内部資料であった「中期業務見積り」を政府計画に格上げしたもので、1986-90 年度の五ヵ年計画で総額 18 兆 4 千億円に上った。所要経費は GNP 見通しの 1.03% にあたり、そのため野党サイドは防衛費の 1 ％順守の政府見解を破るものだ、と強く批判した [5]。

　中曽根首相は 8 月 15 日、日本武道館で開催された政府主催の「全国戦没者追悼式」に出席し式辞を述べた後、靖国神社に公式参拝した。閣僚たちも、外遊中の村田通産相と山口労相を除き 18 名の閣僚全員が公式参拝した。というのも、藤波孝生官房長官の私的諮問機関である「閣僚の靖国神社参拝に関する懇談会」の報告書を受けて、前日の 8 月 14 日、政府は「公式参拝を行っても社会通念上、憲法が禁止する宗教的活動に該当しない」との談話を発表、従来の政府統一見解を一気に変更したからだ [6]。

　野党各党が中曽根首相の公式参拝について、強く抗議したのはいうまでもない。だが、首相はこうした野党の反対は想定ずみで、臨時国会で多少混乱があったとしても乗り切れる自信があったのだという。問題は海外から厳しい批判が一斉に発せられたことだ。実際、韓国および中国からの批判が最も激しく、特に中国からの反発と対応は中曽根政権後半の大きなお荷物となったのは間違いない [7]。

　本章では、1985 年の政治状況を踏まえて、第二次中曽根内閣第二次改造内閣の特色を述べた上で、中曽根首相による施政方針演説と所信表明演説の内容を検討し、それを通じて、この年の政治的一面を紹介したい。

第Ⅴ部　中曽根退陣・天皇崩御・「55 年体制」の終焉

2　政治状況——創政会旗揚げ—田中元首相倒れる・防衛費１％枠・靖国神社公式参拝

　前年の 1984 年 10 月、自民党総裁選における二階堂進副総裁擁立劇が「田中（角栄）大国」崩壊の第一幕だと位置づけるとするなら、その第二幕は「創政会」の旗揚げであった[8]。

　1985 年 2 月 7 日、田中派内で竹下登首相を中心とする政策集団＝「創政会」が結成され初会合が持たれたのだ。会合には田中派メンバーの約三分の一にあたる 40 人の衆参両院議員が出席し、初会合の後で竹下蔵相は記者団に「勉強会としての位置づけをきちんとして、派中派になるような運営は避ける」と強調した。だが、創政会の発足が紛れもなく竹下政権を目指す政治集団の旗揚げを意味したのは否めない[9]。

　創政会のメンバーは梶山静六、小沢一郎、羽田孜、小渕恵三、および渡部恒三といった田中元首相の子飼いの衆院議員の反乱であっただけに、その衝撃は大きかった。梶山らが反旗を翻した直接のきっかけは、前年秋の「二階堂擁立劇」の後、田中元首相が二階堂グループの行動を不問にしようとしたからだ。田中派の生え抜きからすれば、田中元首相の派閥膨張策の結果、途中から派閥に入ってきたいわば「外様」が勝手なことをするのは面白くないということである[10]。

　こうした状況の中で 2 月 27 日、田中元首相が東京目白の私邸において脳梗塞で倒れ、東京逓信病院に入院した。田中の入院が田中派に依存しながら政権を維持してきた中曽根首相はもとより、野党を含めて政界全体に大きな衝撃を与えたのは、いうまでもない。田中元首相の病気快復が長引くにつれて、田中自身の影響力も低下し、表面化していた田中派内部の亀裂を一段と深める結果をもたらした。加えて、数の論理で政界を制覇してきた田中元首相の権力支配に終止符が打たれる契機ともなった[11]。

　中曽根首相は防衛費の対国民総生産（GNP）１％枠撤廃に意欲を燃やしていた。首相は 8 月 7 日の国防会議で内部資料として作成作業が進められていた 59 中期業務見積り（86 ～ 90 年度）を政府計画に格上げし、

16

第1章　1985年の政治状況と「首相演説」

新しい防衛力整備五ヵ年計画として策定するよう指示したのだ。これを受けて、政府は9月18日の国防会議と臨時閣議で「中期防衛力整備計画」（86～90年度）を決定した。この結果、5年間の防衛費が総額18兆4千億円とされ、各年度の防衛費の対GNP比は1.03％となり、三木内閣当時の1976年11月に閣議決定された「各年度の防衛費はGNPの1％を超えないことをめどにする」とする方針に抵触することになり、野党はもとより自民党内からも反論が噴出した[12]。

　確かに、中期防衛力整備計画では1％枠を僅かに超えていた。しかし、短年度ごとの予算編成の際には、枠を尊重するという玉虫色の説明で政府はこの場を収めたのである。ただ、中期防で枠を突破させることにより、将来の予算編成に際し、枠撤廃への道筋をつけたのは政権側にとって大きな収穫であったといえなくもない[13]。

　中曽根首相が防衛費の1％枠の早期撤廃にこだわったのは、この問題が首相のいう「戦後政治の総決算」路線の中で中核的位置を占めていたことに加え、日米経済摩擦が対日防衛力増強とからんで米国の対日批判が強まる中で、防衛の面で対米配慮に迫られていたからに他ならない[14]。

　ところで従来、靖国神社に参拝することは遺族会を中心とした靖国神社の国家的な支持の要求にこたえて行われた行為であり、国の宗教的活動を禁止した憲法第20条第3項などの政教分離規定との抵触が問題となっていた。歴代内閣にとって、個人の資格で参拝する、記帳時には公職の肩書を使用しない、玉ぐし料を公費から支出しないなどの制約が存在した。しかし、中曽根内閣時代に制度の見直しがなされた。「閣僚の靖国神社参拝問題に関する懇談会」の報告を受けて、8月14日、藤波孝生官房長官は談話の中で、閣僚は公式に参拝するものの、神殿での礼拝の方式を略式にし、公費での支出は玉ぐしではなく供花料にとどめるという政府見解を示し、8月15日、中曽根首相は第一回目の公式参拝に踏み切ったのである[15]。

　この公式参拝については、中国など近隣諸国が強く反発し、とりわけ、中国は靖国神社が東條英機元首相ら「A級戦犯」14人を合祀していることなどを指摘して激しく批判、「反日」「反中曽根」のデモが中国で生じた。そのため、中曽根首相は中国での反発への配慮から、10月17日から

17

第Ⅴ部　中曽根退陣・天皇崩御・「55年体制」の終焉

19日までの秋の例大祭時には、国連創設40周年記念総会へ出席を理由に、公式参拝を見送ったのである[16]。

3　第二次中曽根第二次改造内閣

　中曽根首相は暮れが迫った12月28日、自民党人事と内閣改造に踏み切った。自民党四役の留任は早々に決まり、二階堂進副総裁、金丸信幹事長、宮澤喜一総務会長、および藤尾正行政調会長の4人である。一方、第二次改造内閣では、安倍晋太郎外相、竹下登蔵相、加藤紘一防衛庁長官が留任し、第一次中曽根内閣で官房長官を務めた後藤田正晴が総務長官から再び官房長官に起用されたのが目についた。総務長官には副総理格で江﨑真澄が就任、また、連立を組んでいる新自由クラブからは、河野洋平が科学技術庁長官として入閣した。派閥別の閣僚配分は田中派6、鈴木派4、福田派4、中曽根派3、および河本派2であり、改造前と同じであった[17]。

　留意すべきは、閣僚ポストを概観すると主要閣僚への中曽根派の起用が目立ったことである。実際、通産相には渡辺美智雄が就任したほか、それまで田中派の牙城であると見られていた建設、郵政の両ポストに江藤隆美、佐藤文生が就任したのだ。こうした閣僚の配置は、田中元首相がもし病気でなく健在であったなら、到底考えられないというのが、自民党内の受け止め方だった[18]。

　12月28日、中曽根首相は内閣改造を断行し、第二次中曽根改造内閣を発足させた。その背景にあるのは、自民党総裁としての任期が翌1986年10月末までで、1年を切っていたことだ。こうした状況の中で、教育、国鉄改革、および衆院議員定数是正の問題、また、日米経済摩擦などの懸案処理と、86年5月に予定されていた「主要先進国首脳会議（東京サミット）」の乗り切りを前にして、自民党内の実力者や実務家をできるだけ取り込んだ形で、いわば中曽根政治の「仕上げ」を目指したのである[19]。

第1章　1985年の政治状況と「首相演説」

4　首相演説

①施政方針演説（1月25日）

第102回通常国会は1月24日に再開、翌25日、中曽根首相の施政方針演説が衆参両院の本会議場で行われた。首相演説の概要は次の通りである。

> 首相は「今年は終戦から40年にあたる歴史の節目」と指摘した上で、「さらに大胆な改革を進め、次の世代へより良い日本を引き継ぐ」と述べ、自民党総裁再選後、二期目に入った「中曽根政治」の基本姿勢を強調した。また、「大胆な改革」との関連で、首相は「幅広い視野に立った税制全般にわたる改革を、これからの課題として検討する必要がある」と言明し、戦後税制体系の見直しへ初の決意表明を示した。その上で、臨調路線に沿った行政、財政、さらには教育の三改革を引き続き推進する中で、「今年は、国鉄の抜本的改革に取り組むとき」だと力説した。また、違憲判決が続く国会議員の定数問題では、「今国会で定数是正が実現するよう、政府としても最大限の努力をする」と述べた[20]。

首相演説などに対する各党の代表質問が衆議院で1月28日から開始され、質問の第一陣に立った社会党の石橋政嗣委員長は、中曽根首相を防衛費や定数是正問題などで追及した。首相は防衛費のはどめを表明した[21]。

『朝日新聞』は「社説：腰を落とした政治運営を」の中で、首相の施政方針演説に次のような注文をつけた。

> 首相の演説をきいて、たしかに刺激的な言葉は減ったと思う。しかし"喧騒の政治"か"静かな政治"かは言葉の問題でない。首相が年来の政治の課題に背を向けるなら反発が起きようし、言葉をつくろっていても平和路線の一角を崩す意図が見れば、野党もまた立ち上がざ

19

第Ⅴ部　中曽根退陣・天皇崩御・「55年体制」の終焉

るを得ないだろう。疑念の残る演説なのである[22]。

　一方、『読売新聞』は「社説：次代への強力な橋渡し役を」の中で、首相演説を次のように、好意的に論評した。

　　25日の施政方針演説で、第二期中曽根政治の針路が明らかにされた。戦後40年、内閣制度の創設から百年に当たる今年を、「歴史の節目」と位置づけ、21世紀への「渡り廊下」を作る最初の年にしたいとの意欲を表明した。
　　国際舞台での積極的外交の展開、行財政・教育改革といった既定路線を定着、前進させるとともに、新たな課題として戦後税制の見直しや高度情報社会への基盤整備などをとりあげた。中、長期的な懸案処理にも道をつけ、次代への橋渡し的役割を果たそうという姿勢がうかがえた[23]。

　それでは、中曽根首相の施政方針演説の中で①全体の特色と概要、②現状認識、③公約・理念、④課題への対策、および⑤諸外国との関係は、どのように述べられていたのか、検討する。
　①の全体の特色と概要だが、全体の特色は、税制の見直しの着手を打ち出したことだろう。概要は、「国際社会における積極的貢献」「三つの基本的改革の着実な推進」「経済社会の活性化」「豊かな国民生活の実現」、および「結び」から構成。②の現状認識については、社会変化に対応すると謳う。③の公約・理念として、果断に教育改革を推進するということか。④の課題への対策は行革「国鉄」を軸に推進すると述べている。⑤の諸外国との関係については、中東、インドシナ、中米に多く言及している[24]。
　今回の中曽根首相の演説で注目すべきは、「行政改革も、道半ばに達し、財政改革も緒に就き得た」と政権担当2年目の実績を誇示し、その上で「さらに大胆な改革を進める」として今年は「国鉄の抜本的改革」や「果断な教育改革」に取り組むと表明したことである。なお、防衛費1％枠問題には言及せず、素通りに終わった[25]。

②所信表明演説（10月14日）

第103回臨時国会は10月14日に召集、同日、中曽根首相による所信表明演説が衆参両院の本会議場で行われた。演説の概要は次の通りである。

> 首相は、臨時国会の課題として、衆院定数是正、共済年金改革法案の成立、公的規制の緩和や内需拡大による対外経済摩擦の克服を挙げた。とくに、衆院定数是正を「最高裁判決を厳粛に受け止め是正に向けて合意が得られるよう強く念願する」と述べ、最優先課題との認識を示した。だが、中期防衛力整備計画については文民統制の強化の観点からこれを政府計画化したと強調しただけで、国民総生産見通しの１％を突破したことには触れなかった。さらに、論議を呼んだ靖国神社公式参拝には全く言及しなかった[26]。

10月16日から、衆議院本会議で代表質問が行われ、質問の第一陣にたった社会党の田辺誠書記長は中曽根首相に、防衛費の１％枠の厳守と靖国神社公式参拝の中止を迫った。しかし首相はこれを拒否した[27]。

『朝日新聞』は「社説：首相は国会で本心を語れ」の中で、首相の所信演説について、次のように批判した。

> ……来年10月末で自民党総裁としての任期が切れる中曽根首相は第４コーナーにかかった、といえる。面倒な国会審議にわずらわされることなく、成果を急ぎたくなるところだ。しかし、所信表明でいうように"公正、民主的に、国民の合意を形成する"ことを目指すならば、首相は国会外ではなく、国会で本心を語るべきである[28]。

一方、『読売新聞』もまた「社説：課題が多い首相の所信演説」の中で、首相演説の内容に次のような苦言を呈した。

> ……中曽根首相の今度の演説も、六つの柱に四十項目の問題を盛り込んだ羅列的なもので、首相の"肉声"らしいものが聞けたのは、最

第Ⅴ部　中曽根退陣・天皇崩御・「55 年体制」の終焉

後の"結び"の部分ぐらいだ。首相演説は、もっと大胆に、基本的な考えを表明するものでなければならない。中曽根政権が、自民党総裁の任期の関係で、あと 1 年で終わると考えると、残る時間の中で取り組むべき課題はあまりにも多い[29]。

　それでは、中曽根首相の所信表明演説の中で①全体の特色と概要、②現状認識、③公約・理念、④課題への対策、および⑤諸外国との関係は、どのように述べられていたのか、検討する。

　①の全体の特色と概要である。特色は定数是正を最優先だと述べたことであろう。概要は「序文」「世界の平和の繁栄への貢献」「対外経済摩擦の克服と経済社会の活性化」「基本的改革の着実な推進」、および「結び」から構成。②の現状認識については、経済摩擦が緊急事態だと謳ったことか。③の公約・理念としては、民活を軸に内需拡大をはかるという。④の課題への対策に関しては、税体系の抜本的見直しを力説している。⑤の諸外国との関係については、軍縮促進を訴え、米ソ対話を支援するという[30]。

　今回の首相演説で際立っていたのは、演説の最後の次のくだりであろうか。中曽根政治の理念がもろに反映されているように思われる。

　　政治家は、常に、現状に甘んじることのない改革者であり、しかも現実的、かつ、建設的改革者でなければならないと信じます。私は、この信念の下に、国民の皆様のご理解とご協力を仰ぎ、共に手を携えて、来るべき 21 世紀へ向かう、日本の正しい軌道を敷いてまいりたいと念願しております。重ねて、国民の皆様のご理解とご協力をお願いする次第であります[31]。

5　おわりに

　売上税と称する「大型間接税」の導入は中曽根内閣後半の最大の政策課題である。中曽根首相が税制改革を表明したのは、政権発足後 4 年目の 1985 年 1 月の通常国会での施政方針演説の中であり、その際「税制全般

第 1 章　1985 年の政治状況と「首相演説」

の改革の必要性」を強調した。だが結局、売上税法案は水面下での駆け引きのあと、議長裁定の形で「議長預かり」となり、審議未了に追い込まれた。しかし、税制改革を協議する機関を衆議院に設置することで与野党の合意が成り、次の竹下内閣での「消費税」導入の足掛かりをつけたのである[32]。

　本論の冒頭で紹介したように、中曽根首相の得意分野は国際舞台での活躍に他ならなかった。確かに、中曽根首相が外交を重視したのは、外交・防衛問題に一家言を有し、得意としたところが大きい。だが、党内基盤が弱体な中曽根政権にとって、マイナス面を国民の支持でカバーし、「見せる政治」を心掛け、意識的に派手なパフォーマンスに務めたわけであろう。およそ 5 年間におよぶ中曽根政権の時期に、首相の外国訪問は何と 24 回を数え、延べ 40 ヵ国にも及び、歴代首相の中で最多記録を作った。「手づくり外交」と称し、来日する各国の首脳たちに趣きをこらして接待したのは中曽根だからできた対応であった、といってもよいだろう[33]。

注

(1)　〔1986 年〕「内閣」『朝日年鑑　1986 年版』朝日新聞社、85 頁。

(2)　藤本一美〔2003 年〕『戦後政治の決算 1971-1996』専修大学出版局、216 頁。

(3)　田中善一郎〔1990 年〕「中曽根康弘」内田健三・金原左門・古屋哲夫編『日本議会史録 6』第一法規出版、187-190 頁。

(4)　「曲がり角の自民党政治」前掲書『朝日年鑑　1986 年版』69 頁。

(5)　若月秀和〔2012 年〕『現代日本政治史 4　大国日本の政治指導 1972 〜 1989』吉川弘文館、216-217 頁。

(6)　塚原政秀編・林健太郎監修〔1987 年〕『実録昭和史 6』ぎょうせい、131 頁。

(7)　牧太郎〔1988 年〕『中曽根政権・1806 日　下』行研出版局、31-35 頁。

(8)　「曲がり角の自民党政治」前掲書『朝日年鑑　1986 年版』67 頁。

(9)　世界平和研究所編〔1996 年〕「第二次中曽根改造内閣―1984 年 11 月〜 85 年 12 月」『中曽根内閣史　日々の挑戦』世界平和研究所、506 頁。

(10)　藤本、前掲書『戦後政治の決算 1971-1996』219 頁。

(11)　塚原編・林監修、前掲書『実録昭和史 6』134 頁。

(12)　世界平和研究所編、前掲書「第二次中曽根改造内閣―1984 年 11 月〜 85 年 12 月」『中曽根内閣史　日々の挑戦』525 頁。

(13)　若月、前掲書『現代日本政治史 4　大国日本の政治指導 1972 〜 1989』217 頁。

(14)　世界平和研究所編、前掲「第二次中曽根改造内閣―1984 年 11 月〜 85 年 12 月」

第Ⅴ部 中曽根退陣・天皇崩御・「55年体制」の終焉

　　　『中曽根内閣史　日々の挑戦』525頁。

(15) 江橋崇〔2005年〕「やすくにじんしゃこうしきさんぱい」佐々木毅他編『増補新版　戦後史大事典』三省堂、896頁。

(16) 世界平和研究所編、前掲書「第二次中曽根改造内閣―1984年11月〜85年12月」『中曽根内閣史　日々の挑戦』521頁。

(17) 「内閣―中曽根内閣の1年」前掲書『朝日年鑑　1986年版』87頁。

(18) 世界平和研究所編、前掲書「第二次中曽根改造内閣―1984年11月〜85年12月」『中曽根内閣史　日々の挑戦』574頁。

(19) 同上、572頁。

(20) 「税体系　抜本的に見直し―首相　施政演説で強調」『読売新聞』1985年1月25日（夕）、「防衛費新はどめ」同上、1985年1月26日。

(21) 「衆院　代表質問始まる―倫理・定数是正を追及」『朝日新聞』1985年1月28日（夕）。

(22) 「社説：腰を落とした政治運営を」同上、1985年1月26日。

(23) 「社説：次代への強力な橋渡し役を」『読売新聞』1985年1月26日。

(24) 「税制見直し着手打ち出す―首相が施政方針演説」『朝日新聞』1985年1月25日（夕）、「税体系　抜本的に見直し―首相、施政演説で強調」『読売新聞』1985年1月25日（夕）。

(25) 「税制見直し着手打ち出す―首相が施政方針演説」『朝日新聞』1985年1月25日（夕）。

(26) 「国会―第103回臨時国会」前掲書『朝日年鑑　1986年版』82頁。

(27) 「靖国参拝中止せよ―代表質問　まず衆院」『朝日新聞』1985年10月16日（夕）、「国会論戦のポイント」『読売新聞』1985年10月17日。

(28) 「社説：首相は国会で本心を語れ」同上、1985年10月15日。

(29) 「社説：課題が多い首相の所信演説」『読売新聞』1985年10月15日。

(30) 「定数是正を最優先―首相が所信演説」『朝日新聞』1985年10月15日（夕）、「経済摩擦は緊急事態―首相が所信演説」『読売新聞』1985年10月15日（夕）。

(31) 「首相の所信表明演説の内容」『読売新聞』1985年10月15日。

(32) 金指正雄〔2001年〕「中曽根康弘」宇治敏彦編『首相列伝　伊藤博文から小泉純一郎まで』東京書籍、331、333頁。

(33) 同上、334-335頁。

第 2 章　1986 年の政治状況と「首相演説」

1　はじめに

　中曽根康弘首相は 1986 年 4 月 21 日、佐藤栄作、吉田茂、および池田勇人の歴代首相に次いで、戦後 4 番目（1,242 日）の長期在任期間を記録した。加えて、政権与党の自民党にとって、この年は「革命的」ともいえる年になった。それは、中曽根首相による強引な 7 月 6 日の「衆参同日選挙」において、自民党が衆議院で 300 議席（後に追加公認により 304 議席）を獲得するという大勝利をもたらしたからであった [1]。

　中曽根首相はこの年、つまり、1986 年前半の政治目標を来る 5 月 4 日に開催される「東京サミット」に置いていた。首相はサミットの議長役として、西側諸国の協調を謳いあげる一方で、華やかな国際セレモニーを主役としてこなし、その外交手腕を高く評価されたのである。ただ、サミット中に生じた米国のリビア攻撃や円高の急速な進行などもあり、日米間でのいわゆる「ロン・ヤス関係」が必ずしも効果を挙げなかったといえる。このため、国内では中曽根首相に対する風あたりが強まり、「サミット効果」を内政に反映させることで、政局の主導権を強化しようという首相の狙いは半減された [2]。

　その国内では、経理担当職員の巨額使い込みに端を発した「日本撚糸工業組合連合会」（以下、撚糸工連と略す）の不正事件が、国会質問をめぐる汚職摘発にまで発展し、東京地検特捜部は 5 月 1 日、元国土庁長官の稲村左近四郎衆議院議員（自民党中曽根派）を 500 万円の収賄罪で、また、横手文雄衆議院議員（元民社党）を 200 万円の受託収賄罪により在宅のまま起訴した。汚職事件で国会議員が起訴されたのは、1976 年の「ロッキード事件」以来 10 年ぶりのことであった [3]。

25

第Ⅴ部　中曽根退陣・天皇崩御・「55年体制」の終焉

　越えて7月22日、衆参同日選挙での自民党勝利を受けて、第三次中曽根内閣が発足した。党三役は竹下登幹事長、安倍晋太郎総務会長、および伊東正義政調会長とした一方、新しい陣容は副総理に金丸信、蔵相に宮澤喜一、運輸相には橋本龍太郎、文相に藤尾正行が就任し、後藤田正晴官房長官は再任された。なお、派閥別の閣僚配分は、田中派8、中曽根派4、鈴木派4、安倍派4、河本派1であった[4]。

　中曽根首相の自民党総裁任期延長は、8月28日の自民党基本問題運営調査会で確定していたが、9月11日、党本部で党大会に代わる両院議員総会を開催し、党則の総裁任期に関する部分を改正し、中曽根総裁任期の1年延長が正式に決定された[5]。

　中曽根首相が進めてきた行政改革の目玉である「国鉄の分割・民営化」関連法案は11月28日、参議院本会議で自民党、公明党、および民社党などの賛成多数で可決・成立した。この結果、膨大な赤字を余儀なくされていた国鉄は、1987年4月から6つの旅客会社などに分割され、公社から民間会社へと経営形態が変わり、新しい会社としてスタートすることになった。こうして、既に民営化されている電電公社や専売公社とともに、3公社すべてが消滅することになった[6]。

　本章では、1986年の政治状況を踏まえた上で、第三次中曽根内閣の特色を検討する。次いで、1月27日の中曽根首相による施政方針演説と9月12日の所信表明演説の内容を分析することを通じて、この年の政治的動向の一端を紹介する。

2　政治状況──撚糸工連事件・東京サミット・衆参同時選挙

　日本の繊維業界は、国内需要の低迷や発展途上国からの安い繊維製品の輸入増大で長期不況に陥っていた。その対策として、中小企業団法により設備共同廃棄事業が1972年度から始まった。撚糸工連など組合は傘下企業の余分な機械を買い上げ、廃棄した。その事業費の9割が「高度化資金」として中小企業事業団から融資されたのである。この融資は返済資金まで

面倒を見るという、業者にとって極めて有利な事業であって、これまで総額約 2,400 億円が融資され、1974 年から撚糸工連の分は約 560 億円に達していた[7]。

既述のように、4 月 1 日、東京地検特捜部は民主党の横手文雄衆議院議員に任意で出頭を求め、受託収賄罪で取り調べた。また、25 日、東京地検特捜部は自民党の稲村左近四郎衆議院議員に出頭を求め、収賄容疑で取り調べた。汚職の舞台となったのは国会の質問をめぐり、横手議員が「出演者」、そして稲村議員は「演出者」としての役割を演じ、その見返りとして撚糸工連理事長の小田清孝などから多額の金銭を受け取っていたのである[8]。

撚糸工連事件をめぐって逮捕されたのは 11 人、任意取り調べが行われた横手と稲村両議員を含めて、起訴された者は 9 人におよんだ。越年資金を求め政官界汚職事件に関与した、稲村議員は衆議院解散を控えた 6 月 1 日、突然引退を表明した。一方、横手議員の方は 7 月 6 日に実施された「衆参同日選挙」で落選の憂き目を見た[9]。

「第 12 回サミット（主要先進国首脳会議）」が 5 月 4 日から 6 日まで、東京元赤坂の迎賓館で開催された。サミットが東京で開かれたのは、大平正芳首相当時の 1979 年以来二度目のことである[10]。

今回のサミットにおいて、政治・外交面で、米ソ軍縮交渉を控えて西側諸国の結束を訴えた「東京宣言」「国際テロリズムに関する声明」および「チェルノブイリ原子力事故の諸影響に関する声明」の三宣言が発表された。また、「経済宣言」では、国際通貨市場の安定を図るため、サミット参加七ヵ国の経済政策を相互に監視し、その調整を図るために「七ヵ国蔵相会議（G7）」の新設、経常収支、インフレ率を含む 10 の指標のもとに、多角的監視（サーベイランス）を進める、という画期的な合意も盛り込まれた[11]。

東京サミットに対する各国首脳の感想は大方好評であった一方、日本国内では、サミットで円高にブレーキがかかるという期待が高かった分、失望感も大きかった。野党各党は、「円安定に失敗した」「リビア名指し批判は、わが国の中東外交の基本姿勢に反する」との談話を発表した。なお、自民

党内では「成功だった」とする声と「期待外れ」とが半々であったという[12]。

　前年の 12 月 24 日に召集されていた第 104 回通常国会において、衆議院議員の定数是正問題は難航していた。しかし、1986 年 5 月 8 日の会期末に至り、坂田道太衆議院議長による「8 増 7 減」の調停案が示され、共産党を除く野党各党はこれを受け入れ、国会最終日の 5 月 22 日、改正公職選挙法が成立した。なお、調停案には「公布後、30 日以降の公示される総選挙から施行」という周知期間が盛り込まれていたことから、衆参同日選挙を警戒していた野党も、これで不可能となったと判断した[13]。

　しかしである。中曽根首相は“死んだふりをして”、密かに衆議院解散の時期を狙っていたのだ。自民党五役会議で 5 月 26 日衆議院の解散および衆参同日選挙の実施を確定し、翌 27 日、政府は閣議で臨時国会の召集日を 6 月 2 日とすることを決定した。そして、野党が本会議で不在の中で、6 月 2 日、変則的な形で衆議院は解散されたのである[14]。

　衆参両院同日選挙は 7 月 6 日に投開票が行われ、衆議院では自民党が 300 議席を獲得して圧勝、また、参議院でも自民党は圧勝し、比例区・選挙区合わせて 72 議席を獲得して勝利した。これに対して社会党は衆参で大きく敗退し、議席で公明、民社、社民連と肩を並べた。なお、敗退した社会党は辞任した石橋政嗣に代わり土井たか子を委員長に選んだ。また、新自由クラブが 11 月 15 日に解党、10 年ぶりに自民党に復帰した[15]。

3　第三次中曽根内閣

　中曽根内閣は 5 月の朝日新聞の世論調査で支持率が 53％に達し、同内閣発足以来最高を記録した。この事実もまた、中曽根首相をして「衆参同日選挙」に踏み切らせる大きな要因の一つになったのは間違いない[16]。

　中曽根首相は 7 月 6 日の「衆参同日選挙」における勝利を踏まえて、7 月 22 日に召集された第 106 回特別国会で 3 度目の首班に指名され、同日、第三次中曽根内閣が発足、直ちに自民党役員人事と内閣改造に踏み切った。首相は閣僚をほぼ入れ替え、ニューリーダーの 3 人（竹下登、宮澤喜一、および安倍晋太郎）を党や内閣の要職に据えて、世代交代を印象づけるな

ど強い主導権を発揮した[17]。

まず、党三役の布陣である。竹下登を幹事長に、同じく安倍晋太郎を総務会長に、そして伊東正義を政調会長に据えた一方、閣僚としては、後藤田正晴官房長官を留任させ、副総理に金丸信、蔵相に宮澤喜一、そして文相に藤尾正行を任命した。これまで、長く閣内にいた竹下、安倍を党に移したが、党務を担当していた金丸、宮澤、および藤尾を閣内に取り込んだわけである[18]。

4　首相演説

①施政方針演説（1月27日）

第104回通常国会は1月27日に再開、同日、衆参両院の本会議場で中曽根首相の施政方針演説が行われた。その概要は次の通りである。

　　首相は、内政では、これまで進めてきた国鉄、税制、教育改革の総仕上げの意味から、全力で取り組む決意を表明した。また、今国会の大きな焦点である衆院定数是正問題について、「立法府全体に課された責務」だとし、強い調子で「すみやかに実現する」と訴えた。しかし、財政再建の目標であった「65年度赤字国債依存体質からの脱却」との文言は消えた。一方、5月に東京で開催される第12回先進国首脳会議（サミット）については、その重要性を強調し、テーマとして「世界経済の新たな発展」「平和・軍縮」「東西両文明の相互理解」を挙げるとともに、経済運営をめぐる「政策協調」の場としたい意向を明らかにした[19]。

首相演説などに対する各党の代表質問は1月29日から行われ、衆議院で質問の第一陣に立った社会党の石橋正嗣委員長は「軍縮を口にしながら実際には軍事力増強に血道をあげている」とし、中曽根首相の安保・防衛問題を強く批判した。首相は含みを残す答弁をした[20]。

『朝日新聞』は「社説：言葉の軽さと大きな波」の中で、首相の演説に

ついて次のように論評した。

　　中曽根首相の発言には、大きな波がある。大ざっぱにいえば、通常
　国会の論戦が続く冬の間は比較的に穏やか、低姿勢で、国会の会期が
　終わる夏になると一転して攻撃的な高揚発言を展開する。“冬低夏高”
　だ。今回の施政方針演説で、首相は戦後40年を世界史に例のない誇
　るべき時代だったと評価した。平和が続き、生活水準は上昇し、自由
　と人権を基調とする市民社会の基盤ができた、と述べた。“戦後政治
　の総決算”は戦後の否定ではなく、一部のひずみや欠陥を是正するだ
　けだ、という論法である。
　　しかし、首相はわずか半年前、防衛予算１％枠の見直しや靖国神社
　公式参拝の決意を述べて、それが“総決算”だといったのである。ど
　ちらが真意か[21]。

　一方、『読売新聞』は「社説：まだ道が遠い中曽根改革路線」の中で、
首相演説について次のように論評した。

　　中曽根首相にとって四回目の施政方針演説だった。自民党総裁の任
　期からいえば、最後の施政方針演説となる。そうした感慨をこめてか、
　“中曽根哲学”をちりばめ、改めて戦後政治の決算を訴えた。……日
　暮れて道遠しというが、首相にとって課題は多く、持ち時間は短いこ
　とを念頭に、悔いが残らぬような全力投球を望む[22]。

　それでは次に、中曽根首相の施政方針演説の中で①全体の特色と概要、
②現状認識、③公約・理念、④課題への対策、および⑤諸外国との関係は、
どのように述べられていたのか、検討する。
　①の全体の特色と概要だが、特色は「戦後政治の総決算」の意義を強調
したことであろう。概要は「序文」「国際国家日本の課題と責務」「対外経
済摩擦の克服と拡大均衡下での新しい成長」「基本的改革の着実な推進」「豊
かな社会の実現」、および「結び」から構成。②の現状認識については、国鉄・

税・教育改革に全力で取り組むという。③の公約・理念としては、新政策を避けて理念に力点を置いたことであろうか。④の課題への対策に関しては、定数是正を速やかに実現をと謳っている。⑤の諸外国との関係については、アジア諸国、韓国、中国やソ連との関係に多く言及している[23]。

　今回の中曽根首相の演説で興味深いのは、首相の持論である「戦後政治の総決算」路線を貫くとともに、その具体策である行財政改革や教育などの改革が「国際社会において名誉ある地位を占めようとする、真の国際国家日本を実現するための重要な礎石」であると指摘して、この路線の大きな狙いが国際社会での日本の地位を高める点にあることを明確にしたことである[24]。

②所信表明演説（9 月 12 日）

　第 107 回臨時国会は 9 月 11 日に召集、翌 12 日、衆参両院の本会議場で、中曽根首相による所信表明演説が行われた。首相演説の概要は次の通りである。

　　　首相は先の衆参同日選挙での自民党の大勝利を受けて、選挙時の公約の"着実な実現"を強調し、引き続き政権を担当する意欲を表明した。特に、国鉄分割・民営化法案の臨時国会での早期成立を訴え、また、景気浮揚のための補正予算案の今国会提出を言明した。さらに、日韓関係をめぐる先の藤尾発言問題では、間接的表現ながら改めて遺憾の意を表した。一方、米国の戦略防衛構想（SDI）への研究参加については、9 日の参加方針決定を踏まえて、日米安保体制の効果的運用に役立つ点などを挙げ、積極的な姿勢を打ち出した[25]。

　首相演説に対する代表質問が 9 月 16 日から開始、衆議院で質問の第一陣に立った社会党の土井たか子委員長は「円高不況」や「国鉄分割・民営化」を追及した。首相は国鉄新会社に意欲を示した[26]。

　『朝日新聞』は「社説：国際国家論を生かすには」の中で、首相演説を次のように好意的に論評した。

中曽根首相が所信表明で格別に強調したのは、国際社会の中でわが
国が果たすべき役割をきちんと果たしていこうという一点だった。“国
際国家日本”論である。……首相が、わが国の国際的な役割を、なに
かをつけたしのようにいうのではなく、政治の正面にすえようとする
姿勢には賛成である。しかしこの際、二つ注文しておきたい。第一は、
首相のいう “国際” が米国にかたより過ぎ、それも経済面より防衛面
を重視し過ぎていないか、ということである。……第二は、経済摩擦
緩和、内需拡大のための政策をもっと具体的に出すべきだ。これが、
国際的な役割の柱だからである[27]。

　一方、『読売新聞』は「社説：改革の実行に悔いを残すな」の中で、首
相演説を次のように論評した。

　残る任期はあと一年、中曽根政治は総仕上げの段階にはいった。首
相は、所信表明演説で当面する懸案に当たる決意を述べているが、首
相にとっては、とにかくもう実行しかない。悔いが残らないよう、一
日一日を、燃焼しつくす以外にないだろう[28]。

　それでは、中曽根首相の所信表明演説の中で①全体の特色と概要、②現
状認識、③公約・理念、④課題への対策、および⑤諸外国との関係は、ど
のように述べられていたのであろうか。
　①の全体の特色と概要だが、特色は国鉄法案成立に全力をつくすと謳っ
たことであろう。概要は、「序文」「21 世紀への礎づくり」「世界の平和と
繁栄への積極的貢献」「国際協調型経済構造への総合経済対策の推進」「活
力ある豊かな長寿社会の建設と 21 世紀に向けた国土づくり」、および「結
び」から構成。②の現状認識については、景気浮揚には大型補正の提出で
対応すると謳っている。③の公約・理念として、米国の戦略防衛構想（SDI）
に積極的に参加するという。④の課題への対策に関しては、韓国を比喩し
た「藤尾発言」について遺憾の意を表明したことであろうか。⑤諸外国と

の関係については、実行力ある米ソ交渉を働きかけるという[29]。

　今回の所信表明演説において、首相は政治理念を極力抑えた点が注目された。1月の施政方針演説で見られたような "天上天下唯我独尊" などきらびやかな修飾語は少なく、いわば、路線定着を狙う実務型の演説であった、といってよいだろう[30]。

　なお、先に指摘した「藤尾発言」であるが、それは藤尾正行文相が雑誌『文藝春秋』の1986年10月号で「相手（外国）に合わせることが外交というのは錯覚」などと首相を批判した上で、日韓併合（1910年）について「韓国側にもいくらかの責任がある」として、日本による侵略との見方に疑問を投げかける発言をしたことだ。韓国側の抗議で日韓両国の重大な外交問題に発展し、9月8日、首相は藤尾文相を罷免し、後任に塩川正十郎を充てた[31]。

5　おわりに

　中曽根首相は、歴史認識問題でもめた日韓・日中関係を打破するため、9月20日から21日には韓国を、また11月8日から9日には中国を訪問し、関係改善に力を注ぎそれなりの成果をあげたといえる[32]。

　かくして、中曽根首相は、いわゆる「新保守主義」の世界的潮流に乗ることで、財政誘導の福祉国家論を退けた上で、小さな政府、規制緩和、および民間活力の活用といった行財政改革路線を推進した。ことに、長年の懸案事項であった国鉄、電々、および専売の三公社の民営化を実現したのは大きな成果であった。また、「訪問外交」を積極的に展開して、意欲的で闊達な政治上のリーダーシップを発揮することで、世論の高い支持を得ることができたのである[33]。

注
(1) 〔1987年〕「政治・特集―総仕上げに挑む中曽根政権」『朝日年鑑　1987年版』朝日新聞社、67、68頁。
(2) 藤本一美・酒井慶太〔2017年〕『衆議院の解散・総選挙―決断の政治』志學社、

第Ⅴ部　中曽根退陣・天皇崩御・「55年体制」の終焉

146 頁。

(3)　藤本一美〔2003 年〕『戦後政治の決算 1971-1996』専修大学出版局、230 頁。

(4)　若月秀和〔2012 年〕『現代日本政治史 4　大国日本の政治指導 1972 ～ 1989』吉川弘文館、226 頁。

(5)　世界平和研究所編〔1996 年〕「第三次中曽根内閣―1986 年 7 月～ 87 年 10 月」『中曽根内閣史　日々の挑戦』世界平和研究所、754 頁。

(6)　塚原政秀編・林健太郎監修〔1987 年〕『実録昭和史 6』ぎょうせい、140 頁。

(7)　「政治・特集―10 年ぶりの政界汚職―撚糸工連事件」前掲書『朝日年鑑　1987 年版』75 頁。

(8)　同上、75-76 頁。

(9)　同上、75 頁。

(10)　世界平和研究所編〔1996 年〕前掲書「第二次中曽根改造内閣―1985 年 12 月～ 86 年 7 月」『中曽根内閣史　日々の挑戦』世界平和研究所、636 頁。

(11)　藤本、前掲書『戦後政治の決算 1971-1996』243 頁。

(12)　牧太郎〔1988 年〕『中曽根政権・1806 日　下』行研出版局、148-149 頁。

(13)　藤本、前掲書『戦後政治の決算 1971-1996』253-254 頁。

(14)　藤本・酒井、前掲書『衆議院の解散・総選挙―決断の政治』150 頁。

(15)　塚原編・林監修、前掲書『実録昭和史 6』136-137 頁。

(16)　藤本、前掲書『戦後政治の決算 1971-1996』253-254 頁。

(17)　「政治・特集―総仕上げに挑む中曽根政権」前掲書『朝日年鑑　1987 年版』70 頁。

(18)　若月、前掲書『現代日本政治史 4　大国日本の政治指導 1972 ～ 1989』226 頁。

(19)　「国鉄・税・教育改革に全力―首相施政方針演説」『読売新聞』1986 年 1 月 27 日（夕）。

(20)　「“軍事増強”を追及」『朝日新聞』1986 年 1 月 29 日（夕）、「減税後に財源措置」同上、1986 年 1 月 30 日。

(21)　「社説：言葉の軽さと大きな波」同上、1986 年 1 月 28 日。

(22)　「社説：まだ道が遠い中曽根改革路線」『読売新聞』1986 年 1 月 28 日。

(23)　「国際国家への礎石―首相施政方針演説」『朝日新聞』1986 年 1 月 27 日（夕）、「国鉄・税・教育改革に全力―首相施政方針演説」『読売新聞』1986 年 1 月 27 日（夕）。

(24)　「国際国家への礎石―首相施政方針演説」『朝日新聞』1986 年 1 月 27 日（夕）。

(25)　「国鉄法案成立に全力―首相所信表明」同上、1986 年 9 月 12 日（夕）。

(26)　「円高不況や国鉄追及―衆院代表質問」同上、1986 年 9 月 16 日（夕）、「国鉄新会社に意欲」同上、1986 年 9 月 17 日。

(27)　「社説：国際国家論を生かすには」同上、1986 年 9 月 13 日。

(28)　「社説：改革の実行に悔いを残すな」『読売新聞』1986 年 9 月 13 日。

(29)　「国鉄法案成立に全力―首相所信表明」『朝日新聞』1986 年 9 月 12 日（夕）、「国鉄・

税制改革へ全力―首相、所信表明演説で強調」『読売新聞』1986 年 9 月 12 日（夕）。

(30)　「路線定着狙い実務型―首相の所信表明演説」『読売新聞』1986 年 9 月 12 日（夕）。

(31)　牧、前掲書『中曽根政権・1806 日　下』233-239 頁。

(32)　若月、前掲書『現代日本政治史 4　大国日本の政治指導 1972 〜 1989』231-
　　　232 頁。

(33)　内田健三〔1991 年〕「中曽根康弘内閣」『現代政治学事典』ブレーン出版、745 頁。

第Ⅴ部　中曽根退陣・天皇崩御・「55年体制」の終焉

第3章　1987年の政治状況と「首相演説」

1　はじめに

　1987年の世界は米ソ関係が大きな展開を見せ、いわゆる「冷戦状態」
から「緊張緩和」に向けて一歩前進したといってよいだろう。何故なら
12月7日、ソ連のゴルバチョフ書記長が米国のレーガン大統領との首脳
会談のため初めて米国を訪問した上で、中距離核戦力（INF）全廃条約に
調印したからである[1]。
　一方、日本では何が生じていたのであろうか。留意すべき重要なことは、
中曽根首相が10月20日、自民党総裁選に出馬していた竹下登、宮澤喜一、
および安倍晋太郎の3人の中から、後継総裁として竹下を推薦すると裁
定を下したことである。竹下はその後、10月31日に開催された自民党大
会で正式に新総裁に選出され、続いて中曽根内閣が11月6日に総辞職し、
同日、第110回臨時国会で竹下が首班に指名され、竹下内閣が発足した
のである[2]。
　話を戻すと、1月26日に再開された第108回通常国会において、中曽
根内閣は「シャウプ以来の税制の大改革」をとなえ、国会に売上税導入と
マル優（少額貯蓄非課税制度）廃止を内容とする税制改革7法案を提出し
た。これに対して、野党は首相の選挙公約違反であると強く反発した。自
民党は数を背景に強行突破を目指したものの、4月23日、党内の造反や
野党の強い結束の前に屈した形で、売上税は廃案に追い込まれた[3]。
　次いで4月30日、大手工作機械メーカーの東芝機械が「対共産圏輸
出統制委員会 Coordinating Committee for Multilateral Export Controls;
COCOM（ココム）」規則に違反して、大型工作機械をソ連に不法輸出し、
ソ連原子力潜水艦のスクリュー音の低下につながっていると米国から指摘

36

を受けた。警視庁は東芝機械を外国為替および外国貿易管理法（以下、外為法と略す）違反で捜索した。一方、通産省は5月15日、東芝機械に共産圏向けの輸出1年間禁止の行政処分を下し、また、不正輸出を仲介した伊藤忠商事にも工作機械の共産圏向け輸出を3ヵ月しないよう指示した。そこで再発防止策として、政府は7月31日、外為法改正案を成立させたのである[4]。

　本章では、1987年の政治状況を踏まえて、中曽根内閣の退陣―竹下内閣の発足に言及し、その上で、中曽根首相の施政方針演説と所信表明演説、並びに竹下首相の所信表明演説を検討することを通じて、この年の政治的特色の一端を紹介したい。

2　政治状況──売上税廃案・ココム違反事件・自民党総裁選

　1987年1月26日に再開された第108回通常国会の冒頭で、中曽根首相の施政方針演説が行われた。だが、首相の演説を聞いた野党各党からは、売上税の「う」の字もないじゃないかと批判が生じた。そのため異例なことに、2月2日に行われた各党の代表質問への答弁で、中曽根首相は「私が1月26日の施政方針演説において述べました間接税制度の改正は、売上税の創設を含めたものであります」と補足説明してようやく審議が始まった。こうして政府は2月12日、売上税法案、所得税、法人税減税、およびマル優廃止を柱とする所得税法案などの一部改正案を正式に国会に提出したのである[5]。

　勢いづいた野党は、国会を空転させる作戦に出た。一方、中曽根首相の味方であるはずの自民党が必ずしも一枚岩ではなく、売上税導入に対する反対論が強まっていた。こうした状況の中で、3月8日に参議院岩手補選、4月に入ると統一地方選が行われたが、自民党候補はいずれも敗退を喫した。こうした中で4月15日、首相の訪米前に予算の衆議院通過をはかるため、与党は単独採決に踏み切り、野党側は態度を硬化させた[6]。

　選挙結果や党内の強固な立場を受けて、自民党内で売上税を中心とする

第Ⅴ部　中曽根退陣・天皇崩御・「55年体制」の終焉

抜本的な税制改革は今の段階では実現不可能との意見が急速に拡大し、売上税撤回論が浮上してきた。結局、原健三郎衆議院議長が乗り出し4月23日、調停案で売上税関連を廃案にすることを明言、事態を収拾した[7]。

このように売上税導入が失敗したことは、1986年7月の衆参同日選での大勝利で「力で押せば何とかなる」と考えを抱いていた中曽根首相や自民党幹部自らが招いた結果だ、ともいえなくもない[8]。

1987年の日米関係は緊張をはらんで推移したといえる。というのは、1986年度の日本の貿易黒字が1,016億ドルとなり、対米赤字が前年度比で20.1％増の520億ドルという具合に、史上最大の額に達したからだ。このような、米国の対日貿易赤字の急増という状況の中で発覚したのが、東芝機械の「対共産圏輸出統制委員会（ココム）」違反事件に他ならない。東芝機械本社は外為法違反で家宅捜査を受け、2名が逮捕された[9]。

東芝ココム違反事件は1987年3月、米国務省が東芝機械のソ連への不正輸出について、事実を明らかにしたことが契機となって日米間で大きな政治問題へ発展した。既述のように、この不正輸出により、ソ連の原子力潜水艦のスクリュー音の低下が促進され、米国など西側諸国の安全保障が阻害されたというのである。越えて、6月30日、米国連邦議会上院において、不正輸出に関与した東芝グループとノルウェー企業の製品を米市場から締め出す内容を含む包括貿易法案の修正案が圧倒的多数で可決されたのである[10]。

日本政府は対米配慮から事件の再発防止に務め、7月31日、外為法改正案を決定し、国会に提出した。その内容は①役務以外の貨物輸出にも「平和・安全維持条項」を新設、②罰則の懲役を3年から5年に延長、③外相は平和・安全維持条項に絡んで意見具申ができるようにした、などが特色であり、今回の外為法改正により日本の通商・貿易政策は、西側諸国の一員としての戦略的色彩を強めたといえる。改正案は9月4日に成立した[11]。

自民党の総裁選は5月14日、田中派の二階堂進会長が突然出馬表明をしたのを契機に、本格的な動きが始まり、竹下、宮澤、および安倍の3人のニューリーダー達は一斉に全国遊説に出かけた。しかし、二階堂は10月7日、推薦議員50人を集めることができず立候補を断念、総裁選は10

38

月 8 日に告示、候補者同士の会談が繰り返されたものの、一本化の調整が難航した。そこで 10 月 19 日、3 候補は調整を中曽根首相に白紙委任したのである。20 日、中曽根首相は竹下を総裁に指名する裁定を下し、10 月 31 日、竹下は臨時党大会で第 12 代総裁に就任したのである[12]。

中曽根首相が竹下を後継総裁に指名した理由については、多くの見解がある。結局、竹下の擁する「数の力」＝経世会を無視できなかったものと思われる。中曽根首相が党の安定のため挙党体制の要として、最大派閥の長を選んだのは妥当な判断であった、といえる。また、竹下の内政面での調整力が宮澤、安倍のそれを上回っていたこともあり、竹下の弱点とされた外交にしても、当面必要なのは、経済摩擦を中心とする個別案件の処理であるとすれば、内政に強い竹下の方が無難であると、中曽根首相が考えたも不思議ではない[13]。

3　中曽根内閣の退陣

周知のように、中曽根政権は鈴木善幸首相の突然の退陣表明を受け、1982 年 11 月 27 日に発足、そして 1987 年 11 月 6 日には、竹下政権の発足でもって、およそ 5 年の長期にわたる幕を閉じた。戦後の首相としては池田首相を抜いて、佐藤首相と吉田首相に次ぐ三番目の長期在任期間＝1,806 日を記録したのである[14]。

中曽根首相が 5 年間という長期政権を維持できた理由について、政治評論家の金指正雄は次のように述べている。

　　"三角大福" 時代のラストランナーであって、政権をおびやかす強力なライバルが既にいなかった点が大きい。むろん中曽根の前任者たちは"二階堂擁立劇"のように時折、揺さぶりをかけたが決定力を欠き、いやがらせの域を出なかった。"中曽根後" を狙う竹下、宮澤、安倍らのニューリーダーはまだ力不足であり、田中角栄が脳梗塞で倒れた（1985 年 2 月）あとは、中曽根は事実上、後継者を指名するほどの存在になった[15]。

第Ⅴ部　中曽根退陣・天皇崩御・「55年体制」の終焉

中曽根内閣を総括するならば、内政面では、国鉄民営化に象徴される改革路線を、一方外交面では、日米同盟関係の強化を柱とする西側諸国の一員としての路線を進めた。また、政治理念では、靖国神社公式参拝の実施に象徴される「新国家主義」によって特徴づけられる。中曽根はいわゆる"大統領的首相"を目指し、内政や外交で強力な指導力を発揮した。その上で、戦後政治の総決算を唱え、保守本流の政治から脱却し「新保守主義」の政治を目指したが、それはタカ派的で右寄りの体質を示すものであった。なお、中曽根首相は私的ブレーンを使った審議会を多用することで、首相官邸主導の「トップダウン型」政治を好んだ、といわれた[16]。

4　首相演説

①施政方針演説（1月26日）

第108回通常国会は1987年1月26日に再開、同日、衆参両院の本会議場で中曽根首相による施政方針演説が行われた。その概要は次の通りである。

　　首相は今年が憲法施行40年目に当たることを意識し、「戦後民主政治全般の検討と建設的討議」を提唱して、国会改革を始めとする立法と行政の関係の再点検の必要性を説いた。また、今国会の最重要課題である税制改革の歴史的意義を強調して、「関連法案の速やかな成立」を訴え、首相の国会演説として初めて農政改革の推進を掲げた。
　　一方、防衛費の対国民総生産（GNP）比1％枠の突破については中期防衛整備計画を柱とし、三木内閣当時の閣議決定の精神を尊重することで十分新たな歯止めとなり得ることを力説した。
　　さらに、政局に臨む姿勢では、「克服すべき問題は山積し、乗り越えていくべき遠山を望むがごとくだ」と総仕上げの年と言われる今年に果敢に取り組む意欲を見せた[17]。

首相演説に対する各党の代表質問は、まず2月2日から衆議院本会議で始まった。代表質問のトップを飾った、社会党の土井たか子委員長は「軍事費のGNP1％枠突破は軍事大国への道を開く」などと首相を追及した。首相は1％枠撤廃やむなしと答弁した[18]。

　『朝日新聞』は「社説："言うこと"と"すること"の差」の中で、首相演説について次のように批判した。

　　……中曽根政治にはつねに"言うこと"と"すること"が違うのではないか、との感じがつきまとっている。首相が本気で国民に"手に手をとって前進しよう"と呼び掛けるのであれば、そうした不信感をなくすよう真剣に努力すべきだと考える[19]。

　一方、『読売新聞』は「社説：中曽根政治の総決算演説」の中で、首相演説を次のように論評した。

　　中曽根首相の施政方針演説は五回目。"結び"の部分が異例な長さになったのは、最後の施政という意識から、"言い残したいこと"を語ろうとしたからか。演説は、子孫にツケを残さず、よりよい日本を引き渡すために苦難の改革を、訴えている。そのための"戦後政治の総決算"であり、"国際国家日本の建設"だという。中曽根政治の総決算ともいうべき演説で、理念がほとばしりすぎて具体論に乏しいという感じはする。といって、首相があげた一連の諸改革は、わが国の国際化のため、避けて通れぬものばかりといえよう[20]。

　それでは、中曽根首相の施政方針演説の中で①全体の特色と概要、②現状認識、③公約・理念、④課題への対策、および⑤諸外国との関係は、どのように述べられていたのであろうか。

　①の全体の特色と概要だが、特色は戦後政治の再点検を提唱したことであろう。概要は、「序文」「世界平和への積極的貢献と国の安全」「基本的改革の着実な推進」「弾力的な経済運営と国際協力型経済構造への転換」、

および「結び」から構成。②の現状認識については、防衛費は昭和66年度以降、国際情勢を考えて検討するという。③の公約・理念として、税制改革を強調している点だろう。④の課題への対策に関しては、国会の現状について不満であり、定数是正への努力を表明していることか。⑤の諸外国との関係については、米ソ首脳会談の再開を謳っている[21]。

中曽根首相の演説で留意すべきは、結びにおいて、米ソ首脳会談の再開を謳った箇所であり、次のような認識を披露した。

> 米ソ両国の首脳は、レイキャビク会談のいわゆる潜在的合意を、今度こそ真に成果あるものとすべく早期に再び取り上げ、米ソ首脳会談を再開されんことを強く要望し、わが国もこのために側面的に協力する決意です[22]。

②所信表明演説（7月6日）

第109回臨時国会は7月6日に召集、同日、衆参両院の本会議場で中曽根首相の所信表明演説が行われた。その概要を次の通りである。

> 首相は6月のベネチア・サミットでの政治・経済両面の成果を強調。「世界は今、21世紀の方向を定める歴史的分岐点に立っている」との認識を示し、「内政も外交も国際国家という立場に立って前進しなければならない」と改めて訴えた。
> 内政面では、税制改革について衆院の税制改革協議会の審議を見守る姿勢を示しながらも「直間比率見直し、利子課税制度の改組など抜本的な税制改革が必要」などと述べ、その手始めとして今国会で、所得税減税実施のための法案の成立などを図る考えを強調した。
> 経済・財政運営では、財政再建路線を基本にしつつも、「今後も積極的対応が必要」として緊縮路線の手直しを図る考えを示した[23]。

首相演説に対する代表質問が7月8日にまず衆議院本会議で行われ、質問の第一陣に立った社会党の岡田利春副委員長は「5年間近くに及んだ

第 3 章　1987 年の政治状況と「首相演説」

政権の総括をする」との立場から中曽根首相の政治姿勢全般を追及し、冒頭で「一日も早い退陣」を求めた。首相から明確な答弁はなかった⁽²⁴⁾。

『朝日新聞』は「社説：首相の最後のメッセージ」の中で、首相の演説について次のように論評した。

　　　今度の臨時国会は、10 月末に自民党総裁の任期切れを控えた中曽根首相にとって、最後の舞台である。その意味で 6 日の所信表明演説は、いわば国民に対する首相の最後のメッセージという性格を持っている。30 分近い演説で、首相がもっとも力を入れていたのは、日本の国際化の一層の推進を説いたくだりである。"国際的地位の高まりを肌で感じ、これに対する日本人の意識や諸制度に改革の必要性を痛感する。……政治がこの国の役割を進んで明示することこそ、21 世紀への日本の大道である"というのが、首相の言葉であった。……

　　　日本の立場について、首相は"わが国は自由主義社会に属し、米欧との協調関係を重視しているとはいえ、アジアに位置し、独自の憲法の下にある"と強調した。問題はどのように理解させていくかにある。その点を今後の国会審議で十分論議してほしい⁽²⁵⁾。

『読売新聞』もまた「社説：国際的責任を説いた首相演説」の中で、首相演説について次のように論評した。

　　　国会における中曽根首相の所信表明演説は、恐らくこれが最後だろう。首相は、その 6 日の演説で日本が進むべき新しい軌道"国際国家"についての考えを述べ、国民に自覚と協力を訴える言葉でしめくくった。"世界が日本を見る目は 10 年前、5 年前とは全く異なっている""日本の国際的地位の高まりと責任を肌で感じ……"という発言は国政の最高責任者として 5 年近くにわたって諸懸案と取り組んできた首相の偽らぬ実感といえるだろう⁽²⁶⁾。

それでは、中曽根首相の所信表明演説の中で①全体の特色と概要、②現

43

状認識、③公約・理念、④課題への対策、および⑤諸外国との関係は、どのように述べられていたのか、検討しよう。

①の全体の特色と概要だが、特色は「真の国際国会へ前進を」と述べたくだりであろうか。概要は「序文」「核軍縮推進 現実を踏まえて」「保護貿易主義防止に尽力」「日中関係の諸原則は不動」「残された課題 教育と税制」、および「国際的地位の向上で責任」から構成。②の現状認識については、所得減税を年度内に行い減税の先行を図るという。③の公約・理念は国際国家推進を強調している点であろうか。④の課題への対策としては、「国際国家」への推進を謳っていることであろう。⑤の諸外国との関係については、中国と韓国との関係に言及しているのが目につく[27]。

今回の首相演説で顕著な点は「世界は今、21世紀の方向を定める歴史的分岐点に立っている」との認識を示した上で、「内政も外交も国際国家という立場に立って前進しなければならない」と新ためて訴えたことである[28]。

5　竹下内閣の発足

第110回臨時国会が11月6日に召集、衆参両院本会議で首班指名が行われ、自民党の竹下登総裁が第74代、46人目の首相に選ばれた。新たに発足した竹下内閣は、宮澤喜一副総理兼蔵相、宇野宗佑外相、田村元通産相などが主軸で、新内閣の緊急課題である地価高騰対策に取り組む国土庁長官に奥野誠亮を目玉として登用した。また、官房長官には竹下側近の小渕恵三が就任した。なお、派閥別の閣僚配分は、竹下派5、宮澤、安倍、中曽根派4、河本派2、無派閥1であった[29]。

新しく発足した竹下内閣の特色について、政治学者の若月秀和は次のように述べている。

前任者の中曽根が陣頭指揮型の指導者であったのに対し、竹下の政治手法は典型的な調整型であった。竹下は対立を回避し、時間をかけて相手に気を配り、妥協を図るという6分の勝利を最善としてきた。

第3章　1987年の政治状況と「首相演説」

この敵をつくらない手法で、党内の他派閥や野党、官僚に対しても広範な人脈網を築いた[30]。

それでは、新しく政権の座についた竹下登首相はいかなる経歴を有する政治家であったのか。

竹下登は1924年2月26日、鳥取県飯石郡掛合村で造り酒屋の長男として生まれた。1944年、学徒動員で陸軍に入隊。1947年早稲田大学商学部を卒業後、郷里の掛合中学で英語教師を務めた一方、青年団活動に参加した。1951年島根県議会議員に当選。県議を二期7年間務めた後、1958年衆議院議員に当選、以後連続当選14回を誇る。1971年第三次佐藤内閣で官房長官、1974年第二次田中内閣でも官房長官を務めた。1976年三木内閣で建設相、1982年第一次中曽根内閣で蔵相。1983年第三次中曽根内閣でも蔵相に就任。1985年竹下派（経世会）を結成。1987年11月首相に就任。1989年6月首相退陣。2000年6月19日、死去。享年76であった[31]。

6　首相演説

①所信表明演説（11月27日）

第111回臨時国会が11月27日に召集、同日、衆参両院の本会議場で、竹下首相による初めての所信表明演説が行われた。演説の概要は次の通りである。

　　首相は内政、外交全般にわたり、心豊かさを重視した持論である「ふるさと創生」を基調に、国会の理解と協力を得て国民的合意を求める手法をとりつつ、「誠実な実行」をめざす政治姿勢を表明した。

　　また、日本の国際的地位に伴う対日要求の高まりを背景に、「内政と外交は一体」との観点から、市場の自由化や経済構造調整に伴う改革遂行などで、国民に対して「我慢」を呼びかけた。

　　税制改革については、「所得、消費、資産の間で均衡がとれた安定

45

第Ⅴ部　中曽根退陣・天皇崩御・「55年体制」の終焉

的な税体系の構築」との表現で、新型間接税導入に強い意欲を示した[32]。

　首相演説に対する各党の代表質問は11月30日から開始、衆議院で野党の第一陣に立った社会党の金子みつ副委員長らから、税制改革、土地対策、および防衛・外交問題などについて質疑があった。首相は間接税導入に意欲を示した[33]。

　竹下首相の演説について、『朝日新聞』は「社説：対話政治の持ち味生かせ」の中で、次のように論評した。

　　　竹下氏は所信表明で政策の継続性が大事だと前政権の路線を継承する姿勢を明らかにする一方で、新しい時代に即応する大胆な発想を取り入れると強調した。竹下氏なりの持ち味を生かした政治を望みたい。竹下政治の軸は"ふるさと創生論"だが、所信表明ではそれをどう政策的に具体化させるのか、分からない。各省庁への目配りか、政策の羅列にとどまる[34]。

　一方、『読売新聞』は「社説：どんな手順で実行するのか」の中で、首相演説を次のように論評した。

　　　竹下首相は27日、衆参両院で初めての所信表明演説を行った。内外の重要課題にどう対処していくのか、その手順や段取りを聞きたかったが、各省庁の政策課題を一通り羅列するだけにとどまったのはもの足りない。国民に政治の緊迫感、躍動感が伝わってこない。
　　　ただ、首相演説で政策のメニューを示し、あとは国会での質疑応答を通じて考えを明らかにし、野党の意見も聞きながら合意形成を目ざそうというのが、竹下流のやり方のようである[35]。

　それでは、竹下首相の所信表明演説の中で①全体の特色と概要、②現状認識、③公約・理念、④課題への対策、および⑤諸外国との関係は、どのように述べられていたのであろうか。

46

①の全体の特色と概要だが、特色は世界への貢献を訴えたことであろうか。概要は、「序文」「外交政策」「土地対策等」「経済財政運営の方針」、および「結び」から構成。②の現状認識については、税制改革を新たな視点でと訴えている。③の公約・理念は外国政策で「平和コストは負担」すると謳う。④の課題への対策に関しては、新型間接税に強い意欲を示していることであろう。⑤の諸外国との関係については、日米関係や東南アジア諸国へ言及しているのが目につく[36]。

竹下首相の演説で留意すべきは、冒頭において「ふるさと創生」を基調とすると訴え、次のような認識を披露したことだ。

　　私はかねてから"ふるさと創生"を唱えてまいりましたが、これは"こころ"の豊かさを重視しながら、日本人が日本人としてしっかりとした生活と活動の本拠を持つ世の中を築こうとの考えに基づくものであります[37]。

7　おわりに

竹下首相が唱えた「ふるさと創生」の意義について、政治評論家の後藤謙次は著作『竹下政権・五七六日』の中で、次のように記している。

　　東京一極集中が極端に進んだ日本列島は首都機能の移転など様々な形態でこうした不自然な現状にメスを入れる努力と研究が続いている。この列島の有り様について戦後の日本で一早く着眼して、処方せんを提示した政治家が田中角栄だった。その理論的手柱、集大成が"日本列島改造論"である。そして大平正芳元首相の田園都市構想、竹下の"ふるさと創生"もこの系譜に属する構想と言っていいだろう。ただ、竹下は、"日本列島改造論"を強烈に意識しつつ、相違点も明らかにしていた。

その上で、竹下の「ふるさと創生」は「日本列島改造論」がややハード

第Ⅴ部　中曽根退陣・天皇崩御・「55年体制」の終焉

面が強かったので、もっとソフトな感じ、あるいはロマンを加味したかったと指摘し、いわば "政治家の夢" といったとらえどころのないものを具体的政策として実現したところに、"ふるさと創生" が日本政治史、政策形成過程を論じる上でも極めて異彩を放つ存在となっている、と評価している[38]。

だが、政治学者の若月秀和が指摘するように、自治体の創意と工夫を最大限生かした竹下の「ふるさと創生」の諸政策は、1988年後半以降のリクルート事件をめぐる騒動と竹下政権自体の弱体化により、推進力を失っていったのは間違いない[39]。

注

(1)　藤本一美〔2003年〕『戦後政治の決算1971-1996』専修大学出版局、245頁。

(2)　〔1988年〕「政治・特集―自民党総裁と "竹下指名"」『朝日年鑑　1988年版』朝日新聞社、67頁。

(3)　田中善一郎〔1990年〕「Ⅲ　中曽根政権と転換期の国会―第97回国会～第109回国会」内田健三・金原左門・古屋哲夫編『日本議会史録6』行研出版局、217頁。

(4)　若月秀和〔2012年〕『現代日本政治史4　大国日本の政治指導1972～1989』吉川弘文館、239頁。

(5)　藤本、前掲書『戦後政治の決算1971-1996』247-248頁。

(6)　若月、前掲書『現代日本政治史4　大国日本の政治指導1972～1989』235-236頁。

(7)　塚原正英編・林健太郎監修［1987年］『実録昭和史6』ぎょうせい、143頁。

(8)　「政治・特集― "中曽根政治" の仕組んだ売上税」前掲書『朝日年鑑　1988年版』74頁。

(9)　藤本、前掲書『戦後政治の決算1971-1996』250頁。

(10)　若月、前掲書『現代日本政治史4　大国日本の政治指導1972～1989』239頁。

(11)　「政治・特集―政治問題化した日米経済摩擦」前掲書『朝日年鑑　1988年版』71-72頁。

(12)　「政党―自由民主党」同上、106頁。

(13)　若月、前掲書『現代日本政治史4　大国日本の政治指導1972～1989』242-244頁、政治評論家の金指正雄は「中曽根がニューリーダー3人の中から竹下登を指名したのは、"外交は内政の実績の上に発言できる" との考えから党内外に幅広い人脈を持ち、党内最大派閥を率いる竹下の政治力を買ったわけだ」と指摘

第 3 章　1987 年の政治状況と「首相演説」

している（金指正雄〔2001 年〕「中曽根康弘」宇治敏彦編『首相列伝　伊藤博文から小泉純一郎まで』東京書籍、336 頁）。

(14)　藤本、前掲書『戦後政治の決算 1971-1996』257 頁。

(15)　金指、前掲書「中曽根康弘」宇治敏彦編『首相列伝　伊藤博文から小泉純一郎まで』335 頁。

(16)　石川真澄〔2000 年〕「中曽根康弘」『政治学事典』弘文堂、824 頁。

(17)　「戦後政治の再点検提唱―国会再開　首相が施政保身演説」『読売新聞』1987 年 1 月 26 日（夕）。

(18)　「売上税、白紙撤回迫る―衆院代表質問　首相、異例の補足発言」『朝日新聞』1987 年 2 月 2 日（夕）、「公約違反ではない」同上、1987 年 2 月 3 日。

(19)　「社説：“言うこと”と“すること”の差」同上、1987 年 1 月 27 日。

(20)　「社説：中曽根政治の総決算演説」『読売新聞』1987 年 1 月 27 日。

(21)　「戦後政治の再点検提唱―国会再開　首相が施政方針演説」同上、1987 年 1 月 26 日（夕）、「戦後民主政治見直し　首相提唱」『朝日新聞』1987 年 1 月 26 日（夕）。

(22)　「首相の施政方針演説」『朝日新聞』1987 年 1 月 26 日。

(23)　「国会―第 109 回臨時国会」前掲書『朝日年鑑　1988 年版』82 頁。

(24)　「首相に早期退陣迫る」『朝日新聞』1987 年 7 月 8 日（夕）。

(25)　「社説：首相の最後のメッセージ」同上、1987 年 7 月 7 日。

(26)　「社説：国際的責任を説いた首相演説」『読売新聞』1987 年 7 月 7 日。

(27)　「真の国際国家へ前進を―首相が所信演説」『朝日新聞』1987 年 7 月 7 日、「年内減税、年度内に」『読売新聞』1987 年 7 月 7 日。

(28)　「真の国際国家へ前進を―首相が所信表明」『朝日新聞』1987 年 7 月 7 日。

(29)　「内閣―中曽根内閣の 10 ヵ月　竹下内閣発足」前掲書『朝日年鑑　1988 年版』86 頁。

(30)　若月、前掲書『現代日本政治史 4　大国日本の政治指導 1972 ～ 1989』246 頁。

(31)　金指正雄〔2001 年〕「竹下登」前掲、宇治敏彦編『首相列伝　伊藤博文から小泉純一郎まで』341 頁。

(32)　「国会―第 110 回臨時国会、第 111 回臨時国会」前掲書『朝日年鑑　1988 年版』83 頁。

(33)　〔1990 年〕『議会制度百年史　国会史　下巻』衆議院・参議院、851-852 頁。

(34)　「社説：対話政治の持ち味生かせ」『朝日新聞』1987 年 11 月 28 日。

(35)　「社説：どんな手順で実行するのか」『読売新聞』1987 年 11 月 28 日。

(36)　「世界への貢献を訴え―竹下首相　初の所信表明」『朝日新聞』1987 年 11 月 27 日（夕）、「税制改革、新たな視点で―竹下首相　初の所信表明演説」『読売新聞』1987 年 11 月 27 日（夕）。

(37)　「首相の所信表明演説」『朝日新聞』1987 年 11 月 27 日（夕）。

第Ⅴ部　中曽根退陣・天皇崩御・「55年体制」の終焉

(38) 後藤謙次〔2000年〕『竹下政権・五七六日』行研出版局、343 〜 344 頁。後藤は「ふるさと創生」が具体的な形となりえたのは財政のゆとりがあったからで、87年度決算で約7千億円の税の自然増収があったと指摘する（後藤謙次〔2014年〕『ドキュメント　平成政治史1』岩波書店、36 頁）。

(39) 若月、前掲書『現代日本政治史4　大国日本の政治指導 1972 〜 1989』261 〜 262 頁、後藤、前掲書『竹下政権・五七六日』352-353 頁。

第4章　1988年の政治状況と「首相演説」

1　はじめに

　昭和天皇は前年に腸の手術をされていた。しかしその後、健康を回復した。だが、1988年9月19日に突然大量吐血され、重体のまま病床で年を越された。このため、日本列島全体が一種の「自粛ムード」に包まれ、異様な空気が全土を支配した[1]。

　昭和天皇の容態急変が伝わるや、これを気づかう人びとが記帳するため皇居前に押しかけた。政府は天皇の病気回復が不可能とみて、皇位の継承があった場合に行われる新元号の選定に動き出し、また、竹下登首相以下の閣僚たちは、地方への遊説を取りやめるなど、政界および民間の間で各種の自粛ムードが広がった[2]。

　6月18日、川崎市の小松秀熙助役が企業誘致担当局長時代に、リクルートコスモス社の未公開株3万株を取得していた事実が新聞報道で発覚。これに端を発したいわゆる「リクルート事件」が政界・官界・財界を震撼させ、国民に大きな衝撃を与えた。未公開株の取得に関与した者は、自民党の全派閥、家族、秘書、および野党の一部まで及び、そのため、閣僚や議員の中には責任をとって辞任する者も出た。また、民間でも、刑事責任を問われるなど、道義的責任から役員を辞任する者が生じた[3]。

　第113回臨時国会末期の12月24日、参議院本会議で、消費税導入を柱とした税制改革6法案が可決・成立した。この結果、1989年4月から、福祉、教育、医療の一部を除く全ての消費・サービスに3％の税金がかかることになった。竹下内閣が命運をかけた消費税の導入は、大平内閣の一般消費税、中曽根内閣の売上税の導入失敗を経て、ようやく実現した大型間接税であって、大平内閣時代の蔵相として、当初からこの問題に関わっ

51

第Ⅴ部　中曽根退陣・天皇崩御・「55年体制」の終焉

てきた竹下首相にとっては、10年越しの悲願であった[4]。

　本章では、1988年の政治的状況を踏まえた上で、竹下改造内閣の意義に触れる。次いで、竹下首相による1月25日の施政方針演説と7月29日の所信表明演説の内容を検討することを通じて、この年の政治的特色の一端を紹介したい。

2　政治状況──天皇御病気・リクルート事件・消費税成立

　既に述べたように、昭和天皇は1988年9月19日に大量吐血されたが、生命の危機を脱出した以降比較的安定した容態で推移し、症状も小康状態であった。しかしである。日本列島全体が「自粛ムード」に包まれてしまい、そのためこれまで経験したことなかった異様な空気が全土を支配した[5]。

　昭和天皇の御闘病中、社会的な「自粛現象」が全国に蔓延、テレビ各局が娯楽番組を中止し、また、芸能人が結婚式を延期したのをはじめ、秋祭りの中止、そして小学校・中学校で体育祭でのピストルの合図まで自粛されるなど、関係した業界が不況に陥るなどの被害も出た。このため、皇太子殿下が、竹下首相や宮内庁に対して、「国民生活に悪影響を及ぼすような行き過ぎた自粛は、陛下のおこころにも沿わない」と要望される一幕もあった[6]。

　こうした状況の中で、天皇制をめぐる言論の抑制や封圧が生じた。実際、10月23日、静岡市の市民グループ「天皇制を考える市民連絡会議」が集会を開催しようとしたところ、静岡市が会場の利用を拒否した。さらに、12月7日、長崎市長が「天皇に戦争責任があり」と答弁したことに対し、自民党長崎県連が発言の取消しを迫った。また、この発言に右翼から嫌がらせが続き、市長に銃弾を送りつけその後銃撃するなど、大きな社会問題となった[7]。

　一方、民間においては、大手情報産業の株式会社リクルートが関連会社などに未公開株を安値で譲渡し、これを譲り受けた側は公開後に高値で売却して多額の利益を得ていたことが発覚するなど、政治家を巻き込んだ大

第 4 章　1988 年の政治状況と「首相演説」

問題となった⁽⁸⁾。

　すなわち、1988 年 6 月 18 日、川崎市助役の小松秀熙がリクルートの江副浩正会長より川崎テクノピア地区への誘致に絡み、同社関連会社であるリクルートコスモス未公開株を入手し、これを公開時に売却して 1 億 2 千万円の利益を得ていたことが朝日新聞のすっぱぬきで判明、20 日、小松助役は解職された。これがいわゆる「リクルート事件」の発端であった⁽⁹⁾。

　当初、新聞で報道された時は、単なる地方自治体の不正事件の一つであるというのが一般的な受け止め方であった。だが、この未公開株を利用した利益供与は、中央政界においても「政治家の錬金術」の一つとして広範囲にわたって行われていたことが判明した⁽¹⁰⁾。

　実際、6 月から 7 月にかけて、竹下首相はもとより、宮澤蔵相、安倍幹事長、中曽根前首相ら、政府・自民党の中軸を含む多くの政治家本人や秘書たちが、リクルートコスモス社の未公開株の譲渡を受けて、濡れ手に泡の利益を得ていた事実が明るみとなった。その後、国会でのリクルート社の江副社長などの証人喚問を経て、12 月 9 日、食言を繰り返した宮澤蔵相が辞任に追い込まれたのである⁽¹¹⁾。

　このようなリクルート事件の展開について、政治学者の若月秀和は次のような見解を示しており、十分に納得のいく説明である。

　　リクルート事件は、それまでの政権を揺るがした事件と比べても、個別の金額は決して大きくなかったし、政治家の意識からすれば、汚職になるかどうか、グレーゾーンに属するような事件で、以前だったら摘発されなかった事件と見られた。（しかし）有権者たちの強い怒りを背景にして、関係者の責任追及がなされたが、少しでもリクルート社と関係があるというだけで、通常の政治資金の提供についても問題視されるという異常なほどの追求劇が展開された。その異常さの背景には、消費税導入によって広く国民に負担を求めようとしている時に、政界を中心としたインサイダーが、密かにうまい汁を吸っているという対比の構図が"庶民の怒り"に火を付けたという側面があった⁽¹²⁾。（カッコ内、引用者）

第Ⅴ部　中曽根退陣・天皇崩御・「55年体制」の終焉

　既述のように、新税である消費税の導入を中心とした税制6法案は12月24日に成立し、交付された。税制改革6法案の中身は①税制改革法、②消費税法、③所得税法等改正、④消費贈与税法、⑤地方税法改正、⑥地方交付税法改正である。この結果、日本の税制はシャープ勧告以来37年ぶりに抜本的な改革が行われることになった。しかも、消費税の導入は10年以上前に大平内閣が一般消費税の導入を検討し始めて以来、次の中曽根内閣を経て、政府・自民党が取り組んできた大型間接税の実現であった[13]。

　改めて言うまでもなく、消費税の導入は竹下首相の最大の業績であって、竹下流の「調整型政治指導」の成果であった一方で、そのため一定の欠陥を有することになった。この税制改革は国民一般には極めて不評であったからだ。それは、内閣の柱であった宮澤副総裁・蔵相を失脚させるなど、朝日新聞による内閣支持率が24％と10月の41.5％から急落した数字に如実に示されていた、といえる[14]。

　なお、竹下の政治手法については、政治学者の竹中治堅が次のように評価しており、興味深い視点を提供している。

　　　竹下は、気配り、調整にたけているものの、政治理念がないと評されることが多いが、しかし、消費税導入に注いだ竹下の情熱を見る限り、政治理念がなかった政治家とはおよそ思われない。むしろ、竹下は自分の政治理念を実現するために気配りをし、調整を行っているに過ぎなかったのではないか。ただ、余りに巧みにそれを行ったため、気配りや調整の結果、竹下自身の考えが実現したということが相手に気付かれずに、上のように評価されることが多かったのではないか[15]。

3　竹下改造内閣

　税制改革6法案の成立を踏まえて、竹下首相は暮れも押し迫った12月

27 日、内閣改造に着手した。それは、自民党役員の任期切れに伴うもの
であった一方で、64 年度予算編成、通常国会での予算審議、64 年夏の参
院選に備え、また、リクルート疑惑や消費税導入で強まった政府批判に対
処するためのものであった。その結果、5 閣僚が留任し、初入閣は 9 人に
留まるなど閣僚経験者を重点的に起用した「実務型内閣」であると称され
た[16]。

　政治評論家の後藤謙次によれば、新内閣の狙いは次の三点に集約され、
それは竹下内閣が抱える当面の重要課題の存在を浮き彫りにしたという。
すなわち、①昭和天皇の御病気と万一の場合への対応、②消費税の円滑な
導入と定着、③リクルート問題への対処と政治改革。これらが竹下首相の
描く内閣改造のポイントだった[17]。

　党役員改正では、安倍幹事長、伊藤総務会長、および渡辺政調会長の 3
役を留任させ、一方内閣改造では、宇野外相、小渕官房長官、田澤防衛庁
長官、および内海国土庁長官が留任したように、全体に小幅な改造で終わっ
た。なお、新閣僚のうちで、長谷川法相がリクルート社からの政治献金問
題で就任 4 日目の 12 月 30 日に辞任し、後任には、高辻正己元内閣法制
局長官が起用された[18]。

4　首相演説

①施政方針演説（1 月 25 日）

　第 112 回通常国会は 1 月 25 日に再開、同日、竹下首相が衆参両院の本
会議場で施政方針演説を行った。首相演説の概要は次の通りであった。

　　首相は国民に対し「世界に貢献する日本」という意識を確立するよ
　　う改めて訴えるとともに、政権を担当する自らの目標は、国内と国際
　　社会との調和を図り、国内の不均衡や不公平の是正に務めることを強
　　調、これらを表すキャッチフレーズとして、「調和と活力」を掲げた。
　　一方、最大の課題である税制の抜本改革については、法案の早期国会
　　提出への意欲を示しながら、改革の実現に「渾身の努力を傾ける」と

第Ⅴ部　中曽根退陣・天皇崩御・「55年体制」の終焉

述べ、今秋の本案成立への強い決意を表明した。しかし、改革の柱となる新型間接税の具体的内容には一切触れなかった。また、市場の開放が迫られていることを強調する一方で、「足腰の強い農業の確立」を提唱し、国内対策にも配慮する考えを示した。さらに、大韓航空機事件に関連して、テロ防止の国際協力に取り組む考えを明らかにした[19]。

　首相演説に対する各党の代表質問は27日から衆議院本会議で始まり、一番手の社会党委員長の土井たか子が、税制改革や衆参同日選挙の可否、防衛費や在日米軍の駐留経費負担、円高差益の還元など、政府の見解を質した。首相は間接税で解散考えぬと答弁した[20]。

　首相の演説について、『朝日新聞』は「社説："平々凡々"はいいけれど」の中で、次のように苦言を呈した。

　　今度の施政方針演説は竹下内閣としては、初めて政治目標や政策の全体像を明確にする機会だった。だが、ここでも国会対策などに配慮、"肩をいからせずに""無難に"と心がけたのであろう。異論が出にくい原則論が並び、"積極的に""総合的に""推進する""充実する"といったお役所言葉が目立った。竹下流の"平々凡々"だったといわざるを得ない。

　　なにも、美辞麗句や大言壮語を求めているのではない。謙遜し、低い姿勢で望むことも決して悪いことではない。しかし、それは時と場所による。1年に一回、国政の基本を明らかにする演説では、一国の宰相として、この激動する世界のなかで、どのように日本を導いていくのか、国民に訴えかける気迫がほしかった[21]。

　一方、『読売新聞』は「社説：方向はよい、では対策は」の中で、首相演説について次のように論評した。

　　竹下首相は、25日衆参両院本会議で行った初の施政方針演説で、"世

第 4 章　1988 年の政治状況と「首相演説」

界に貢献する日本”“経済発展の成果を真の豊かさに結びつける政治”
を訴えた。“調和と活力”をキャッチフレーズに、国際社会との調和
を図り、不公平を是正して活力ある社会を築きたいと述べた。
　諸外国からの風当たりが強まる中で、国際協調を図りつつ、国民生
活の質的向上をどうおし進めていくか、という視点からの、本格的な
論戦を期待したい[22]。

　それでは、竹下首相の施政方針演説の中で①全体の特色と概要、②現状
認識、③公約・理念、④課題への対策、および⑤諸外国との関係は、どの
ように述べられていたのであろうか。

　①の全体の特色と概要だが、特色は税制改革に「渾身の努力」と述べて
最重要点だと示したことであろう。概要は「はじめに」「外交政策」「経済
財政運営」「均衡のとれた国土づくり」「豊かな社会」、および「結び」か
ら構成。②の現状認識については、税制改革を今秋成立へと意欲を示した
ことか。③の公約・理念としてはテロ防止に全力をあげると謳う。④の課
題への対策に関しては、解放市場を強調したことであろうか。⑤の諸外国
との関係については、年頭に訪問したカナダ、米国、およびフィリピンに
多く言及している[23]。

　今回の首相演説で注目すべきは、演説の冒頭で、米国、カナダ訪問など
の実績を踏まえた上で、「日本と世界の調和を図り、国内における様々な
不均衡や不公平の是正に務め、活力に満ちた社会」を築かねばならないと
して、内政および外交両面にわたって「調和と活力」のある政治をめざす
と述べた点であろう[24]。

②所信表明演説（7 月 29 日）

　第 113 回臨時国会は 7 月 19 日に召集、公開株譲渡問題や大蔵大臣の辞
職が絡み、臨時国会としては通算 163 日間という史上例の見ない長期国
会となった[25]。
　竹下首相の所信表明演説は 7 月 29 日、衆参両院の本会議場で行われた。
その概要は次の通りである。

57

第Ⅴ部　中曽根退陣・天皇崩御・「55年体制」の終焉

　　首相は今国会での税制抜本改革の実現に "身命のすべてを捧げ全力をつくす決意" を強調した上で、現行の税制が直接税や不公平感を生んでいるとの認識に立って、公平で簡素な税体系を構築するために消費税を導入することが必要であると指摘し、消費税の仕組みは売上税法案が廃案となった反省を踏まえて極力配慮した点を訴え国民の理解を求めた。その一方で、国民の間に不十分との声が強い株式売却益（キャピタルゲイン）課税や医師優遇税制には "改善への検討を継続" することを約束し、法案の修正に柔軟な姿勢を示した[26]。

　首相演説に対する野党の代表質問は8月1日、衆議院本会議で行われ、質問の第一陣に立った社会党の土井たか子委員長がリクルート疑惑や税制改革を質した。しかし、首相は慎重な姿勢を示した[27]。
　首相の演説について、『朝日新聞』は「社説：私欲あらば常闇なり」の中で、次のように批判した。

　　……首相が "より公平な税体系の構築" という時、そらぞらしく響かぬためには、やはり、リクルート疑惑について国会の証人喚問を実現させるなど、政治家とカネの関係をすっきりさせるべきだ。それが国民と "ともに痛みを分かち合いながら前進しよう" と求める指導者の責任であろう。その点、竹下首相の所信表明演説は国民の心にひびいたとはいえない[28]。

　一方、『読売新聞』は「社説：今国会に政権の命運をかけよ」の中で、首相演説について、次のように評論した。

　　竹下首相の所信表明演説を問いたい。税制改革実現に向け、どんな使命感や意気込みを語るか注目したが、首相は税制改革の必要性と政府・自民党が目ざす改革の中身を丁寧に説明し、国民の理解を深めてもらうことに主眼を置いた演説だった。何とか野党との接点を求め、

58

審議の土俵に乗せようという意向もくみとれたが、その反面、どうしてもこの国会で改革案を成立させるという首相の執念、気迫がいまひとつ伝わってこない感じがした[29]。

　それでは次に、竹下首相の所信表明演説の中で①全体の特色と概要、②現状認識、③公約・理念、④課題への対策、および⑤諸外国との関係は、どのように述べられていたのか、検討する。

　①の全体の特色と概要である。特色は、何よりも「消費税への理解を強く訴えた」ことであろう。概要は「序文」「税制改革」「当面の重要課題」「外交政策」、および「結び」から構成。②の現状認識については、消費税導入は急務であって、これに身命を捧げるという。③の公約・理念としては、株課税の改善を約束したことであろうか。④の課題への対策に関しては、差し引き2％減税して、不公平是正を継続すると謳う。⑤の諸外国との関係については、イラン政府がイラン・イラク紛争の即時停戦を求めて国連安全保障理事会の決議を受けいれたことを評価している[30]。

　今回の竹下首相の演説で光ったのは、最後に、江戸時代の思想家である石田梅岩の『倹約斉家論』を引用しながら、次のように決意を披露したくだりであろう。

　　たとえ、いかなる困難があろうとも、"若聞人なくば、たとひ辻立して成とも吾志を述ん"との先哲の言葉を自らに言い聞かせつつ、この身命のすべてを捧げ、国民の皆様の心として、これらの重要課題の解決に取り組み、一日も早く公平で活力ある社会を確かなものにするため、全力を尽くす決意であります[31]。

5　おわりに

　竹下首相は、いわゆる「内政の政治家」だとの印象を与えてきた。それは国会対策に象徴されるように、もっぱら根回しを得意として政界で頭角を現してきたからだ。しかし、他方で少なくとも1988年の秋までは、竹

第Ⅴ部　中曽根退陣・天皇崩御・「55 年体制」の終焉

下首相が多様な外交政策を展開したことを忘れてならない[(32)]。

　実際、政権の 2 年目には、竹下首相は次のように多くの重要な外交案件
をこなしている。まず、竹下首相は 1 月 12 日から就任後初めて米国を訪
問して、レーガン大統領と首脳会談を行い、「世界に貢献する日本」を約
束し、経済、防衛などあらゆる分野での日米協力関係の重要性を確認しあっ
た。続いて、竹下首相は 2 月 24 日、盧泰愚韓国大統領の就任式に出席す
るため韓国を訪問、式のあと大統領と会談し、「日韓関係をさらに緊密化
させる」ことで一致した。越えて 4 月 29 日からは、竹下首相はイタリア、
バチカン、英国、および西独の西欧 4 ヵ国を訪問、また、5 月 30 日から、
国連総会に出席する一方で欧州を訪問、6 月 19 日からはカナダのトロン
トで開催された第 14 回主要先進国首脳会談（サミット）に出席している。
さらに、竹下首相は 7 月 1 日から 5 日まで、オースリラリアを訪問。そ
して 8 月 25 日から 30 日まで中国を訪問、李鵬首相と会談し、第三次円
借款などで合意した。最後に、9 月 16 日から 17 日まで、ソウル・オリンピッ
クに出席するため、ソウルを再度訪問して日韓首脳会談をこなした[(33)]。

　ただ、1988 年秋以降は、日本外交はそれまでよりも抑制的で地味なも
のになったのが否めない。その理由について、政治学者の若月秀和は昭和
天皇の容態急変と消費税導入を中心とする税制改革、また、リクルート事
件の拡大により政権そのものが低下を余儀なくされ、竹下首相による外交
上のイニシアティブが期待できなくなった事実を挙げている[(34)]。

注

(1)　後藤謙次〔2000 年〕『竹下政権・五七六日』行研出版局、226 頁。

(2)　藤本一美〔2003 年〕『戦後政治の決算 1971-1996』専修大学出版局、260 頁。

(3)　〔1998 年〕「消費税導入に利用されたリクルート疑惑」『朝日年鑑　1998 年版』
　　　朝日新聞社、79 頁。

(4)　若月秀和〔2012 年〕『現代日本政治史 4　大国日本の政治指 1972 〜 1989』吉
　　　川弘文館、254 頁。

(5)　後藤、前掲書『竹下政権・五七六日』226 頁。

(6)　藤本、前掲書『戦後政治の決算 1971-1996』263 頁。

(7)　「政治・特集―天皇崩御：昭和から平成へ」前掲書『朝日年鑑　1989 年版』69 頁。

60

第 4 章　1988 年の政治状況と「首相演説」

(8)　後藤、前掲書『竹下政権・五七六日』226 頁。

(9)　藤本、前掲書『戦後政治の決算 1971-1996』264 頁。

(10)　後藤、前掲書『竹下政権・五七六日』382-383 頁。

(11)　「政治・特集―天皇崩御：昭和から平成へ」前掲書、『朝日年鑑　1989 年版』。

(12)　若月、前掲書『現代日本政治史 4　大国日本の政治指導 1972 ～ 1989』262-263 頁。

(13)　藤本、前掲書『戦後政治の決算 1971-1996』271-272 頁。

(14)　久米郁男〔1995 年〕「竹下登―保守党政治完成者の不幸」渡辺昭夫編『戦後日本の宰相たち』中央公論社、385 頁。政治学者の久米は消費税導入の際の竹下首相の調整型・根回し型のスタイルについて「税制改革を総論をめぐる議論から各論の議論へと分解し、合意形成をはかろうという戦略である」と指摘している（同上、386 頁）。(傍点、引用者)

(15)　竹中治堅〔2013 年〕「竹下登」御厨貴編『増補新版　歴代首相物語』新書館、239 頁。一方、政治学者の久米は竹下のリーダーシップの特色について次のように述べている。「竹下の政治手法は、調整と忍耐である。トップダウンで自分が先頭に立って政治理念を実現していくのではなく、下からの積み上げを大切にし、無理をせずコンセンサスを形成していくのが竹下流である」（久米、「竹下登―保守党政治完成者の不幸」前掲書、渡辺昭夫編『戦後日本の宰相たち』376 頁）。

(16)　〔1990 年〕『議会制度百年史　国会史　下巻』衆議院・参議院、910 頁。

(17)　後藤、前掲書『竹下政権・五七六日』385 頁。

(18)　「内閣―閣僚、内閣改造、総理府」前掲書『朝日年鑑　1989 年版』91 頁。

(19)　「税制改革 “渾身の努力”―首相施政方針演説」『朝日新聞』1988 年 1 月 25 日（夕）。

(20)　「税制 1％枠など追及―衆院代表質問」同上、1988 年 1 月 27 日（夕）、1 月 28 日。

(21)　「社説：“平々凡々”はいいけれど」同上、1988 年 1 月 26 日。

(22)　「社説：方向はよい、では対策は」『読売新聞』1988 年 1 月 26 日。

(23)　「税制改革“渾身の努力”―首相施政方針演説」『朝日新聞』1988 年 1 月 25 日（夕）、「税制改革に最重点―首相、施政演説で強調」『読売新聞』1988 年 1 月 25 日（夕）。

(24)　「税制改革に最重点―首相、施政演説で強調」『読売新聞』1988 年 1 月 25 日（夕）。

(25)　前掲書『議会制度百年史　国会史　下巻』904 頁。

(26)　「消費税への理解を訴え―首相所信表明」『朝日新聞』1988 年 7 月 29 日（夕）。

(27)　「証人喚問に首相慎重」同上、1988 年 8 月 2 日。

(28)　「社説：私欲あらば常闇なり」同上、1988 年 7 月 30 日。

(29)　「社説：今国会に政権の命運をかけよ」『読売新聞』1988 年 7 月 30 日。

(30)　「消費税への理解を訴え―首相所信表明」『朝日新聞』1988 年 7 月 29 日（夕）、「3% 消費税導入は急務―首相所信表明演説」『読売新聞』1988 年 7 月 29 日（夕）。

第Ⅴ部　中曽根退陣・天皇崩御・「55年体制」の終焉

(31)「首相の所信表明演説　全文」『朝日新聞』1988年7月29日（夕）。

(32) 後藤、前掲書『竹下政権・五七六日』284頁。

(33)「内閣―竹下内閣の1年」前掲書『朝日年鑑　1989年版』89頁。

(34) 若月、前掲書『現代日本政治史4　大国日本の政治指導1972〜1989』265〜266頁。

第5章　1989年の政治状況と「首相演説」

1　はじめに

　1989年という年は、内外ともに激動の年であったいってよい。まず、6月4日、中国で「天安門事件」が生じ、民主化を求める学生・市民に対して戒厳部隊が武力で鎮圧した。越えて、11月9日、東西冷戦の象徴であった「ベルリンの壁」が崩壊。続いて12月2日と3日には、地中海のマルタ島で、ブッシュ米大統領とソ連のゴルバチョフ最高会議議長との首脳会談が開催され、「東西冷戦」の終結が現実のものとなった[1]。

　一方、日本では、1月7日、昭和天皇が崩御され、長期に及んだ「昭和」の歴史は終わりを告げ、元号が新たに「平成」と改められた。また、4月25日には、リクルート疑惑が拡大する中で竹下首相は退陣を表明、6月3日、宇野宗佑内閣が発足した。だが、7月23日に実施された参議院通常選挙（以下、参院選と略す）で自民党は大敗し、24日、宇野首相が退陣を表明。そして、8月9日、新たに海部俊樹内閣が成立するなど、昭和の歴史に終わりをつげるかのように、政権が次々と交代していった[2]。

　昭和天皇をお送りする「大喪の礼」は2月24日、新宿御苑で行われた。これには、天皇・皇后両陛下、各皇族、竹下首相など行政、立法、および司法の長、各界代表の他に、海外からは米国のブッシュ大統領ら元首級55人をはじめとする163ヵ国、28国際機関の弔問代表・使節ら9,800人が参列した[3]。

　既述のように、竹下首相は4月25日、自身のリクルートから献金疑惑の責任をとって退陣を表明。退陣の理由について、記者会見の席で「政治不信を強めたことを深くおわびをしたい」と国民に陳謝した。それと同時に一刻も早い予算の国会通過を呼びかけ、89年度予算案通過と引き換え

63

第Ⅴ部　中曽根退陣・天皇崩御・「55年体制」の終焉

に自分の首を出したのである。予算の成立を見た上で、6月2日、竹下内閣は総辞職した[4]。

　後継内閣として同日、宇野内閣が発足した。しかし、7月23日に実施された参院選では、自民党の当選者は前回から30も減らして36議席に終わり、非改選議員と合わせた109議席となり、過半数の127議席を割りこみ与野党逆転の「ねじれ国会」となった。宇野首相は参院選惨敗の責任をとって7月24日に退陣を表明、紆余曲折を経て8月10日には、海部内閣が発足した。それは、今年に入り3人目の首相であった[5]。

　このように、僅か数ヵ月の間に、二つの政権が倒れたのは、憲政史上初めてのことであった。その背景には、昨年の夏以来のいわゆる「リクルート事件」に端を発した国民の政治家への不信感があり、それに対する反発が自民党を結成以来の危機に追い込み、その結果、選挙を通じて政治が「地殻変動」する地鳴りとなって跳ね返ってきたのだ、といえよう[6]。

　本章では、1989年の政治状況を踏まえた上で、竹下内閣の退陣、宇野内閣の発足と退陣、および海部内閣発足の背景に触れる。次いで、各首相の国会演説、すなわち竹下首相による2月10日の施政方針演説、宇野首相による6月5日の所信表明演説、そして海部首相による10月2日の所信表明演説を検討することを通じて、この年の政治的特色の一端を提示する。

2　政治状況─天皇崩御・政権交代・参院選挙

　昭和天皇は1989年1月7日朝に崩御され、午後には、小渕恵三官房長官より新元号は「平成」となると発表された。竹下首相は大喪の礼の実行委員長に就任し、大喪の礼の準備に取り組んだ。大喪の礼は2月24日に新宿御苑で行われ、これには、164ヵ国、28の国際機関から弔問団が来日し、竹下首相は39ヵ国の元首、首脳、および国連事務総長と会談を行い、迎賓館でレセプションを開くなど、弔問外交を展開した[7]。

　ここで大事なことは、明治憲法の時代とは異なり、現行憲法の下では、天皇の地位が主権を有する日本国民の総意に基づくものであって、皇位継

64

承などを定めた皇室典範も国会の多数決で変わる一つの法律にすぎないことである。その意味で、国民から寄せられる親近感や信頼感こそ、今日の天皇制に不可欠の要素である。実際、1989年3月に実施された朝日新聞の世論調査では、「天皇に親しみを持っているもの」が51%も存在しており、「持っていない」の37%を大きく上回っていた[8]。

　竹下内閣は税制改革の実現、弔問外交の展開によって、一時、政権基盤が安定したかに見えた。だが、相次ぐ閣僚の辞任、また、竹下首相自身がリクルート社から多額の献金を受けていたことが新たに判明するに至り、政権は末期の様相を呈し、朝日新聞などの調査では内閣支持率が7%と10%を割る有様であった。そこで4月25日、竹下首相は1989年度予算の成立を待って辞任を表明したわけである[9]。

　竹下首相はリクルート事件で生じた政治不信の責任をとって退陣表明してから40日経過、政局が混迷する中で6月2日、宇野宗佑自民党総裁が第75代、47人目の首相に就任した。当初、後継首相として伊藤正義総務会長の氏名が上がったものの、伊藤は固辞した。次に宇野外相擁立の動きが生じた。宇野はリクルート事件とは無関係であり、外相としてのキャリアもあり、弁舌さわやかで才人あることなどがその理由であった。6月3日、「改革前進内閣」を看板とした宇野内閣が発足した[10]。

　ところで、宇野宗佑は1922年8月7日、滋賀県能州郡守山町（現守山市）に生まれた。生家は古くからの造り酒屋でその長男である。彦根高商を卒業後、神戸商大に進学したが、2ヵ月で学徒出陣、シベリア抑留を体験。1951年滋賀県県会議員に当選。1960年衆議院総選挙で初当選(当選10回)。中曽根派に属した。田中内閣に防衛庁長官で初入閣以来、通産相や外相と要職を経験。1989年6月、首相に就任。だが参院選で惨敗し、2ヵ月で退陣。1998年死去、享年75であった。『ダモイ・トウキョウ』の著作がある[11]。

　政権発足早々に宇野首相を揺さぶったのが『サンデー毎日』で報じられた女性問題であった。このため、宇野首相の政治家としての権威は一気に下落、朝日新聞などの調査では内閣支持率が20%と政権発足時としては異常に低く、参院選向けの顔として失格であるとされ、自民党内から早期退陣論が語られた[12]。

第Ⅴ部　中曽根退陣・天皇崩御・「55 年体制」の終焉

　実際、7 月 23 日に実施された参院選では、自民党が改選 69 議席を半減させる 36 議席と後退、その一方で、社会党は 24 増の 46 議席獲得するなど与野党逆転となった。その他連合の会 11、公明党 10、共産党 5、および民社党 3 議席であった。宇野首相は選挙での惨敗の責任をとって、7 月 24 日退陣を表明、8 月に開く臨時国会で新首相を選出するとの考えを示した。8 月 9 日、自民党の海部俊樹新総裁を首相とする海部内閣が誕生。海部首相は当時 58 歳、日本史上初めての昭和生まれの首相であった [13]。

　海部俊樹は 1931 年 1 月 2 日、愛知県名古屋市に生まれた。中央大学法学部を経て、1954 年早稲田大学法学部を卒業。早稲田大学では雄弁部に入り、竹下登と懇意になる。1960 年衆議院総選挙で初当選、以後 14 回連続当選。1974 年三木内閣で官房副長官を務めた。1976 年福田内閣で文相。1985 年中曽根内閣で再び文相に就任、文通族として鳴らした。1989 年 6 月首相に就任、1991 年 11 月首相辞任。首相退陣後、自民党を離党し新進党の初代党首に就任した。2021 年 1 月 2 日死去、享年 91 であった [14]。

3　竹下内閣退陣

　周知のように、竹下政権は 120 人という議員を擁するなど自民党内の最大派閥に支えられていたのを特色とする。それが崩壊したのは、何よりもリクルート事件に対する国民の政治的不信の高まりに他ならない。内閣支持率が 3.9%（共同通信社 3 月 13 日 14 日調査）と史上最低を記録し、このため竹下内閣の下では、7 月 23 日に予定されている参院選を戦いないという考えが支配的となった。それが竹下首相の退陣決意につながったのは間違いない。なお、退陣表明後の 4 月 26 日、長年公設秘書を務めてきた「金庫番」の青木伊平が自殺した。それは、竹下首相が追い詰められた状況を証明する形となった [15]。

　竹下内閣の実績については、政治学者の竹中治堅が次のように述べており、正当な評価である。

　　まず、竹下は消費税導入という戦後史に残る一大改革を実現する。

第 5 章　1989 年の政治状況と「首相演説」

また、大喪の礼という失敗がゆるされない儀式をつつがなく執り行った。さらに竹下は、農産物市場の自由化という永年の懸案事項にコメを除きほぼ決着をつけた。国際的紛争解決努力、平和維持努力に対する人的貢献の端緒をつけたのも竹下である。リクルート事件への世論の反発に対応するという感はあったものの、政治改革についての議論を開始したのも竹下であった。要するに、竹下は、本格政権を担って存分に力を発揮したのである[16]。

4　宇野内閣発足と退陣

　既述のように、6 月 3 日、宇野内閣が発足した。宇野首相は 5 日の所信表明演説の中で、「裂ぱく」の気合いをもって「清新、清冽な政治を実現する」と言明し、政治改革に不退転の決意で取り組むことを強調した。新内閣の平均年齢は 59.5 歳で、前の竹下改造内閣より 6 歳若返った。初入閣組も過半数の 11 人、また、当選 5 回組からの登用が 6 人となった。派閥別では橋本龍太郎（竹下派）幹事長と塩川正十郎（安倍派）官房長官を据えるなど「安倍・竹下」主軸体制の継続が目立った[17]。

　しかしである。自民党内では当初から、宇野内閣は「早ければ参院選後に退陣」との暫定政権説が支配的で、宇野首相がいくら我が内閣は本格政権だと強調しても、政権基盤の弱体は否めなかった[18]。

　宇野首相の政治家として脆弱性について、政治学者の久米郁男は次のように説明している。

　　こと党務、閣閥に関しては中曽根内閣で幹事長代理になったことはあるものの、党三役の経験もなく、また派閥内では中曽根派の跡目をめぐって着々と精を出してきた渡辺美智雄や藤波孝生とは対照的に“独立独歩”の人という評価を受けてきた。換言すれば、“金はないし、子分もいない”ということになる[19]。

　問題は宇野内閣が誕生早々、首相自身が女性スキャンダルで批判にさら

67

され、7月23日に実施された参院選において、首相が応援演説に行けない状況に追い込まれたことだ。かくして、リクルート事件、消費税、および首相のスキャンダルの「三点セット」という最悪の状態の中で、参院選を迎えることになり、結果は自民党の惨敗、社会党の勝利という結果をもたらし、与野党逆転現象となり、宇野首相は選挙惨敗の責任をとって退陣を余儀なくされたわけである[20]。

5　海部内閣発足

　8月9日、自民党の海部俊樹新総裁を首相とする海部内閣が発足した。衆参両院本会議での首班指名投票では、衆院は自民党の海部俊樹総裁を、そして参院では社会党の土井たか子委員長と、41年ぶりに異なる指名となり、両院協議会の協議を経て、海部が第76代48人目の首相に就任した。新内閣は初めて女性閣僚2人を登用するなど「清新さ」を強調した。派閥的には竹下、安倍両主流派体制となり、宮澤派は非主流派に転じた[21]。

　海部は、福田および中曽根内閣の下で、文相に就任した以外には、閣僚経験がなく、また、国対委員長以外には党三役のポストにも無縁であった。その海部が派閥の長である河本敏夫を差し置いた形で、自民党の総裁──首相の座に抜擢されたのは、海部の58歳という若さや新鮮さが国民に好感を持てるであろうという計算が自民党にあったからに他ならない[22]。

　加えて、海部は衆議院当選10回、年齢は58歳と「壮と青の境目」に位置しており、海部ならばニューリーダーの一人である安倍元幹事長らの威信低下が避けられるとの思惑があった。これを仕掛けたのは竹下派で、竹下、安倍、および旧中曽根三派が水面下で手を組んで海部擁立に動いたのだといわれる[23]。

6　首相演説

①施政方針演説（2月10日）
　第114回通常国会は1月25日に再開、竹下首相の施政方針演説が衆参

第5章　1989年の政治状況と「首相演説」

両院の本会議場で行われた。その概要は次の通りである。

　　首相は冒頭で、昭和天皇の崩御に"哀悼の意"を表明。リクルート
　事件で強まっている政治不信について、"極めて憂慮される事態"と
　の認識を示しながら、政治改革は"竹下内閣にとって最優先の課題"
　と明言、改革実現に"自らのすべてをかける"と政権の命運をかけて
　臨む決意を示した。また、首相は今国会の政治運営、政策遂行に当たっ
　ては、"心やさしい政治を勇敢に実行する"と理念を掲げ、政策面で
　は、"ふるさと創生論"を"国づくりのテーマ"と位置づけた。さら
　に、①ソ連の対外姿勢の変化などをふまえた"積極外交"の展開、②
　朝鮮民主主義人民共和国（北朝鮮）との関係改善、③地球規模での環
　境問題解決へ向けた取り組み──など強調した。北朝鮮との関係改善
　を、首相演説で明言したのは初めてのことであった[24]。

　首相演説に対する各党の代表質問は2月13日から衆議院本会議で行わ
れ、質問の一番手に立った社会党の土井たか子委員長はリクルート問題を
取り上げ、総辞職か解散を求める理由を明らかにせよと迫った。竹下首相
は政治改革に取り組むことが最優先で、そのようなことは考えていない旨
の答弁をした[25]。
　『朝日新聞』は「社説：言葉だけの自粛自戒は困る」の中で、竹下首相
の施政方針演説を次のように批判した。

　　……竹下首相は歴代政権担当者のなかでも、"演説にはこう書いて
　ある""国会ではこう言っておこう"という姿勢が目立つ。今度の演
　説もその例外ではなかった。約1万7百字。政策課題をまんべんな
　くとり上げたが、状況説明に多くの言葉を費やしている割には、政策
　実現の道筋にはほとんどふれていない、といわざるをえない[26]。

　一方、『読売新聞』は「社説：政党政治の命運を背負った首相」の中で、
首相の演説について次のように苦言を呈した。

69

第Ⅴ部　中曽根退陣・天皇崩御・「55年体制」の終焉

　　　竹下首相は、施政方針演説の中で、"政治改革の断行"をトップ項目に掲げ、竹下内閣にとって最優先課題と位置づけた。リクルート疑惑の広がりと深まりは、国民の強い政治不信を招いている。内外に多くの政治課題を抱えている今日、首相の施政方針演説のトップ項目が、"政治改革"にならざるを得ない事態は、極めて遺憾である[27]。

　それでは次に、竹下首相の施政方針演説の中で①全体の特色と概要、②現状認識、③公約・理念、④課題への対策、および⑤諸外国との関係は、どのように述べられていたのか、検討する。

　①の全体の特色と概要であるが、特色は政治改革に全力を尽くすとして、最優先を謳ったことであろう。概要は、「昭和から平成へ」「政治改革の断行」「ふるさと創生の実現」「外交施策」「税制改革の円滑な実施」「行財政改革の推進」「新しいふるさとづくり」「明るく活力に満ちた長寿・福祉社会の建設」「教育改革の推進」「豊かな経済社会の実現」、および「結び」から構成。②の現状認識については、国民の不信の広がりを憂慮していることであろうか。③の公約・理念として、ふるさと創生を述べた上で、「自立の精神」を訴えていることだ。④の課題への対策に関しては、積極外交を展開して、日朝関係改善に努力するという。⑤の諸外国との関係についてはアフガン、ナミビア、およびカンボジアなどに言及しているのが目につく[28]。

　今回の竹下首相の施政方針演説で留意すべきは、先にも述べたように、北朝鮮との関係改善に初めて明言したことで、次のような認識を披露した。

　　　私は朝鮮半島をめぐる動きを注視しつつ、日朝関係の改善に努力いたします[29]。（傍点、引用者）

②所信表明演説（6月5日）

　第114回通常国会開会中の6月2日、竹下内閣の総辞職を受けて、衆参両院は新しい首班に宇野宗佑自民党総裁を選出し、翌3日には、宇野内閣が発足した。なお、国会開会中に内閣が交代した事例は、1957年石橋

70

第 5 章　1989 年の政治状況と「首相演説」

湛山内閣から岸信介内閣に代わって以来 32 年ぶりのことである。次いで、
6 月 5 日、宇野首相は衆参両院本会議場で初の所信表明演説を行った。その概要は次の通りである [30]。

　　首相はリクルート事件で損なわれた政治に対する信頼を回復するため、政治改革を "内閣の最重要課題" と位置づけ、不退転の決意で取り組む考えを表明。具体的には政治資金の公私の区分の明確化や透明性の確保などをめざし、当面は、自民党がまとめた政治資金規正法改正案の早期成立に期待する姿勢をにじませた。外交では "国際協力構想" の推進、内政では "ふるさと創生" の実現など、基本的には竹下前内閣の路線を継承していく考えを強調、消費税の見直しは、世論の動向や、政府税制調査会の論議の行方を見守りつつ、柔軟に対応していく構えを示した [31]。

　6 月 7 日から、衆議院本会議で首相演説に対する各党の代表質問が行われ、第一陣に立った社会党の土井たか子委員長は「消費税を廃止せよ」などと迫った。宇野首相は消費税について「衆知を集めた税制である」と反論した [32]。
　『朝日新聞』は「社説：首相の言葉を支えるものは」の中で、宇野首相の演説を次のように批判した。

　　宇野首相は、リクルート事件で前任者が予算審議の最中に退陣を表明するという、異常な状況で誕生した。その "第一声" にしては、危機の自覚が鈍いように聞こえた。"政治改革を、内閣の最重要課題として、不退転の決意をもって取り組む覚悟" などと、首相の演説には、頼もしい言葉がちりばめられている。その割に、政治にやるせない思いをつのらせている国民の胸に、訴える力が弱い。俳句をものにし、著作もある文人首相である。表現力の不足ではあるまい。リクルート事件以来の事態の認識と、自分が具体的になにを成し遂げるかの覚悟の問題といわざるを得ない。所信表明でもどかしいのは、事件のけじ

71

めについて、具体的に何も述べていないことだ[33]。

『読売新聞』もまた「社説：首相演説はなぜ心に響かない」の中で、宇野首相の演説の内容を評価する一方で、次のように断罪した。

　　首相の演説は、前任者の竹下氏と違って"言語も意味も明瞭"に、そうした日本の課題を分かりやすく国民に伝えようという意欲がうかがえる。だが、それでいて、いま一つ心に響いてこないのは、なぜなのだろうか。その理由の一つは状況の深刻さについての反省の薄さ、もう一つはこれから具体的にどうするのかという内容の不明確さである[34]。

　それでは次に、宇野首相の所信表明演説の中で①全体の特色と概要、②現状認識、③公約・理念、④課題への対策、および⑤諸外国との関係は、どのように述べられていたのか、検討する。
　①全体の特色と概要だが、特色は「政治改革」について不退転の決意を披露したことであろうか。概要は、政治の理念と改革」「外交の基本姿勢」「新税制の円滑な表現」「真に豊かな社会の建設」「土地対策」「行財政改革」、および「結び」から構成。②の現状認識については、消費税見直しに柔軟と謳ったことであろう。③の公約・理念として、国民の信頼の回復へ最重視と謳った点か。④の課題への対策に関しては、政治改革関連法案の早期成立に期待している。⑤の諸外国との関係については、特に言及していないが、7月のアルシュ・サミットに期待を表明している。
　宇野首相の演説で重視すべきは、上で述べたように、「政治改革」について、不退転の決意を表明した、次の箇所であると思われる。

　　私は、いかなる厳しい試練に遭遇しようとも、これらの理念と方向に沿って、政治改革を大胆に実行することこそ、国民負託にこたえる道であると考えており、政治改革を、内閣の最重要課題として、不退転の決意をもって取り組む覚悟であります[35]。

第 5 章　1989 年の政治状況と「首相演説」

③所信表明演説（10 月 2 日）

　第 116 回臨時国会は 9 月 28 日に召集、10 月 2 日、海部俊樹首相による初めての所信表明演説が行われた。その概要は次の通りである。

　　首相は 7 月の参院選での自民党敗北を踏まえ、"政治への信頼回復"を"最も緊要な課題"と強調、政治改革の前進に向けて強い決意を示した。臨時国会で最大の争点である消費税の扱いについては 10 月 1 日の参院選茨城選挙区補選で自民党が勝利したことを背景に"必要不可欠であり、廃止することは全く考えていない"としたうえで、"消費者の立場をも十分配慮して、見直すべき点は思い切って見直す"と言明。しかし、政治改革も消費税見直しも今後の検討にゆだねており、具体策は盛り込んでいない。首相は"対話と改革の政治"を旗印に"公正で、心豊かな社会"つくりを追及するとし、"21 世紀へ向けて目指すべき社会を考える懇談会"を早急に発足させたい、と表明した[36]。

　首相演説に対する野党の代表質問は、4 日午後から衆議院本会議で行われ、質問の第一陣に立った社会党の土井たか子委員長は消費税の廃止を強く迫った。海部首相は消費税の廃止は考えず、見直し作業を進めている、と答弁した[37]。

　『朝日新聞』は「社説：何ができるか語るべきだ」の中で、首相演説について一部を褒めた上で、次のように批判した。

　　……その点、首相の初の所信表明は平易な語り口で、当面する政治課題を上手に整理して示していた。自分で苦心した跡がある。首相演説も従来のような型通りの"官僚の作文"では通用しない時代に入ったといえよう。だが、演説の内容を吟味すると物足りない点が目立つ。ひと口いえば、"課題あって回答なし"ということである[38]。

　『読売新聞』もまた「社説：難題を避けずに率直に語れ」の中で、首相

73

第Ⅴ部　中曽根退陣・天皇崩御・「55年体制」の終焉

演説を一部評価した上で、次のように批判した。

　　　わかりやすく国民に語りかけようという姿勢は、うかがえる。官僚
　　が用意した原稿の棒読みでなく、自分の言葉で訴えようという意欲は、
　　評価できよう。……だが、演説を聞いていて、どうにももどかしい。
　　具体的に何を、どうやってやるのか、さっぱりわからないからだ[39]。

　それでは、海部首相の所信表明演説の中で①全体の特色と概要、②現状
認識、③公約・理念、④課題への対策、および⑤諸外国との関係は、どの
ように述べられていたのか、検討しよう。
　①の全体の特色と概要だが、特色は「公正で心豊かな社会をめざす」と
謳ったことか。概要は、「序文」「政治への信頼回復」「消費税の見直し」「行
財政改革」「農業の展望」「世界に貢献する日本」「公正な社会」「心豊かな
社会」、および「結び」から構成。②の現状認識については、消費税につ
いて思い切った見直しをと述べたが、具体策を示さなかった。③の公約・
理念としては、政治への信頼回復を最優先するということであろうか。④
の課題への対策に関しては、消費税の廃止は考えぬと、述べた点だ。⑤の
諸外国との関係については、「先般の中国の出来事について痛恨の極であ
りました」と懸念を示している。
　海部首相の演説で重視すべきは、何よりも「対話と改革の政治」を訴え
たことであろう。首相は次のような認識を披露した。

　　　私は、対話と改革の政治を旗印にして、これらの緊急にして幅の広
　　い課題と取り組み、力の限りを尽くしてまいります[40]。

7　おわりに

　本年に入ってから、国会における首相演説は、2月の竹下首相、6月の
宇野首相、そして今回の海部首相と3回を数える。そのいずれにおいても、
政治改革を最重要課題にとりあげており、政治改革の実行を表明した。し

第 5 章　1989 年の政治状況と「首相演説」

かしである。何ら具体策の明示がなく、政治不信の契機となった「リクルート事件」の文字は、宇野首相並びに海部首相による演説では消えている⁽⁴¹⁾。

　例えば、海部首相は就任後初めての所信表明において冒頭で 3 つの課題をあげた。すなわち、「信頼回復のための政治改革」「世界の期待と批判に答える志ある外交」、および「公正で豊かな社会の追及である」。確かに、高邁な公約であるとはいえるが、新聞の社説でも批判されたように、問題はいかにしてこれらを実現するかにある、といわねばならない。

注

(1)　佐道明広〔2012 年〕『現代日本政治史 5　「改革」政治の混迷』吉川弘文館、17 頁。

(2)　〔1990 年〕「政治—89 年の動き」『朝日年鑑　1990 年版』朝日新聞社、72 頁。

(3)　藤本一美〔2003 年〕『戦後政治の決算 1971-1996』専修大学出版局、274 頁。

(4)　若月秀和〔2012 年〕『現代日本政治史 4　大国日本の政治指 1972 〜 1989』吉川弘文館、274 頁。

(5)　佐道、前掲書『現代日本政治史 5　「改革」政治の混迷』19 頁。

(6)　藤本、前掲書『戦後政治の決算 1971-1996』275 頁。

(7)　竹中治堅〔2013 年〕「竹下登」御厨貴編『増補新版　歴代首相物語』新書館、241 頁。

(8)　藤本、前掲書『戦後政治の決算 1971-1996』277-278 頁。

(9)　佐道、前掲書『現代日本政治史 5　「改革」政治の混迷』19 頁。

(10)　「政治—89 年の動き」前掲書『朝日年鑑　1990 年版』73 頁。

(11)　久米郁男〔1995 年〕「宇野宗助」渡辺昭夫編『戦後日本の宰相たち』中央公論社、395 頁。

(12)　藤本、前掲書『戦後政治の決算 1971-1996』281 頁。

(13)　福井治弘〔1995 年〕「海部俊樹」前掲書、渡辺昭夫編『戦後日本の宰相たち』402 頁。

(14)　金指正雄〔2001 年〕「海部俊樹」宇治敏彦編『首相列伝　伊藤博文から小泉純一郎まで』東京書籍、346 頁。

(15)　後藤謙次〔2000 年〕『竹下政権・五七六日』行研出版局、410、421 頁。

(16)　竹中「竹下登」前掲書、御厨貴編『増補新版　歴代首相物語』243 頁。ただ、竹中は竹下首相の光の部分を評価する一方、影の部分として、皇民党事件（ほめ殺し）と青木伊平秘書の自殺を挙げている（同上）。政治評論家の後藤謙次は「最大の政策課題を決着させると目標を失い、政権の求心力は格段に落ちる。消費税導入と『昭和から平成』への橋渡しを終えた竹下内閣もその例外ではなかった」と指摘している（後藤謙次〔2014 年〕『ドキュメント　平成政治史 1』岩波書店、36 頁）。

第Ⅴ部　中曽根退陣・天皇崩御・「55年体制」の終焉

(17)「内閣」前掲書『朝日年鑑　1990年度版』89頁。

(18)　藤本、前掲書『戦後政治の決算 1971-1996』282頁。

(19)　久米「宇野宗佑」前掲書、渡辺昭夫編『戦後日本の宰相たち』396頁。政治学者の竹中治堅も宇野が首相としての指導力を備えているかについては疑問があったとし、「宇野は、派閥の長でもなく、党三役は未経験で、党内には支持基盤はなく、党務に精通していたわけでもなかった」点を指摘している（竹中治堅〔2013年〕前掲書「宇野宗佑」御厨貴編『増補新版　歴代首相物語』244頁）。

(20)　宇治敏彦「宇野宗佑」前掲書、宇治敏彦編『首相列伝　伊藤博文から小泉純一郎まで』343頁。

(21)「内閣」前掲書『朝日年鑑　1990年版』90頁。

(22)　金指正雄〔2001年〕「海部俊樹」前掲書、宇治敏彦編『首相列伝　伊藤博文から小泉純一郎まで』344頁。

(23)　藤本、前掲書『戦後政治の決算 1971-1996』286頁。

(24)「政治改革　全力を尽くす―国会再開　首相が施政方針演説」『読売新聞』1989年2月10日（夕）。

(25)「総辞職か解散を」『朝日新聞』1989年2月13日（夕）、〔1990年〕『議会制度百年史　国会史　下巻』衆議院・参議院、937頁。

(26)「社説：言葉だけの自粛自戒は困る」『朝日新聞』1989年2月11日。

(27)「社説：政党政治の命運を背負った首相」『読売新聞』1989年2月11日。

(28)「政治改革を最優先に―首相施政方針演説」『朝日新聞』1989年2月10日（夕）、「政治改革　全力尽くす―国会再開　首相が施政方針演説」『読売新聞』1989年2月10日（夕）。

(29)「首相の施政方針演説　全文」『朝日新聞』1989年2月10日（夕）。

(30)　前掲書『議会制度百年史　国会史　下巻』939頁。

(31)「政治改革、不退転の決意―宇野首相が所信表明演説」『朝日新聞』1989年6月6日。

(32)「衆院代表質問と答弁―要旨」同上、1989年6月8日。

(33)「社説：首相の言葉を支えるものは」同上、1989年6月6日。

(34)「社説：首相演説はなぜ心に響かない」『読売新聞』1989年6月6日。

(35)「政治改革、不退転の決意―宇野首相が所信表明演説」『朝日新聞』1989年6月6日、「首相の所信表明演説全文」同上、「政治改革不退転の決意」『読売新聞』1989年6月6日。

(36)「公正で心豊かな社会めざす―首相所信表明演説」『朝日新聞』1989年10月2日（夕）。

(37)「衆院代表質問と答弁　要旨」同上、1989年10月5日。

(38)「社説：何ができるか語るべきだ」同上、1989年10月3日。

第 5 章　1989 年の政治状況と「首相演説」

(39)「社説：難題を避けずに率直に語れ」『読売新聞』1989 年 10 月 3 日。

(40)「公正で心豊かな社会めざす―首相所信表明演説」『朝日新聞』1989 年 10 月 2
　　日（夕）、「消費税思いきった見直し」『読売新聞』1989 年 10 月 2 日（夕）。

(41) 今西光男「解説―基盤のもろさ反映」『朝日新聞』1989 年 10 月 2 日（夕）。

第Ⅴ部　中曽根退陣・天皇崩御・「55 年体制」の終焉

第 6 章　1990 年の政治状況と「首相演説」

1　はじめに

　1990 年の世界政治は前年と同様に、重大な転換期に直面していたといえる。10 月 3 日には、分断国家であった「ドイツの統一」が達成、次いで、11 月 19 日から開催されていた「欧州安保協力会議（CSCD）」首脳会議で欧州の対立と分断の時代は終わったと宣言した。それと同時に、「北大西洋条約機（NATO）」と「ワルシャワ条約機構（WTO）」が不戦宣言の署名をするなど、東西の対立と冷戦に終止符が打たれたのである[1]。

　一方、日本では 1 月 24 日、衆議院が解散され、総選挙が行われた。2 月 18 日、第 39 回衆議院総選挙を実施し、当選者は自民党 275、社会党 136、公明党 45、民社党 14、共産党 16、社民連 4、進歩党 1、無所属 21 議席という結果であった。自民党は安定多数の議席を確保する一方で、社会党も大幅に議席を伸ばし、その中で中道政党と共産党が議席を大きく減らした（その後、自民、社会は無所属当選者を公認して各々 286、139 議席とした）[2]。

　4 月 26 日、「第 8 次選挙制度審議会（小林与三次会長）」は選挙制度と政治資金制度の改革についての答申を海部首相に提出した。答申の内容は、衆議院に小選挙区比例代表並立制を導入するというものであった。さらに、7 月 31 日には、参議院の比例選挙を非拘束名簿式とする選挙制度改革と政党への公的助成に触れた第二次答申が提出された。自民党は党内の反対論を押し切って、12 月 25 日、「政治改革基本要綱」を党議決定し、党内の一部や野党の反対が強まる中で、次期通常国会に公職選挙法や政治資金規正法改正案の提出を目指したのである[3]。

　こうした中で、日米構造協議の方は日米両国間の経済摩擦解消の切り札

78

第6章 1990年の政治状況と「首相演説」

となった、といってよい。すなわち、繊維摩擦に始まる、鉄鋼、自動車、および半導体と続いてきた日米交渉は日本が輸出を規制すればするほど、日本製品の対米競争力は増していった。これに業を煮やした米国は包括通商法を成立させ、1989年には、いわゆる「スーパー301条」による一方的措置を日本に適用、同時に日米不均衡体質を根本的に改めるための構造協議を日本に持ちかけてきたのだ。6月28日、日米両国の経済体質を改善し貿易不均衡を是正すべく、1989年9月から5回にわたって開催されていた「日米構造協議問題（SII）」が決着を見たのである[4]。

本章では、1990年の政治状況を踏まえ、第二次海部内閣および第二次海部改造内閣の背景に言及する。その上で、海部首相による施政方針演説（3月2日）と所信表明演説（10月12日）を検討することを通じて、この年の政治的特色の一端を紹介する。

2 政治状況──衆院解散─総選挙・選挙制度改革・日米構造協議

海部首相は1月4日、伊勢神宮参拝のため訪れていた三重県伊勢市で記者会見を行い、その中で衆議院の解散について、「（欧米訪問から）帰ったら、外交上私の体験や外遊を通じての考え方を国会に示して、与野党の皆さんの意見を聞きたい。解散はしかるべき時に決断する」と述べて、再開国会冒頭に施政方針演説や代表質問を経た上で、解散したいとの考えを強調した[5]。

つまり、海部首相としては、1989年以降のソ連・東欧の変革を受けて、1月8日から18日までの欧州8ヵ国歴訪を目前に控えていたが、その成果を国会で報告した後の衆議院解散を目指していたのだ。しかしである。海部首相が外遊中に自民党の実力者たちは、首相の施政方針演説抜きで1月24日の解散日程を確定してしまったのだ。本来、衆議院の解散権は首相の大権のはずである。だが、海部首相の意向は無視され、帰国した18日、小沢一郎自民党幹事長との会談において、党側に解散の日程を押し切られてしまった。なお、今回の解散には、その背景にリクルート事件と並んで

第Ⅴ部　中曽根退陣・天皇崩御・「55 年体制」の終焉

消費税の導入をめぐる対立が存在したことから、一般に「消費税解散」と呼ばれている[6]。

　既述のように、2 月 18 日、衆議院の総選挙が行われ、結果は最終的に有権者が自民党に 286 議席（解散時 295）という安定多数を与えるとともに、社会党にも 139 議席（解散時 85）という大幅増の議席を配した。その間にはさまれた、公明党（55 議席から 45 へ）および民社党（26 議席から 14 へ）の中道政党と共産党（27 議席から 16 へ）は大きく議席を減らし、また、社民連（4 議席）は現状維持に終わった。選挙結果から判断する限り、有権者は野党への政権交代よりも、当面、自民党による安定を選んだのだ。巧みなバランス感覚を示した有権者は、参議院では野党に多数派を与える一方で、衆議院では自民党に多数を与えるという、「チェック・アンド・バランス」を選択したのである[7]。

　既述のように、第 8 次選挙制度審議会は 4 月 26 日、衆議院の小選挙区比例代表並立制を導入することを柱とする「選挙制度および政治資金制度改革についての答申」を海部首相に提出した。それは、政治改革のため「政策本位、政党本位の選挙を実現し、政権交代の可能性を高める」と述べており、最大の特色は“政権交代”という文言を前面に掲げたことであった[8]。

　答申によれば、新しい選挙の仕組みは、総定数を 501 とし、これを小選挙区 301、比例区に 200 を割り振り、投票は小選挙区では候補者名を、そして比例区では政党名を記入する二票制である。比例区は、11 ブロックに分けて実施する。なお、小選挙区の候補者は、比例区の名簿にも名前を掲載させることができる。

　一方、政治資金の面では、政治家の受け入れ団体（資金調達団体）を政治家一人につき 2 つに限定、現行通り一つの企業や個人の献金について100 万円を超えた時は献金者名、金額を公表することとし、資金調達団体以外でも政治団体への献金は公開基準を 1 万円超まで引き下げた。また、選挙の腐敗防止措置では、秘書を連座制の対象とするほか、当選無効に加えて、同一選挙について裁判確定から 5 年間立候補を制限されることになった。

　さらに、7 月 31 日には、参議院の選挙制度改革と政党への公的助成に

80

第 6 章　1990 年の政治状況と「首相演説」

ついて、第二次答申が提出された。参議院では、現行の総定数は 252 名
を維持するが、比例区（定数 100 名）を個人名あるいは、政党名いずれ
でも投票できるように改め、候補者名簿順の順位をつけずに得票順に当選
を決める「非拘束名簿式」を提案した。また、政党への公的助成は、一定
の条件を満たした政党を対象に実施し、使途公表の義務を盛り込んだ[9]。

　選挙制度審議会の答申を受けた海部首相は 5 月 10 日の記者会見で、選
挙制度改革に「内閣の命運をかけて取り組む」と強い決意を表明、自民党
顧問を歴訪した上で、野党党首とも会談し、選挙制度改革への理解と協力
を求めた。しかしである。ことはそう簡単にいきそうにないように見えた。
なぜなら、自民党の一部に根強い反対があり、意見の一致を得るには難し
い状況にあったからだ。実際、現行制度で当選してきた現職議員にとって、
新しい選挙制度を受け入れることに抵抗感があり、それは与野党を含めた
各政党にとって死活問題であった[10]。

　既に述べたように、日米間の貿易不均衡改善の前に横たわる両国の構
造問題に着手することになった。「日米構造協議問題」が 6 月 28 日、約 1
年の交渉を経てようやく決着を見た。1985 年 9 月のいわゆる「プラザ合意」
による急激な為替調整、また、前川レポートに沿った日本の内需主導型経
済成長などで、対米貿易不均衡は多少縮小したものの、それは十分なもの
ではなく、米国では連邦議会を中心に対日圧力が一段と高まりつつあった。

　このような状況を背景にして、マクロ面での政策協調を基本に、これを
補完するものとして、貿易上の構造障壁を撤廃するために提案されたのが
「日米構造協議」に他ならない。それはわが国にとって、従来の交渉とは
異なり、公共投資、土地税制、および流通制度の改善など政策運営の在り
方や日本固有の社会制度の変革まで踏み込んだものであった[11]。

　こうした背景の下で、6 月 28 日、日米両国政府は最終報告書をまとめ
あげたのだ。最終報告書は、日本の貿易収支黒字を減らし、米国の財政赤
字を減らすことが目的であり、これまで続いてきた個別の日米貿易摩擦交
渉や 7 ヵ国蔵相・中央銀行総裁会議（G 7）などで合意に達した政策協調
の延長線にあった[12]。

81

3 第二次海部内閣と第二次海部改造内閣

　海部内閣が 1989 年 8 月 9 日に発足した当時、朝日新聞の調査によれば、内閣支持率は 28% に過ぎなかった。それ以降、支持と不支持が拮抗する状態が続いていたが、1990 年 2 月 18 日に実施された総選挙で自民党が勝利するや支持率は急上昇、3 月には 49%、サミット後の 7 月には 56% を記録した。この高い支持率は中曽根内閣時の 52% を抜き、田中内閣の 61% に次ぐものであった。海部首相の庶民的人柄が、多くの国民に「悪いことはしないだろう」との印象と安心感を与え、それが高い支持率につながったのである[13]。

　こうした状況の中で、海部首相は 2 月 28 日と 12 月 29 日の二回にわたって内閣改造を断行している。前者は衆議院総選挙での勝利を踏まえての改造であり、後者は 91 年度予算編成終了と自民党の政治改革要綱が党議決定されたのを受けてのものである。

　第二次海部内閣では、日米構造問題協議や消費税存廃をめぐる国会論戦を控えて、中山太郎外相や橋本龍太郎蔵相を再任させた一方、政治改革を推進する姿勢を明確にするため、ロッキード事件やリクルート問題に関係した議員の入閣を退けた。ポスト配分では、竹下派 6、安倍派 4、宮澤派 4、渡辺派 4、および河本派 2 と派閥均衡が重視され、第一次内閣で 2 人いた女性閣僚はゼロとなった。続く第二次改造内閣では、翌年のブッシュ米大統領やゴルバチョフソ連大統領の来日、継続中のウルグアイ・ラウンド（新多角的貿易交渉）、予算案審議などに備えて、中山外相および橋本蔵相、並びに坂本三十次官房長官などを留任させた[14]。

　しかしである。8 月 2 日、イラクがクウェートに侵攻し併合を図ったことで、海部内閣は迷走を余儀なくされる。いわゆる「湾岸危機」への対応をめぐり、以後日本政治は大きく揺れ動いた。詳細は次章にゆずるが、米軍中心の多国籍軍に対する支援措置をめぐって、海部首相の憲法認識や政治的指導力が鋭く問われ、首相の平和的イメージも大きく損なわれたのである[15]。

第6章　1990年の政治状況と「首相演説」

確かに、海部内閣の対応はイラク非難決議、経済制裁までは素早かった。だが、中東貢献策は資金協力がほとんどで、しかも最初は金額が示されず、10億ドル、30億ドルと小出しに終わり、米国などから激しい非難に出会う（なお、翌年1月には、多国籍軍に90億ドルの都合130億ドル拠出）、また、10月「国連平和協力法案（PKO法案）」を国会に提出したものの、世論の反対もあって廃案に追い込まれ、海部首相の指導力のなさが白日の下に晒された[16]。

4　首相演説

①施政方針演説（3月2日）

第118回特別国会は2月27日に召集、3月2日、衆参両院の本会議場で海部首相の施政方針演説が行われた。演説の概要は次の通りである。

　　首相は先の衆院選挙の結果を踏まえて、「国民的合意」の形式をめざしながら、内外の懸案解決に取り組んでいく基本姿勢を強調した。さらに新政権として、①「信頼の政治」の確立、②公正で豊かな社会の建設、③新たな国際秩序への積極参加・推進を表明した。また、訪米を前に、日米間の最重要課題である構造問題協議に言及し、「協調の前進に最大限の努力を払う」と強い決意を示した。一方、消費税問題では、先に政府・自民党がまとめた見直し案を説明し、重ねて理解を訴えた[17]。

政府演説に対する代表質問が3月5日、衆議院の本会議で行われ、代表質問のトップに立った社会の土井たか子委員長は、日米首脳会談で何を約束するのか、また、消費税関連歳入の凍結を迫った。海部首相は対米原則が消費者重視であり、消費税については具体的な論議を、などと答弁した[18]。

『朝日新聞』は「社説：海部政治の"志"とは何か」の中で、首相演説を次のように論評した。

83

第Ⅴ部　中曽根退陣・天皇崩御・「55年体制」の終焉

　　……外交面での首相の「志」とは「力による世界秩序への貢献はで
　きないが、対話と協調による新しい世界の構築へ、積極的な役割を果
　たしていく」ということにあるようだ。そのために防衛、軍縮、経済
　協力などの分野での基本姿勢を「平成日本の決意として宣言する」と
　強調している。その内容は格別目新しいものではない。しかし、「世
　界のどの国に対しても軍事的な脅威を与えるような存在であってなら
　ない」と述べ、「軍備管理・軍縮の促進への外交努力を一層強化して
　いく」と、タカ派的姿勢を排除していることは評価したい。内政面で
　の首相の「志」は、「公正で心豊かな社会の建設」にあるようだ。そ
　の具体的課題として、長寿社会における福祉の充実、土地・住宅問題
　の解決、内外価格差の解消の三点をあげているが、国民の気持ちは「ど
　れか一つでよいから、目にみえる成果を示してほしい」ということだ
　ろう[19]。

　一方、『読売新聞』は「社説：首相は国民に何を求めたいのか」の中で、
首相演説を次のように批判した。

　　……しかし、こうした内外の課題を、どう具体的に実行するかとい
　う方法論が示されていない。「政府は課題解決にこういうことをする
　から、国民もこういう点で痛みを分かち合って協力してほしい」とい
　う呼び掛けがあって当然だ[20]。

　それでは次に、海部首相の施政方針演説の中で①全体の特色と概要、②
現状認識、③公約・理念、④課題への対策、および⑤諸外国との関係は、
どのように述べられていたのか、検討しよう。
　①の全体の特色と概要だが、特色は国民合意の政治をめざすと謳ったこ
とか。概要は、「序文」「外交」「豊かな人生」「教育・文化」「土地・住宅」「内
外価格差等」「消費税の見直し」「行財政改革」「農業」「活力ある地域づくり」、
および「結び」から構成。②の現状認識については、消費税の定着を要請

84

第6章　1990年の政治状況と「首相演説」

している。③の公約・理念としては構造協議の前進を図ると謳っている点か。④の課題への対策に関しては、懸案処理へ与野党対話を求めていることだろう。⑤の諸外国との関係については、外交の項目に大きな頁をさき、国際秩序の構築に参画をと述べている。

今回の海部首相の演説で注目すべきは、総選挙での勝利を踏まえて、多難な国会を乗り切りきるために、冒頭で「国民的合意」を呼びかけているくだりであろう。首相は次のような認識を披露した。

選挙の結果を謙虚に受け止め、国民的合意を目指して全力を傾けてまいる決意であります。みなさんの御協力をお願い申しあげます[21]。

②所信表明演説（10月12日）

第119回臨時国会は10月12日に召集、同日、海部首相による所信表明演説が行われ、それはいわゆる「中東国会」となった。周知のように、8月2日、イラク軍のクウェート進攻事件が勃発、米ソ関係が冷戦から協調へと移行する中で、地域紛争の解決に際し、日本がどのような役割を果たすべきかをめぐり与野党間で激しい論争が展開された[22]。海部首相による演説の概要は、次の通りである。

首相は、冷戦後の新しい国際秩序が模索されている中で起きた中東危機への対応を、「平和国家」日本の生き方が問われる「戦後最大の試練」と位置づけ、国連がめざす「公正な平和」を達成するため、日本が国際社会の主要な一員として、「人的、物的両面」の役割を担うべきだと強調した。また、「世界平和への貢献」は「当然、必要不可欠なコストである」と言明して、法体制整備のため、国連平和協力法案を準備している、と述べ、支援を訴えた。同法案では、創設をめざす平和協力隊について「憲法の枠組みの下、武力行使は伴わない」と強調した。その中に自衛隊を加える理由や仕組み、紛争に加担しないための歯止め、文民統制のあり方などは具体的には触れなかった。さらに、朝鮮民主主義人民共和国（北朝鮮）との政府間交渉について、「話

85

第Ⅴ部　中曽根退陣・天皇崩御・「55 年体制」の終焉

合いを進めたい」と前向きな姿勢を示し、朝鮮半島の「すべての人々」
を対象に、過去の日本の行為について「深い反省と遺憾の意」を公式
に表明した[23]。

首相演説に対する代表質問が 10 月 16 日から始まり、衆議院本会議で
質問の第一陣に立った社会党の土井たか子委員長は、歴代内閣は自衛隊の
海外派兵はできないという方針をとってきた。国連平和協力法案は自衛隊
の海外派兵の道を開くもので容認できない、と質した。海部首相は「派兵」
に該当しないと答弁した[24]。
『朝日新聞』は「社説：首相の理念と責任を問う」の中で、海部首相の
演説を次のように批判した。

　　これまでの日本の平和国家としての歩みを継続、発展させるのか、
　それとも大きく転換させるのか──今度の臨時国会冒頭の海部首相の
　所信表明演説で、最も聞きたかったのは、この点であった。だが、残
　念ながら、首相演説からこの国をどこに導こうとしているのか、条理
　の通った政治理念を聞き取ることはできなかった。……政治理念は言
　葉だけでなく、行動の裏付けが必要だ。首相は憲法尊重、平和主義を
　標榜（ひょうぼう）する言葉と、実際の政治行動とを一致させるべき
　である[25]。

一方、『読売新聞』は「社説：首相は憲法論議に堂々と挑め」の中で、
首相演説を次のように持ち上げた上で批判した。

　　……この国会は、国連協力に向けての憲法認識の好機だ。冒頭に掲
　げた首相演説は、その意味で、結論には異存はない。しかし、各論に
　なると首相の姿勢は不鮮明だ。いや、不鮮明というよりも、これまで
　の憲法解釈を「国民の合意」だとして、論議を回避しているように見
　える[26]。

86

第6章　1990年の政治状況と「首相演説」

　それでは、海部首相の所信表明演説の中で①全体の特色と概要、②現状認識、③公約・理念、④課題への対策、および⑤諸外国との関係は、どのように述べられていたのであろうか。

　①の全体の特色と概要だが、特色は「平和協力法」の成立に全力をと謳った点であろう。概要は、「世界の平和と繁栄のための外交の展開」「土地問題の解決」「物価・エネルギー対策の推進」「税制・行財政改革の推進」「国会開設百年を機に政治改革の断行」、および「結び」から構成。②の現状認識については、国連を中心とする平和維持・回復活動のための「人的、物的貢献は必要コスト」だという。③の公約・理念に関しては、「戦後最大の試練」だと強調したことであろうか。④の課題への対策は、北朝鮮へ遺憾の意を表明したことである。⑤の諸外国との関係は、イラクへの言及が圧倒的に多い[27]。

　今回の海部首相の演説で注意すべきは、何よりも「国連平和協力法案」の今国会での成立に全力を挙げると述べたものの、その詳細な姿を示さず、自衛隊参加についても歯止めに言及していなかった点である[28]。

5　おわりに

　「国連平和協力法案」は政府の方針が二転三転したあげく、憲法論議で国会審議は混乱、11月5日、海部首相は廃案を決意し、結局、11月18日、自民党、公明党、および民社党の三党で、自衛隊とは別個に国連の平和維持活動に協力する組織を作ることを盛った覚書を作成し、法案は廃案となった[29]。

　この間に、朝日新聞が11月3日、4日に行った世論調査によると、海部内閣への支持は33％へと激減する一方で、不支持は50％となり、湾岸戦争への対応や国連平和協力法案の廃案などをめぐる海部首相のリーダーシップの欠如が明らかになり、平和イメージが損なわれたのは否めない[30]。

　政治学者の福井治弘は、海部内閣の経緯を見ると不成功に終わった政策が目立つが、その最大理由として、与党内の不統一があり、所属議員に対

87

第Ⅴ部　中曽根退陣・天皇崩御・「55年体制」の終焉

する党執行部の統率力の欠如を挙げている。その上で、海部首相自身の優柔不断な態度があったとはいえ、海部内閣はいわば緊急避難的措置で生まれ、与党内に確固たる政治的基盤が欠如していた点が、宿命的弱点であったと指摘している。正しく、その通りであると思われる [31]。

注

(1)　藤本一美〔2003年〕『戦後政治の決算 1971-1996』専修大学出版局、288頁。

(2)　藤本一美〔1992年〕『海部政権と「政治改革」』龍渓書舎、22頁。

(3)　〔1991年〕「政治—90年の動き」『朝日年鑑　1991年版』朝日新聞社、73-74頁。

(4)　藤本、前掲書『戦後政治の決算 1971-1996』289頁、藤本、前掲書『海部政権と「政治改革」』131頁。

(5)　「政治—90年の動き」前掲書『朝日年鑑、1991年版』70頁。

(6)　藤本一美・酒井慶太〔2017年〕『衆議院の解散・総選挙—決断の政治』志學社、153頁、157-158頁、

(7)　藤本、前掲書『海部政権と「政治改革」』22-23頁。

(8)　「政治—90年の動き・政治改革」前掲書『朝日年鑑　1991年版』73頁。

(9)　同上。

(10)　佐道明広〔2012年〕『現代日本政治史5　「改革」政治の混迷』吉川弘文館、30頁。

(11)　藤本、前掲書『戦後政治の決算 1971-1996』196-197頁。

(12)　同上、197-198頁。

(13)　同上、301頁。

(14)　「内閣」前掲書『朝日年鑑　1991年版』89頁。

(15)　詳細は、福井治弘〔1995年〕「海部俊樹」渡辺昭夫編『戦後日本の宰相たち』中央公論社、402-413頁を参照。

(16)　岩間陽子〔2013年〕「海部俊樹」御厨貴編『増補新版　歴代首相物語』新書館、248頁、佐道明広〔2012年〕『現代日本政治史5　「改革」政治の混迷』吉川弘文館、23-24頁、金指正雄〔2001年〕「海部俊樹」宇治敏彦編『首相列伝　—伊藤博文から小泉純一郎まで』東京書籍、345頁。

(17)　「国民合意の政治めざす—海部首相施政演説」『読売新聞』1990年3月2日（夕）。

(18)　「衆院代表質問と答弁　要旨」『朝日新聞』1990年3月6日。

(19)　「社説：海部政治の"志"とは何か」同上、1990年3月3日。

(20)　「社説：首相は国民に何を求めたいのか」『読売新聞』1990年3月3日。

(21)　早野透「首相演説—国民的合意呼びかけ」『朝日新聞』1990年3月2日（夕）。

(22)　「国会」前掲書、『朝日年鑑、1991年版』87頁。

(23)　「首相、国際責任を強調—中東国会で所信表明」『朝日新聞』1990年10月13日。

第 6 章　1990 年の政治状況と「首相演説」

(24)「衆院代表質問と答弁　要旨」同上、1990 年 10 月 17 日。

(25)「社説：首相の理念と責任を問う」同上、1990 年 10 月 13 日。

(26)「社説：首相は憲法論議に堂々と挑め」『読売新聞』1990 年 10 月 13 日。

(27)「首相、国際責任強調—中東国会で所信表明」『朝日新聞』1990 年 10 月 13 日、
　　「平和協力法成立に全力—首相が所信演説」『読売新聞』1990 年 10 月 13 日。

(28)「首相、国際責任強調—中東国会で所信表明」『朝日新聞』1990 年 10 月 13 日、

(29) 佐道、前掲書『現代日本政治史 5 「改革」政治の混迷』23-24 頁

(30)「政治—90 年の動き（海部政権この 1 年）」前掲書『朝日年鑑　1991 年版』72 頁。

(31) 福井、前掲書「海部俊樹」前掲書、渡辺昭夫編『戦後日本の宰相たち』406-409 頁。

第Ⅴ部　中曽根退陣・天皇崩御・「55年体制」の終焉

第7章　1991年の政治状況と「首相演説」

1　はじめに

　1991年4月16日、ミハイル・ゴルバチョフ大統領がソ連の最高指導者として初めて日本を訪問して注目された。海部俊樹首相との首脳会談では難航を余儀なくされたものの、19日に発表された「日ソ共同声明」によれば、懸案であった北方領土問題について、「歯舞群島、色丹、国後島および択捉島の帰属についての双方の立場を考慮しつつ、領土画定の問題を含む日ソ平和条約の作成と締結に関する諸問題について詳細かつ徹底的な話し合いを行った」と、日ソ間の共同声明の中で初めて四島名を明記することに成功した[1]。

　およそ半年後の10月4日、海部首相が自民党の総裁選挙には立候補しない旨を決意し、翌5日、正式に退陣を表明した。海部内閣が行き詰まったのは、政権の命運をかけるとしてきた、政治改革関連四法案が国会で廃案となり、しかも法案処理の過程で海部首相の指導力が限界に達したからだ。臨時国会の幕切れに際し示した、海部首相の政治家としての判断の誤りがあったのだ。いわゆる「重大な決意」発言に続いて、衆議院の解散権をふりまわす言動をとったことで、急速に自民党内で、しかも支持母体である竹下派の離反を招き、それが海部政権の命取りとなったのである[2]。

　海部首相の後任として、自民党の総裁選に名乗りを挙げたのが宮澤喜一、渡辺美智雄、および三塚博の三人であった。10月27日の投票の結果、宮澤が過半数の285票を獲得して当選、第15代自民党総裁に就任、そして11月5日には、宮澤内閣が発足した。宮澤は英語が堪能で、政策通として知られていたが、その一方で、親分子分的な人間関係に距離を置くなど、「宏池会」という派閥の領袖でありながら、自民党内では異質な存在であっ

90

た。ただ、宇野首相や海部首相とは異なり、宮澤首相は本格的政権の登場
として期待を集めた[3]。

この年はまた、「湾岸戦争」をめぐって日本の国際貢献のあり方が鋭く
問われた。政府は湾岸戦争の突入を受けて 1 月 17 日、①他国籍軍へ 90
億ドルの追加資金協力、②避難民輸送のための自衛隊機派遣、の方針を決
めた。さらに、政府は湾岸戦争の正式停戦後の 4 月 24 日、ペルシャ湾に
敷設された機雷除去のため自衛隊掃海艇の派遣を閣議決定し、訓練以外で
は初めて自衛隊を海外へ派遣することになった。衆議院の国際平和協力特
別委員会は 11 月 27 日、前国会から継続審議となっていた「国連平和維
持活動（PKO）協力」法案を自民および公明両党で修正した上で、賛成
多数で可決、同法案は衆議院で可決されたものの、参議院では会期が少な
く継続審議扱いとなった[4]。

本章では、1991 年の政治状況を踏まえ、海部内閣の退陣と宮澤内閣発
足の背景を紹介。その上で、海部首相の 1 月 25 日の施政方針演説と 8 月
5 日の所信表明演説、並びに宮澤首相による 11 月 8 日の所信表明演説の
内容を検討することで、この年の政治的特色の一端を示したい。

2 政治状況──日ソ首脳会談・湾岸戦争支援・ 海部内閣退陣─宮澤内閣発足

海部俊樹が首相に就任した当時、首相は外交が苦手であると見られてい
た。しかしである。海部首相は 1991 年に限定しても、4 月 4 日、訪米し
てブッシュ米大統領との日米首脳会談、次いで、4 月 16 日、ゴルバチョ
フソ連大統領の初来日に伴う日ソ首脳会談をこなし、さらに 7 月 10 日に
英国のロンドンで開催された「先進国首脳会談（サミット）」に出席、また、
中東およびアジア諸国への外遊を行うなど、外遊回数は都合 11 回を数え、
外交にも強いところを披露した[5]。

既に述べたように、4 月 16 日から 19 日にかけて、ソ連のゴルバチョフ
大統領がライサ夫人を伴って国賓として来日した。ソ連の国家元首が来日
したのは、帝政ロシア時代を含めて初めてのことで、長らくいびつな関係

第Ⅴ部　中曽根退陣・天皇崩御・「55年体制」の終焉

が続いていた。だから、ゴルバチョフ大統領の来日は、日ソ両国の関係改
善の転換点として位置付けられ、海部首相とゴルバチョフ大統領との首脳
会談は都合6回にも及び、その大半が北方領土問題に費やされた[6]。

　第1回から第5回の首脳会談では、日ソ間の論議が平行線をたどり、
一時は交渉決裂の可能性もあった。だが、最終的に第6回目の首脳会談に
おいて、「日本とソ連が戦争状態の終了および外交関係の回復が共同で宣
言した1956年以来、長年にわたって二国間交渉を通じて蓄積されたすべ
ての肯定的要素を活用しつつ」という難解な言い回しで合意し、それが4
月19日の未明に発表されたのである[7]。

　共同声明では、海部とゴルバチョフ両首脳が歯舞、色丹、国後、および
択捉四島の帰属について話し合ったことが謳われ、四島の名称が初めて日
ソ間の合意文書に明記された。また、「領土画定問題」との言葉も使用され、
領土問題の存在が公式に認められた。さらに、平和条約締結への準備作業
を加速させることや、歯舞、色丹両島の日本への引き渡しを謳った1956
年の「日ソ共同宣言」以来の両国間交渉で培われた成果を活用することに
も言及するなど、今後は四島を条約交渉の対象とすることを認める内容と
なっていた。だが、日本側が求めた四島への主権確認が盛り込まれなかっ
ただけでなく、共同声明では「共同宣言」の二島返還要求条項が再確認さ
れたかについては、玉虫色に終わったのである[8]。

　政府は7月10日、政治改革関連三法案を閣議決定し、8月5日に開会
された臨時国会に提出した。政治改革関連三法案とは、公職選挙法改正案、
政治資金規正法改正案、および政党助成金法案である。だが、海部首相は、
政治改革関連三法案の取り扱いでつまづいてしまった。9月30日、衆議
院政治改革特別委員会で小此木彦三郎委員長が同案の審議未了──廃案と
する委員長見解を発表、これに対して、同日夜に海部首相は自民党内の四
役会議で「重大な決意をしている」と表明し、巻き返しに出た。しかし翌
10月1日には、海部首相自身が前日に述べた重大な決意表明は衆議院の
解散・総選挙を意味したものではないと釈明したのだ。海部首相は10月
4日、閣僚に解散署名への協力を直接要請するなど最後の巻き返しを図っ
たものの、竹下派が衆議院解散反対と首相続投不支持を通告し、立候補の

92

基盤を失った海部首相は総裁選不出馬に追い込まれたのである[9]。

　海部政権崩壊劇には、次のような背景があったといわれる。すなわち、自民党の政治改革熱がさめるにつれて、息を吹き返した派閥の多くが、その領袖を先頭に最初から政治改革三法案の廃案をめざす動きに加担し、海部内閣を終極へと追い込んだのだ。こうして、自民党の各派閥は政治改革問題に政局をからませ、自分たちが選んだ海部首相の足を引っ張り、政権の座からひきづり落としたのである。自民党は10月27日に総裁選を実施し、宮澤喜一を後継総裁に選出した[10]。

3　宮澤内閣の発足と課題

　海部内閣が総辞職したのを受けて、11月5日に召集された第122回臨時国会で首班指名投票が行われ、自民党総裁の宮澤喜一が第78代、49人目の首相に選出された。宮澤内閣では、総裁選で2位につけた渡辺美智雄を副総理・外相に処遇して各派閥の中堅・幹部を登用する一方、総裁選で支持を受けた竹下派を重視し、羽田孜（蔵相）、渡部恒三（通産相）、および奥田敬和（運輸相）を抜擢した。派閥別のポスト配分は竹下派6、宮澤派2、三塚派4、渡辺派4、河本派3、無派閥1であった。また、閣内には、宮澤首相をはじめとして、渡辺美智雄副総理・外相、加藤紘一官房長官、渡辺秀央郵政相という具合に、リクルート事件関係者が4人も入り事件を幕引きにする形となった[11]。

　ところで、宮澤喜一は、1919年10月8日、宮澤裕・こと夫妻の長男として東京で生まれた。父は東京帝国大卒で、内務省勤務を経て、1928年衆議院議員に初当選、連続6期の当選をほこる。喜一は東京高等師範付属小学校を卒業、旧制武蔵高校を経て、1941年東京帝国大学法学部を卒業後、大蔵省に就職、1952年大蔵省を退職、1953年参議院議員に当選、1967年衆議院議員に鞍替え、1962年池田内閣の下で経済企画庁長官、佐藤内閣で通産大臣、そして三木内閣で外務大臣を歴任。1991年11月、首相に就任した。1993年7月、退陣、首相引退後も、小渕内閣と森内閣で蔵相を務めた[12]。

93

第Ⅴ部　中曽根退陣・天皇崩御・「55 年体制」の終焉

　周知のように、宮澤首相は政策通として知られており、経済や外交を得意として独自の政策を唱えた点で異彩を放っていた。また、憲法の改正を党綱領とする自民党の中で、「日本国憲法は国民に定着した」と断言するなど、自主憲法制定の動きを牽制してリベラルで「ニューライト」の立場を推進してきた。

　宮澤首相が直面した政治情勢は自民党の自壊、日本経済の変調、および冷戦後の世界という具合に、戦後日本の大きな転換を示すものであった。実際、宮澤政権時代、首相自身が実質的な成果をあげることができたのは、国連平和維持活動（PKO）協力法案の成立のみであった。護憲派として知られていた宮澤首相が、戦後初の自衛隊海外派遣に手を貸すことになったのは、歴史の皮肉に他ならない [13]。

4　首相演説

①施政方針演説（1 月 25 日）

　第 120 回通常国会は 1991 年 1 月 25 日に再開、同日、海部首相による施政方針演説が衆参両院の本会議場で行われた。演説の概要は次の通りである。

　　　首相は湾岸戦争への対処をはじめ内外の課題に取り組む基本姿勢を明らかにした。次いで、米国を中心とする多国籍軍の武力行使を「やむ得ざる最後の手段」として、「確固たる支持」を表明。90 億ドル（約 1 兆 2 千億円）の資金協力を「ぜひとも必要」と説く一方で、避難民移送のための自衛隊輸送機の派遣は「憲法の基本理念に合致すると位置づけた」と述べ、これらの貢献を怠れば日本は「国際的孤立化への道を歩むことになる」として理解を訴えた。また、日ソ関係では、ソ連軍のバルト諸国への武力行使に「深い憂慮の念」を表明。その一方で、4 月に来日予定のゴルバチョフ大統領に北方領土問題解決に向けた「勇気ある決断」を促した。なお、内政面では、政治倫理の確立、選挙制度改革などの政治改革、および地価税導入を柱とする土地対策

94

第 7 章　1991 年の政治状況と「首相演説」

を最重要課題とした⁽¹⁴⁾。

　首相演説に対する各党の代表質問は 28 日から行われ、衆議院で質問の
第一陣に立った社会党の土井たか子委員長は自衛隊派遣を撤回せよと述
べ、憲法理念を放棄したのかと迫った。首相は海外派兵への道を開かぬと、
答弁した⁽¹⁵⁾。
　『朝日新聞』は「社説：これで信頼の政治といえるか」の中で、首相の
演説を次のように批判した。

　　　1 兆 2 千億円の戦費負担、自衛隊輸送機の海外派遣と、戦後日本の
　　歩みを大きく曲げることにつながりかねない難問を抱えた国会審議が
　　スタートした。だが、海部首相の施政方針演説は精彩を欠き、迫力も
　　説得力もまるでなかった。首相は“信頼の政治”の確立に取り組んで
　　いくと強調したが、首相演説を聞いた感想は、失望や怒りを通り越し
　　て、日本の政治のあり方に対する悲しささえ感じさせた⁽¹⁶⁾。

　一方、『読売新聞』は「社説：首相は今度こそ信念を貫け」の中で、首
相の演説について次のように論評した。

　　　……湾岸危機については、“わが国が積極的な貢献をするのは当然
　　の責務”として多国籍軍への 90 億ドルの追加支援実施のため、国民
　　に“応分の負担”を求める一方、避難民輸送のための自衛隊機派遣は、
　　“憲法の基本理念の合致するものと確信する”と言明した。首相の演
　　説内容に異存はない。しかし、野党の中には、反対論も根強い。従っ
　　て、問題は、首相が今後、どのように反対論者を説得し、より多くの
　　国民の理解を得ることができるかという点にかかっている⁽¹⁷⁾。

　それでは次に、海部首相の施政方針演説の中で①全体の特色と概要、②
現状認識、③公約・理念、④課題への対策、および⑤諸外国との関係は、
どのように述べられていたのであろうか。検討する。

95

①の全体の特色と概要であるが、特色は湾岸危機に対して積極的貢献を訴えたことであろうか。概要は、「外交」「経済運営」「行財政・税制」「土地・住宅」「生活環境」「農林水産業」「福祉の充実」「教育・文化等」「信頼の政治」、および「結び」から構成。②の現状認識については、湾岸支援で国民に理解を訴えた点であろう。③の公約・理念としては、国民に応分の負担を求めたことである。④の課題への対策に関しては、自衛隊機派遣は憲法の理念に合致していると述べた点だ。⑤の諸外国との関係については、イラクのクウェート侵略に米国と協力して対応すると謳う[18]。

今回の首相の演説で顕著な点は、上で述べたように、前日にまとめたわが国の湾岸貢献策に対して、国民の理解と協力を求めることに最大の力点を置いたことであろう[19]。

②所信表明演説（8月5日）

第121回臨時国会は8月5日に召集、同日、衆参両院の本会議場で海部首相の所信表明演説が行われた。演説の概要は次の通りである。

> 首相は演説で、一連の証券不祥事について遺憾の意を表明。再発防止のため、今国会に証券取引法改正案を提出し、「証券市場の公正性の確保」に務める方針を示した。一方、政治改革については、「時代から託された使命」であることを強調し、衆議院への小選挙区比例代表並立制を導入する公職選挙法改正案の成立に協力を訴えた。また、日本の国際的役割に関連して、自衛隊の国際緊急援助隊への参加実現を謳う一方で、焦点の国連平和維持活動（PKO）への協力については、今国会に法案を提出するよう努力するとしながらも、今後の与野党協議に配慮して具体的言及を避けた[20]。

首相演説などに対する代表質問が8月5日から行われ、衆議院で質問の第一陣に立った社会党の田辺誠委員長は、証券不祥事に関連して悪しき慣行を黙認したことを批判し、「公正な市場」をどう実現するのかと質した。海部首相は市場の信頼性を失ったことを重く受け止めると述べたが、具体

第7章　1991年の政治状況と「首相演説」

的な問題には踏み込まなかった[21]。

『朝日新聞』は「社説：なぜ捨て身になれないのか」の中で、首相の演説について、次のように批判した。

　　……その切迫した政治状況にしては、国会冒頭で行われた海部首相の所信表明は、なにがなんでも、今国会の会期内で諸懸案を解決しようとする気迫に乏しかった。一言でいえば、「説明」あって「説得」なしということである。これは、11月以降も「続投」をねらいながら、なんとなく模様ながめをしている海部首相の姿勢を、そのまま反映しているのではないか[22]。

一方、『読売新聞』も「社説：続投を考えず"改革"に専念せよ」の中で、首相の演説について、次のように批判した。

　　……政治改革審議の難航を予想して、国会召集前から、坂本官房長官が、自民党実力者に対して、政治改革関連法案の継続審議を要請するなどの動きは、首相の"不退転の決意"を疑わせるものだ。首相は、続投などの雑念を捨て、改革の道筋をつけることに全力投球すべきだ。再選か否かの方向は、その首相の姿をみて、国民世論がおのずと決めてくれるだろう[23]。

それでは、海部首相の所信表明演説の中で①全体の特色と概要、②現状認識、③公約・理念、④課題への対策、および⑤諸外国との関係は、どのように述べられていたのであろうか。検討する。

①の全体の特色と概要だが、特色は、問題となっていた証券市場の公正化に努力すると謳えた点か。概要は、「序文」「政治改革の実現」「行財政改革の推進」「我が国の果たすべき国際的役割・責任」、および「結び」から構成。②の現状認識については、政治改革に国民の協力を訴えていることか。③の公約・理念としては、国連参加を積極的にと述べたことである。④の課題への対策は、証券不祥事に遺憾の意を示したことである。⑤の諸

97

第Ⅴ部　中曽根退陣・天皇崩御・「55年体制」の終焉

外国との関係に関しては、一昨年のソ連、東欧諸国で始まった変動について言及しているのが目立つ[24]。

　今回の首相演説で留意すべき点は、証券不祥事への言及に先立って、何よりも雲仙岳噴火によって被害を受け、亡くなった人々へ哀悼の意を表し、災害対策を最優先する姿勢を示したことである[25]。

③所信表明演説（11月8日）

　第122回臨時国会が11月5日に召集、衆参両院の本会議で首班指名投票が行われ、宮澤喜一自民党総裁が首相に選出された。続いて8日には、宮澤首相の所信表明演説が行われた。その概要は次の通りである。

　　　首相は、政治改革では、先の臨時国会で廃案となった政治改革関連三法案を「たたき台」に、与野党協議の場で「おおむね1年をめど」に具体的な結論を得るよう改めて期待を表明した。また、ウルグアイ・ラウンド（ガットの新多角的貿易交渉）のコメ市場開放問題は「これまでの基本方針の下、相互の協力による解決に向けて、最大限の努力を傾斜する」として、交渉の進展に合せて何らかの開放策を検討する可能性を示唆した[26]。

　首相演説に対する各党の代表質問は11月12日に行われ、衆議院で質問の第一陣に立った社会党の田辺誠委員長は自衛隊派遣を違憲であると批判、また、リクルート疑惑に関して首相の説明を求めた。宮澤首相からはPKOについて文民統制の懸念はないなどと答弁があった[27]。

　『朝日新聞』は「社説："宮澤色"を生かす政治」の中で首相演説について、次のように好意的に論評した。

　　　首相が、最も強調したかったのは、演説全体の約三分の一にあたる冒頭の総論部分だといわれる。冷戦後の時代について「新しい世界平和の秩序を構築する時代の始まり」との歴史認識を示し、新秩序構築へ貢献していくことを訴えた。世界史の視点の中で、政策の必然性を

第 7 章　1991 年の政治状況と「首相演説」

訴えようとする意欲に注目したい⁽²⁸⁾。

　一方、『読売新聞』も「社説：時代認識を実行に生かせ」の中で、首相
演説について、次のように評価した。

　　宮澤首相は、就任後初の所信表明演説の力点を、時代認識を語るこ
　とに置いた。その取り組み方は評価できよう。いま日本の政治に欠け
　ている最も重要な要素の一つが、それであるからだ。首相が語った基
　本認識にも、かなりの点で共感できる。……「派手なキャッチフレー
　ズよりも、地道で着実に政策を実行するのが『品格ある国』をめざす
　宮澤政治だ」と、首相周辺は説明している。その言葉通り、レトリッ
　クよりも実行こそ首相に期待したい⁽²⁹⁾。

　それでは、宮澤首相の所信表明演説の中で①全体の特色と概要、②現状
認識、③公約・理念、④課題への対策、および⑤諸外国との関係は、どの
ように述べられていたのであろうか。検討する。
　①の全体の特色と概要だが、特色は新秩序へ最大限の貢献を謳ったこと
であろう。概要は、「はじめに」「政治改革の実現」「外交」「生活大国への
前進」「経済運営の考え方」「行財政改革の推進」、および「証券・金融問
題」から構成。②の現状認識については、品格ある生活大国をめざすとい
う。③の公約・理念として、政治改革を 1 年をめどに結論をと述べたことか。
④の課題への対策に関しては、PKO 法案の成立を謳っている。⑤の諸外
国との関係については、国連へ最大限の貢献をと指摘している。
　今回の宮澤首相の演説で留意すべきは、何よりも「公正な社会」の実現と、
国民が誇りを感じる「品格のある国」、および活力と潤に満ちた「生活大国」
つくりを目標として明示したことであろう⁽³⁰⁾。

5　おわりに

11 月 5 日に新たに発足した宮澤新体制の大きな特徴は、先に述べたよ

99

第Ⅴ部　中曽根退陣・天皇崩御・「55年体制」の終焉

うに「リクルート事件」に関与した政治家の復権に他ならない。実際、加藤紘一官房長官を始めとして、森喜朗政調会長もリクルート事件に関係してしばらく公職から遠ざかっていたのだ。同事件で有罪判決を受けていた佐藤孝行も総務会長に就任させた。さらに、リクルート事件に関与した中曽根、竹下両元首相に党最高顧問への就任を要請するなど、自民党が事件への反省から進めてきた「けじめ」が空洞化したのは間違いない⁽³¹⁾。

確かに、宮澤内閣は久々の本格内閣の登場として歓迎され、朝日新聞の報道によれば、発足直後の11月の内閣支持率は54%と高かった。しかし、政権発足後1年たった12月には20%へと低下してしまった。宮澤政権への期待は早くも薄れ、国連平和維持活動（PKO）協力法案や政治活動への取り組みなど、その政治姿勢や政策への批判が生じてきたことがうかがわれた⁽³²⁾。

注

(1) 〔1992年〕「政治　91年の動き（外交・防衛）」『朝日年鑑　1992年版』朝日新聞社、75-76頁。

(2) 藤本一美〔1992年〕『海部内閣と「政治改革」』龍渓書舎、5頁。

(3) 佐道明広〔2012年〕『現代日本政治史5　「改革」政治の混迷』吉川弘文館、35頁。

(4) 藤本一美〔2003年〕『戦後政治の決算1971-1996』専修大学出版局、304頁。

(5) 藤本、前掲書『海部内閣と「政治改革」』17頁。

(6) 「政治―91年の動き（外交・防衛）」前掲書『朝日年鑑　1992年版』75頁。

(7) 同上。

(8) 「4島対象に条約交渉」『朝日新聞』1991年4月19日。

(9) 佐道、前掲書『現代日本政治史5　「改革」政治の混迷』33頁、「政治　91年の動き（内政）」前掲書『朝日年鑑　1992年版』71頁。

(10) 藤本、前掲書『戦後政治の決算1971-1996』311頁。

(11) 「政治―91年の動き（内政）」前掲書『朝日年鑑　1992年版』71頁。

(12) 五十嵐武士〔1995年〕「宮澤喜一」渡辺昭夫編『戦後日本の宰相たち』中央公論社、417-418頁。

(13) 岩間陽子〔2013年〕「宮澤喜一」御厨貴編『増補新版　歴代首相物語』新書館、250-251頁。

(14) 「首相施政方針演説　湾岸支援で理解訴え」『朝日新聞』1991年1月25日（夕）。

(15) 「衆院代表質問と答弁　要旨」同上、1991年1月29日。

第 7 章　1991 年の政治状況と「首相演説」

(16)「社説：これで信頼の政治といえるか」同上、1991 年 1 月 26 日。

(17)「社説：首相は今度こそ信念を貫け」『読売新聞』1991 年 1 月 26 日。

(18)「首相施政方針演説—湾岸支援で理解訴え」『朝日新聞』1991 年 1 月 25 日（夕）、「湾岸危機に積極的貢献—首相施政演説」『読売新聞』1991 年 1 月 25 日（夕）。

(19)「追加支援の説明不十分」『読売新聞』1991 年 1 月 25 日（夕）。

(20)「証券市場公正化に努力—首相、所信表明演説」『朝日新聞』1991 年 8 月 5 日（夕）。

(21)「衆院代表質問と答弁　要旨」同上、1991 年 8 月 8 日。

(22)「社説：なぜ捨て身になれないのか」同上、1991 年 8 月 6 日。

(23)「社説：続投を考えず "改革" に専念せよ」『読売新聞』1991 年 8 月 6 日。

(24)「証券市場公正化に努力—首相、所信表明演説」『朝日新聞』1991 年 8 月 5 日（夕）、「政治改革に協力訴え—臨時国会召集、首相所信演説」『読売新聞』1991 年 8 月 5 日（夕）。

(25)「首相の所信表明演説　全文」『朝日新聞』1991 年 8 月 5 日（夕）。

(26)「新秩序へ最大限の貢献—首相、初の所信表明」同上、1991 年 11 月 8 日（夕）。

(27)「衆院代表質問と答弁　要旨」同上、1991 年 11 月 12 日。

(28)「社説：『宮澤色』を生かす政治」同上、1991 年 11 月 19 日。

(29)「社説：時代認識を実行に生かせ」『読売新聞』1991 年 11 月 9 日。

(30)「品格ある生活大国めざす—宮澤首相所信表明」同上、1991 年 11 月 8 日（夕）。

(31)「政治—91 年の動き（内政）」前掲書『朝日年鑑　1992 年版』72 頁。

(32)藤本、前掲書『戦後政治の決算 1971-1996』316 頁。

第Ⅴ部　中曽根退陣・天皇崩御・「55年体制」の終焉

第8章　1992年の政治状況と「首相演説」

1　はじめに

　1992年の世界政治は、冷戦後の時代から次の時代に進む「変革と再編の過程」の渦中にあった、といってよい。それを端的に示したのが、11月、米国大統領選で共和党のブッシュが民主党のクリントンに敗れ、12年間にわたった共和党政権が民主党政権に代わったことである。また、フランスの統一地方選挙、韓国の総選挙、およびドイツの地方選挙でいずれも与党が敗北するなど、既成勢力への批判が高まった[1]。

　同じく日本においても、この年に大きく揺れ動き、政治が「変革と再編の過程」にあることを示した。まず、自民党では、2月に発覚した東京佐川急便事件で5億円の授受をめぐって金丸信副総裁が10月14日辞任に追い込まれた。一方、社会党の田辺誠委員長も同事件のあおりを受けて12月24日に退陣を表明するなど対立と妥協を繰り返してきた、いわゆる「1955年体制」の終焉が近いことを印象づけた[2]。

　このような状況の中で、7月27日、第16回参議院通常選挙（以下、参院選と略す）が実施されたのである。この選挙は宮澤政権にとって、初めて国民の審判を受ける選挙であり、国連平和維持活動（PKO）協力法案、政治倫理──政治改革、および景気対策などが主要な争点となった。結果は、自民党が選挙区で49、比例区で19の68議席を獲得、全改選議席の過半数（64議席）を上回る勝利を手にした。これに対して、社会党は22議席と現状を大きく割り（前回46議席）、一方、公明党は14議席、日本新党が4議席と健闘、連合は完敗。また、民社党は4議席、共産党も6議席に終わり、後退を余儀なくされた[3]。

　国連平和維持活動（PKO）協力法案は、前年暮れの122回臨時国会で

102

衆議院を通過後、参議院では継続審議扱いとなっており、1992 年 1 月に召集された第 123 回通常国会に引き継がれた。国会の審議では、PKO への自衛隊の部隊参加が憲法で禁じる武力行使に発展しないかどうか、また、国連の指揮権の関係などをめぐって激しい論戦が展開された。野党側の強い反対があったものの、6 月 15 日、PKO 協力法案は国際緊急援助隊派遣改正法とともにようやく成立した。同法に基づき、9 月から 10 月にかけて、道路補修工事と停戦監視に当たる自衛隊員と文民警察監視要員が海外に派遣されることになった[4]。

先に述べたように、自民党の金丸副総裁は東京佐川急便事件への関与により、10 月 14 日に衆議院議員を辞職した。その後、自民党の最大派閥である竹下派内において、小沢一郎会長と反小沢系の幹部が対立し、12 月 18 日、小沢が後ろ盾となって羽田孜を代表とする「改革フォーラム 21」が発足した。ここに竹下派は「小渕派」と「羽田派」とに分裂を余儀なくされ、自民党内の竹下派支配は終焉を迎えることになった[5]。

本章では、1992 年の政治状況を踏まえ、宮澤改造内閣の発足の意義に触れる。次いで、宮澤首相による 1 月 24 日の施政方針演説と 10 月 30 日の所信表明演説を検討し、この年の政治的動向の一端を紹介する。

2 政治状況——参院選挙・「PKO」法案成立・竹下派分裂

第 16 回参院選は 7 月 26 日に投開票が行われ、その結果は既述のように、自民党が改選数 68 議席を確保して過半数を制覇した。自民党は前回の参議院選で惨敗した後遺症が大きく、参議院全議席では、過半数を割り込む状態が続いていた。だが、次回の参院選で与野党逆転の可能性が生じてきた。このように、自民党が復調傾向を示したのに対し、社会党は 22 議席という具合に辛うじて改選議席を維持するに留まった。また、連合は所属候補者が全員落選するという事態に見舞われた。今回の参院選については有権者の関心が低く、投票率は 50.7% と史上最低に終わった。投票率の低さに象徴された既成政党への国民の不信感こそが、今回の参議院選の最

第Ⅴ部　中曽根退陣・天皇崩御・「55年体制」の終焉

大の特徴であったいってよい[6]。

　今回の参議院選で注目されたのが、細川護熙前熊本県知事が率いた「日本新党」であった。初陣の比例区で成功の目安とされた3議席を越えて4議席を獲得した。今回、投票率が低かったにもかかわらず、これだけの成果を上げたのは、有権者の間に既成政党に対する不満が拡大する中で、日本新党が新しい政治への受け皿として期待を集めたからである[7]。

　宮澤首相が命運をかけた国連平和維持活動（PKO）協力法案は、1991年12月、衆議院で自民と公明両党による強行採決が行われた。だが、参議院では継続審議となり、事実上、廃案と見られていた。しかし、1992年に入り、再修正——成立を模索する動きが生じてきた。紆余曲折はあったものの、5月29日、自民・公明・民社三党の幹事長・書記長会談で最終的な合意が成立した。その内容は、①PKF（平和維持軍）参加五原則の確認・派遣の可否は国会の承認を求め、国会閉会中は遅滞なく事後承認を求める、②PKF本体への参加については当分法律で凍結し、解除は別の法律で行い、法案に賛成した各党が発議する、③PKF本体業務と複合した時にしか実施できない地方支援業務は本体と同じ扱いにする、④3年後に法律を見直し、2年後に協議機関を設置する——などであった。これを受けて6月1日、修正案が提出され、PKO協力法は、6月9日未明に参議院本会議で可決された。一方、衆議院では、社会党や社民連が所属衆院議員の議員辞職願で抵抗し、両党が欠席する中で6月12日に可決・成立した。それと同時に、海外で発生した地震や風水害などに自衛隊派遣を可能にする国際緊急援助隊派遣法改正案も成立したのである[8]。

　こうして、自衛隊のカンボジア派遣への準備が整ったわけである。政治学者の佐道明広は「カンボジア和平は、戦後日本外交の成功例としてのちにまで語られることになっただけでなく、自衛隊のPKO活動も国際的に高い評価を得ることができ、しかもそれが国内にも伝わることで、それ以後のPKO活動には大きな弾みがつくことになるのである」と評価している[9]。

　また、政治学者の五十嵐武士も宮澤内閣が残した業績について、次のように述べている。

104

第8章　1992年の政治状況と「首相演説」

　　宮澤の真意がどこにあったかは別として、PKO協力法案が日本を
　　新たな方向に踏み出させたのは事実である。それは紛れもなくも宮澤
　　内閣の業績として、歴史的評価を受けることになろう[10]。

　東京佐川急便の渡辺広康社長は8月22日、自民党の副総理である金丸
信に5億円の資金を提供したことを明らかにした。金丸は28日に記者会
見を行い、東京佐川急便から5億円の献金を受けていたことを認め、副
総裁を辞任することを表明。越えて、10月14日、金丸は議員辞職と竹下
派の会長を辞任することを決定し、後継会長選びと派内抗争が噴き出した。
10月28日、竹下派の総会が開かれ、竹下側近の小渕恵三が会長に就任す
ることが決まった。これに対して、小沢グループは「改革フォーラム21」
を結成し、12月18日、羽田派が正式に発足した[11]。
　この結果、竹下派は分裂を余儀なくされ、竹下派を継承した小渕派（66
人）は第四派閥に、羽田派（43人）は第五派閥に転落した。こうして、
田中支配あるいは竹下派支配と呼ばれ、約14年間続いた巨大派閥による
支配体制が崩壊したのだ。自民党の派閥体制は、五派から六派体制へと移
行することになった[12]。

3　宮澤内閣改造

　宮澤首相は12月11日、政権誕生以来初の内閣改造を行い、同時に自
民党役員も刷新した。それは、東京佐川急便事件によりかつてなく政治不
信が高まる中で、清新なイメージを作ることで政局の転換を図る意図が
あったのだと思われる[13]。
　政治学者の佐道明広が指摘するように、「重要なのはここで幹事長の交
代が行われ、綿貫から反小沢の代表格といわれた梶山静六が幹事長になっ
たことである」。なお、政調会長には三塚博が就任し、佐藤孝行総務会長
は留任した。12月18日には「改革フォーラム21」のメンバーは竹下派
を正式に離脱し、羽田派を立ち上げたのである[14]。

105

第Ⅴ部　中曽根退陣・天皇崩御・「55年体制」の終焉

　内閣改造では、渡辺美智雄副総理・外相と田名部匡省農水相を留任させ、法相には後藤田正晴を起用、また、官房長官に新自由クラブ代表を務めた河野洋平、文相に女性の森山真弓を登用して、清新なイメージ作りを図った。さらに、竹下派の小沢グループから2人入閣させて派閥均衡に目を配る一方、「宮澤カラー」にも腐心するなど、宮澤首相の主導権発揮を印象づけた⁽¹⁵⁾。

4　首相演説

①施政方針演説（1月24日）

　第123回通常国会は1月24日に召集、同日の午後から衆参両院の本会議場で、宮澤首相による初めての施政方針演説が行われた。その概要は次の通りである。

　　　首相は「共和汚職事件」を念頭に、「政治資金制度や選挙制度の改革が急務」だと政治改革実現への強い意欲を表明した。さらに、新世界秩序の下での国際貢献を「光栄ある時代的使命」だと位置付け、国連平和維持活動（PKO）協力法案の早期成立を訴えるとともに、「国民一人一人が豊かさとゆとりを実感できる生活大国」の具体的構想を明らかにした。また、コメの市場開放問題では、新多角的貿易交渉（ウルグアイ・ラウンド）成功の必要性を強調し、関税化への柔軟対応をにじませた⁽¹⁶⁾。

　首相演説に対する衆議院本会議での代表質問は1月28日から行われ、野党の代表質問の第一陣に立った社会党の田辺誠委員長は「共和汚職事件」が氷山の一角にすぎず、同事件に関与した阿部文男議員の辞職を求めた。首相は国務大臣だった同僚議員が受託収賄罪で逮捕されたことは遺憾だ、と陳謝した⁽¹⁷⁾。

　『朝日新聞』は「社説：設計図は実行できるのか」の中で、首相演説について次のように論評した。

第 8 章　1992 年の政治状況と「首相演説」

　通常国会の開会とともに行われた宮澤首相の初の施政方針演説は、宮澤政治の設計図といってよいものだろう。首相は去年の臨時国会の所信表明で、基本的な方向を明らかにしている。今回は「外に対しては『国際貢献』、内にあっては『生活大国の実現』という柱を立て、内容を体系的に説明しようとした。語り口は明快でわかりやすかった。……だが、演説を聞いた多くの国民は「設計図は立派であっても、果たしてどこまで実行できるのか」という疑問を抱いたのではないか。いうまでもなく共和汚職事件が、政権の成り立ちと自民党政治のあり方に深刻な問題を突きつけているからだ[18]。

　『読売新聞』もまた「社説：改革への熱意を行動で示せ」の中で、首相演説について次のように論評した。

　わかりやすい構成の演説である。宮澤首相の施政方針演説は、「『新しい平和秩序』の構築とわが国の役割」を主題に据え、「国際貢献」と「生活大国の実現」を二つの柱としている。……だが、政治にとって最も大事なのは、常に、そうした演説内容をどう実行に移していくかということだ。宮澤首相が、今回の施政方針演説を、阿部文男代議士の逮捕についておわびをすることから始めなくてはならなかったところに、その点の不安が凝縮されている[19]。

　それでは、宮澤首相の施政方針演説の中で①全体の特色と概要、②現状認識、③公約・理念、④課題への対策、および⑤諸外国との関係は、どのように述べられていたのであろうか、検討する。
　①の全体の特色と概要である。特色は政治改革の実現に全力をと訴えたことであろうか。概要は、「序文」「新しい平和秩序の構築と我が国の役割」「我が国の国際貢献」「生活大国への前進」「経済・財政運営」、および「結び」から構成。②の現状認識については、PKO 法案の早期成立を求めていることだ。③の公約・理念としては、生活大国へ 6 つの目標を掲げたこ

107

とであろう。④の課題への対策に関しては、共和汚職事件でおわびを述べた点であろう。⑤の諸外国との関係では、冒頭で米国と韓国との関係に多く言及している[20]。

今回の宮澤首相の演説で留意すべきは、生活大国の実現に際し、以下の6点を目標として打ち出したことである。

　　①住宅、生活関連の社会資本の整備、②労働、通勤時間の短縮、③高齢者、障害者の生きがいのある社会作り、④女性の社会進出、⑤均衡ある国土の発展、⑥豊かな個性や香り高い文化が花開く社会作り[21]。

②所信表明演説（10月30日）

第125回臨時国会は10月30日に召集、同日、衆参両院の本会議場で宮澤首相の所信表明演説が行われた。演説の概要は次の通りである。

　　首相は、演説の中で東京佐川急便事件による国民の政治不信について、「かつて経験したことのないほど深刻」であり、「深くおわびする」と表明。暴力団とのかかわりを含む政治家の自粛自戒をはじめ、国会演説では異例の派閥利益優先排除を訴えた上で、①政治資金の透明性の確保、②金のかからない政治活動、③政策を中心とした選挙の実現——という「思い切った政治改革」に「不退転の覚悟」であると述べた。また、アジアの紛争解決のための政治対話推進を提唱し、さらに、景気回復のための補正予算の早期成立を要請した[22]。

首相演説に対する衆議院本会議での代表質問は11月4日から行われ、代表質問の第一陣に立った社会党の田辺誠委員長は「政党間協議の公開を提案」した。首相から金融施策は「自助」が基本などとの答弁があった[23]。
『朝日新聞』は「社説：一身をささげるあかしを示せ」の中で、首相演説について次のように批判した。

第 8 章　1992 年の政治状況と「首相演説」

　「私は、どんな困難に直面しようとも、政治改革の実現に一身をさ
　さげて取り組んでまいる決意であります」。宮澤首相の臨時国会での
　所信表明演説の締めくくりである。本気なら、次のことをすぐさまや
　り抜いて、決意のあかしを示すべきである。第一は、東京佐川急便事
　件にからむ政界の不祥事について、首相自らが先頭にたって真相の究
　明にあたることだ。……第二は、自民党の派閥を解消させるべきであ
　る。その先陣を切って首相自ら宮澤派を解散させることだ。これは何
　の遠慮もいらないはずである [24]。

　一方、『読売新聞』もまた「社説：決意は聞き飽きた、実行を」の中で、
首相演説を次のように批判した。

　　宮澤首相にとっては、不本意な所信表明演説だったことだろう。内
　外に重要な政策課題が山積している中で、まず、「かつて経験したこ
　とのないほど深刻な」政治不信について、国民にわびることから始め
　なくてはならなかった。……政治改革に関する議論は、すでに出尽く
　しているといってよい。もはや決断と実行あるのみだ [25]。

　それでは、宮澤首相の所信表明演説の中で①全体の特色と概要、②現状
認識、③公約・理念、④課題への対策、および⑤諸外国との関係は、どの
ように述べられていたのであろうか。
　①の全体の特色と概要である。特色は何よりも「政治とカネ」の問題で
陳謝したことであろうか。概要は、「序文」「政治改革」「総合経済対策」「生
活大国への前進」「新しい平和秩序構築」、および「結び」から構成。②の
現状認識については、政治改革に不退転だと謳っている。③の公約・理念
としては派閥優先の排除を訴えていることか。④の課題への対策に関して
は、景気対策を推進すると述べている。⑤の諸外国との関係では、ソ連崩
壊後の課題に言及しているのが目につく [26]。
　宮澤首相の所信表明演説で留意すべきは、演説の冒頭で天皇・皇后両陛
下が歴史上初めて中国を訪問されたことに言及し、「極めて意義深いもの

第Ⅴ部　中曽根退陣・天皇崩御・「55年体制」の終焉

と存じます」と述べて、日中両国の友好関係を強化したとの認識を示した
ことであろう [(27)]。

5　おわりに

　上でふれたように、天皇・皇后両陛下は 10 月 23 日から 28 日にかけて、
史上初めて、中国を訪問し、いわゆる「皇室外交」に貢献した。「日本軍
国主義」の象徴であった天皇が、先の戦争で大きな被害を与えた中国への
訪問は内外で大きな反響を呼び、日中関係に新たな一頁を記したのはいう
までもない [(28)]。
　天皇陛下は 10 月 23 日、人民大会堂における答辞の中において「わが
国が中国国民に対し多大な苦難を与えた不幸な一時期ありました」と述べ
た箇所は中国側から大きな評価を得た。実際、『人民日報』は 10 月 24 日
付けの一面で天皇陛下の訪中を報道し、お言葉全文を論評抜きで掲載した
のである [(29)]。
　この年はまた、宮澤首相にとっても忙しい外交日程で明けた。1 月 7 日、
米国のブッシュ大統領が訪日、東京で日米首脳会談が行われ「グローバル・
パートナーシップ（地球規模の協力）に関する東京宣言」が発表された。
その中で、世界の平和と安全の維持を日米共通の目標に掲げ、両国が冷戦
後の世界に特別の責任を持つと謳った。また、付属文書の「アクション・
プラン（行動計画）」では、日本メーカーの米国製自動車部品購入増を業
界の努力目標として掲げ、日米経済摩擦打開のための具体策を盛り込んだ
[(30)]。
　さらに、1 月 31 日、宮澤首相は国連に出席中にニューヨーク市で、ソ
連崩壊後初めてエリツィン・ロシア大統領と会談、大統領は北方領土問題
の解決に意欲を示し、9 月に訪日することで合意した（その後、9 月に入
り訪日は延期された）[(31)]。
　宮澤内閣は 1991 年 11 月の発足時には、朝日新聞の調査によれば、内
閣支持率が 56％を誇っていた。しかしである。それから 1 年を経た 1992
年 12 月には、何と支持率が 20％に急落した。その原因は政策面での失敗

110

第 8 章　1992 年の政治状況と「首相演説」

もあったものの、いわゆる「東京佐川急便事件」が最も大きく影響したものだ、と見られた[32]。

注

(1)　藤本一美〔2003 年〕『戦後政治の決算 1971-1996』専修大学出版局、318 頁。

(2)　「1993 年」「政治―概説　政治の流動化、着実に進む」『朝日年鑑　1993 年版』朝日新聞社、71 頁。

(3)　同上、73 頁。

(4)　佐道明広〔2012 年〕『現代日本政治史 5 「改革」政治の混迷』吉川弘文館、36-38 頁、「出来事」前掲書『朝日年鑑　1993 年版』82 頁、藤本、前掲書『戦後政治の決算 1971-1996』319 頁。

(5)　前掲書「政治―概説　政治の流動化、着実に進む」『朝日年鑑　1993 年版』70 頁。

(6)　「動き―参院選」同上、72 頁。

(7)　藤本、前掲書『戦後政治の決算 1971-1996』322 頁。

(8)　「動き―PKO 協力法」前掲書『朝日年鑑　1993 年版』72 頁。

(9)　佐道、前掲書『現代日本政治史 5 「改革」政治の混迷』36-38 頁。

(10)　五十嵐武士〔1995 年〕「宮澤喜一」渡辺昭夫編『戦後日本の宰相たち』中央公論社、428-429 頁。

(11)　「政治　動き―竹下派」前掲書『朝日年鑑　1993 年版』74 頁。

(12)　藤本、前掲書『戦後政治の決算 1971-1996』329 頁、佐道、前掲書『現代日本政治史 5 「改革」政治の混迷』39-42 頁。

(13)　「内閣」前掲書『朝日年鑑　1993 年版』88 頁。

(14)　佐道、前掲書『現代日本政治史 5 「改革」政治の混迷』42 頁。

(15)　「内閣」前掲書『朝日年鑑　1993 年版』88 頁。

(16)　「政治改革実現に全力　首相施政方針演説」『読売新聞』1992 年 1 月 24 日（夕）。大手商社「丸紅」と鉄骨加工メーカー「共和」（1990 年 11 月倒産）による鉄骨資材の架空取引事件が摘発、丸紅関係者や共和関係者らが逮捕。1 月 13 日、9,000 万円の供与を受けた受託収賄罪の疑いで東京地検特捜部は阿部文男元長官を逮捕。政界に多額の金銭が流れたといわれる。

(17)　「衆院代表質問と答弁　要旨」『朝日新聞』1992 年 1 月 29 日。

(18)　「社説：設計図は実行できるのか」同上、1992 年 1 月 25 日。

(19)　「社説：改革への熱意を行動で示せ」『読売新聞』1992 年 1 月 25 日。

(20)　「政治改革が急務と訴え―宮澤首相　施政方針演説」『朝日新聞』1992 年 1 月 24 日（夕）、「政治改革実現に全力　首相施政方針演説」『読売新聞』1992 年 1 月 24 日（夕）。

111

第Ⅴ部　中曽根退陣・天皇崩御・「55年体制」の終焉

(21)「政治改革実現に全力―首相施政方針演説」『読売新聞』1992 年 1 月 24 日（夕）。

(22)「政治不信『深くおわび』」『朝日新聞』1992 年 10 月 30 日（夕）。

(23)「衆院代表質問と答弁　要旨」同上、1992 年 11 月 5 日。

(24)「社説：一身をささげるあかしを示せ」同上、1992 年 10 月 31 日。

(25)「社説：決意は聞き飽きた、実行を」『読売新聞』1992 年 10 月 31 日。

(26)「政治不信『深くおわび』」『朝日新聞』1992 年 10 月 30 日（夕）、「首相『政治とカネ』陳謝」『読売新聞』1992 年 10 月 30 日（夕）。

(27)「首相所信表明演説の全文」『読売新聞』1992 年 10 月 30 日（夕）。

(28)「動き―天皇訪中」前掲書『朝日年鑑　1993 年版』75 頁。

(29) 同上、76 頁。

(30)「外交」前掲書『朝日年鑑　1993 年版』89 頁。

(31) 同上。

(32)「政治」同上、70 頁。

第9章　1993年の政治状況と「首相演説」

1　はじめに

　1993年は政治が混迷を極めた一方で、新しい政治的潮流も生じた年であった。それは、宮澤喜一内閣に対する不信任決議案の可決、衆議院の解散・総選挙過程を経て、38年の長期にわたった自民党支配体制が崩壊し、新たに「非自民・非共産」の細川連立政権が誕生したからだ。その意味で、この年はわが国の政治が大きな転換を遂げた事例として、長く記憶されることであろう[1]。

　6月17日、焦点となっていた政治改革の実現が不調に終わり、社会党、公明党、および民社党の三党は、宮澤内閣の責任を問うとして、衆議院に内閣不信任決議案を提出した。翌18日、宮澤首相の政治改革への姿勢を強く批判した自民党内の羽田孜派などが野党に同調し、不信任案が可決された。これに対し、宮澤首相は直ちに衆議院を解散した。今回の解散では終始一貫して、政治改革案をめぐる問題が争点となっていたので、「政治改革解散」と称されている[2]。

　解散を受けて、7月18日、第40回衆議院総選挙が行われた。その結果、自民党は223議席と過半数を大きく割り込み、社会党も70議席に留まり大敗した一方で、新生党は55議席、日本新党は35議席、新党さきがけは13議席と躍進、その他、公明党51議席、共産党15議席、民社党15議席、社民連4、無所属30議席であった。ここに、自社両党を中心とする「1955年体制」は幕を下ろし、日本の政治は多党化・政界再編制へと踏み込んだのである[3]。

　総選挙後、非自民・非共産の野党各党が連立政権の樹立を模索し、7月29日、社会党、新生党、公明党、日本新党、民社党、新党さきがけ、社民連、

113

第Ⅴ部　中曽根退陣・天皇崩御・「55 年体制」の終焉

および民主改革連合の都合 7 党 1 会派による党首会談で、日本新党の細川
護熙代表を首相候補とする決定がなされ、8 月 6 日、細川代表が第 97 代
目の首相に就任、9 日には新しく細川内閣が発足した。かくして、自民党
は下野し、38 年間続いた「自民党一党支配体制」は崩れ、また「55 年体制」
も終焉を告げることになった (4)。

　本章では、1993 年の政治状況を踏まえ、宮澤内閣の崩壊——細川内閣の
誕生の背景を紹介する。その上で、宮澤首相による 1 月 22 日の施政方針
演説と 8 月 23 日の所信表明演説、並びに 9 月 21 日の細川首相による所
信表明演説を検討することで、この年の政治的特色の一端を示す。

2　政治状況——内閣不信任決議案可決・衆院解散— 総選挙・細川連立政権の発足

　東京佐川急便事件から自民党金丸信副総裁への違法献金事件を契機に拡
大した国民の政治不信は、1993 年に入っても一向に改善されず、「政治改
革」の実現は宮澤内閣にとって引き続き最大の政治的課題であった。3 月
6 日、東京地方検察庁が金丸の逮捕に踏み切った。政治不信が頂点に達す
る中で、4 月 10 日、宮澤首相は政治改革に熱心な後藤田正晴法相を副総
理に据えた。そこで各党とも、改めて政治改革論議に本腰を入れることに
なった (5)。

　宮澤首相の意を受けて、自民党執行部は梶山静六幹事長を中心に党内論
議をまとめるため動いた。党内調整のカギを握っていたのは梶山幹事長で
あった。しかしである。6 月 14 日、梶山は党内での批判・応酬もあって、
今国会での政治改革関連法案の成立を断念、継続審議にすると表明し、宮
澤首相もこれを受け入れざるを得なかった (6)。

　だが、当然のことながら、野党側がこれに強く反発し、共産党を除く野
党各党は宮澤首相に対する内閣不信任決議案を衆議院に、また問責決議案
を参議院に提出したのだ。不信任案の方は賛成 225 票、反対 220 票で可
決された。野党各党と、自民党から羽田派 34 人が賛成、しかも自民党議
員 16 人が欠席したからである。宮澤首相は直ちに衆議院の解散を断行し

114

第9章　1993年の政治状況と「首相演説」

た。与党内の「造反劇」で衆議院が解散・総選挙となったのは1980年5月18日、大平政権下での「ハプニング解散」以来のことだ。なお、政府は今回の解散の根拠を憲法第7条としたものの、実質的には第69条解散であった。ここに3年5ヵ月ぶりに総選挙が行われることになった[7]。

衆議院総選挙の公示は7月4日に行われ、1992年の公職選挙法の改正により、衆議院では9増10減の定数是正が施された。その結果、総定数は511（改正前は512）となっていた。第40回総選挙は7月17日に投開票が行われ、自民党の当選者は223議席で選挙前の勢力を1議席上回るに留まり、過半数を33議席も下回り、結党以来最悪の事態となった。自民党はついに野党に転落することになったのである[8]。

自民党の敗因は、何よりも一党支配体制の長期政権の下で、金権腐敗的体質が国民の強い批判を浴びたことに尽きる。事実、金丸逮捕の他に、ゼネコン（総合建設企業）汚職事件が選挙戦に大きな影を落としたことは否定できない。一連の政治的不祥事の背景には、政・官・業の癒着体質が存在しており、この点について自民党は自助能力がないと見なされたのだ。一方、保守三党はいずれも目覚ましい躍進を遂げた。例えば、新生党は55議席、日本新党は35議席、および新党さきがけは13議席である。この間にあって、社会党は70議席に留まり惨敗であった[9]。

宮澤首相は総選挙後、多数の離党者を出したことなどを理由に辞任した。宮澤首相は公約した政治改革が挫折し、内閣不信任案に自民党から同調者を出したあげく、最も望んでいなかった時期に解散に追い込まれ、しかも総選挙では伸び悩み、これらに責任を取る形で退陣することになったわけである。

既に述べたように、7月29日、非自民・非共産の7党1会派は党首会談を開き、8月5日に召集予定の特別国会における首班指名に際し、統一候補として日本新党の細川護煕代表を推すことを決定。越えて8月6日、衆参両院の本会議で細川が首班に指名され、第79代、50人目の首相に就任したのである。なお、これに先立って、衆議院議長には社会党の土井たか子元委員長が選出された。女性の衆議院議長は憲政史上初めてのことである[10]。

115

3　宮澤内閣の退陣

　宮澤首相は自称「戦後政治の継承者」ともいわれていた。だが、自民党
一党支配体制の「最後の首相」になってしまったのである。宮澤首相のリー
ダーシップについて、政治学者の五十嵐武士が次のように指摘している。

　　　宮澤の直面した政治情勢は、自民党の崩壊、日本経済の変調、冷戦
　　後の世界と、いずれも戦後の日本の大きな転換を示すものであった。
　　宮澤の理想とするリーダーシップ・スタイルは、このような激動の時
　　代に取り組むにはあまりにも平穏を想定するものだった[11]。

　宮澤首相は自民党の第15代総裁であった。だが、「自民党一党支配体制」
に終止符を打ったことから、大政奉還をした第15代将軍の徳川慶喜にな
ぞられることが少なくない。確かに、秀才ではあったものの、自分の個性
を十分に現実政治に反映させることができなかった点で両者は共通してい
た[12]。

　宮澤首相は、政治改革の断念と党分裂の責任をとって辞職を表明、後任
には当初、後藤田正晴副総理の名があがった。しかし、後藤田は心臓病を
抱えており、後継者に就ける状態になかった。結局、河野洋平官房長官が
自民党の第16代総裁に就任した[13]。

4　細川内閣の発足

　既に述べたように、8月9日、細川護熙首相率いる新内閣が発足した。
新政権の特色は①かつてない7党1会派による連立政権であり、第四勢
力の日本新党の党首である細川を首班としたこと、②政治改革実現を最大
使命とし、安保・防衛など各党派の政策上の違いは、自民党政権の基本政
策を継承することで棚上げにしたこと、などであった。なお、内閣の顔ぶ
れは連立各党の党首が入閣した他に、民間人から2人、また女性を3人

第9章　1993年の政治状況と「首相演説」

起用するなど、各党のバランスに配慮した上で、清新さにも配慮した布陣であった。なお、官房長官には首相側近の武村正義新党さきがけ代表が起用された[14]。

細川首相は8月23日、衆参両院の本会議場で首相に就任後初の施政方針演説に臨み、新政権を「政治改革政権」であると位置づけ、衆議院に小選挙区比例代表並立制導入を柱とする政治改革関連法案を年内に一括導入させる決意を強調した。また、政・官・業の癒着構造の打破、経済政策の「生活者優先」、並びに対外収支の黒字縮小への転換などを表明した[15]。

ここで、新しく首相となった細川護熙の経歴を述べておきたい。細川は1938年1月14日、東京生まれ。1963年、上智大学法学部を卒業後、朝日新聞社に入社、退社後の1969年、総選挙で熊本第一区から出馬したが落選。1971年参議院選に自民党公認で初当選、参議院を二期12年務め、大蔵政務次官などを歴任した。1989年熊本県知事に当選、これを二期8年務めた。その後、1992年5月日本新党を結成、同7月、参院選比例区で当選、同じく7月の衆院総選挙では熊本第一区から当選。1993年8月首相に就任、1994年4月辞職。98年に政界を引退した。旧肥後熊本藩主細川家の第18代当主で、近衛文麿元首相は母方の祖父にあたる。細川首相は、その政治スタイルが権力志向の色彩が薄いことで定評があった。ただ、掲げた目標を現実に移すためには何をなすべきか、決断するさいの曖昧さが漂っていた、と批判された[16]。

政治学者の佐道明広は、細川政権が抱える危うさについて、次のように解説している。

　　もともと政策も異なり、出自も違う議員たちが集まる政党が、しかも以前は対立もしていた政党が八つ集まった連立政権の調整は非常に困難であった。『ガラス細工』などと言われ、政治改革を旗印にしつつも、政治改革への考え方が異なる寄り合い所帯の綱渡りのような連立であった[17]。

さらに、細川連立政権の形成過程での合意づくりや人事が小沢一郎新生

117

第Ⅴ部　中曽根退陣・天皇崩御・「55年体制」の終焉

党代表の主導で行われたこともあり、細川内閣は「二重権力構造」だという声が聞かれた[18]。

5　首相演説

①施政方針演説（1月22日）

第126回通常国会は1月22日に召集、同日、衆参両院の本会議場で宮澤首相の施政方針演説が行われた。首相演説の概要は次の通りである。

　　首相は、国際環境や国民意識の変化が、政治、経済社会システム全体の変革を迫っているとの時代認識を示し、①国際貢献、②生活大国づくり、③政治改革——を柱に、「変革を実行する決意」を表明。とくに政治改革については、「すべての変革の出発点」と最重視する立場を鮮明にした。また、「現在、わが国経済は極めて厳しい状況にある」として、景気の早期回復を緊急課題に位置付け、機動的に対応する考えを表明した[19]。

首相演説に対する衆議院本会議での代表質問は1月25日に行われ、質問の第一陣に立った社会党の山花貞夫委員長は、東京佐川急便事件に関与した竹下登、小沢一郎の証人喚問を要求した。宮澤首相は事件究明にできるだけ協力する、と答弁した[20]。

『朝日新聞』は「社説：変革の道はどこにあるのか」の中で、首相演説について次のように批判した。

　　宮澤改造内閣のスローガンは「変革と実行」である。22日の首相の施政方針演説でも、「変革」ということばが12回も繰り返されたが、その道筋は一体どこにあるのか、もどかしく思った。……その内容にも表現にも格別異論はないのだが、ことばが生きていないため、聞き手の印象としては一般論の域を出ないのである。国の内外で政治の変革を期待する空気が強く、竹下派の崩壊によって首相の党内的立場も

第9章　1993年の政治状況と「首相演説」

改善されたのだから、もっと自身のカラーを打ち出すべきだった[21]。

　一方、『読売新聞』もまた「社説：変革の先導役になれるのか」の中で、首相演説について次のような注文を突きつけた。

　　　……首相自身がこの激動期を乗り切るために、何をどうしようとしているのか、肝心の具体論となると何も見えてこない。「変革」と言っても、何をどう変えるのか、さっぱりわからない。これでは、協力を求められても国民は戸惑うだけだ。……政治は変革のための先導役、と首相は言う。だが、日ごろの首相の言動と合わせ、この演説からは、変格達成の道筋は、いっこうに見えて来ない[22]。

　それでは、宮澤首相の施政方針演説の中で①全体の特色と概要、②現状認識、③公約・理念、④課題への対策、および⑤諸外国との関係は、どのように述べられていたのであろうか、検討する。

　①の全体の特色と概要であるが、特色は「政治改革を変革の出発点」にすると謳っていることか。概要は、「はじめに」「積極的な国際貢献の推進」「経済運営」「生活大国実現への前進」「政治改革の推進」、および「結び」から構成。②の現状認識については、変革のため7月18日で先導役を認識していたと述べている。③の公約・理念として、不況が続けば補正予算で対応するという。④の課題への対策に関しては、景気回復へ機動的に対応すると謳う。⑤の諸外国との関係では、国際貢献を強力に推進するという[23]。

　宮澤首相の演説で留意すべきは、変革のため先導役を担うという認識を示した以下のくだりである。

　　　国際環境と国民意識における、このような変化は、戦後我々が積み上げてきた経済社会システム全体の変革を求めるものであり、そしてそのための先導役が今政治に求められています[24]。

119

第Ⅴ部　中曽根退陣・天皇崩御・「55年体制」の終焉

②所信表明演説（8 月 23 日）

第 127 回特別国会は 8 月 5 日に召集、翌 6 日には、日本新党の細川護熙代表が第 79 代首相に指名された。越えて 8 月 23 日、細川首相は衆参両院の本会議場で初の所信表明演説を行った。その概要は次の通りである。

　　首相は細川内閣を「新しい歴史の出発点を画するもの」だと位置づけた上で、「責任ある変革」に取り組む考えを強調した。特に、衆議院への小選挙区比例代表並立制導入を柱とした選挙制度改革などの政治改革について、「本年中に断行する」と明言した。また、日本の戦争責任に関連して「深い反省とおわび」を表明。次いで経済問題では、規制緩和や円高差益の還元など景気対策や生活者利益優先の経済運営に全力を挙げる方針を明らかにした。さらに、質の高い、実のある国をめざす「質実国家」つくりを提唱した[25]。

首相演説に対する、各党の代表質問は 8 月 25 日から衆議院本会議で行われた。野党の第一陣に立った自民党の河野洋平総裁は与党内で基本政策が食い違うと指摘し、経済政策も考えがバラバラだと追及した。細川首相は連立政権の運営では今までのいいところは引き継ぎ、改めるべきところは改め「責任ある変革」を旗印にやっていくと、答弁した[26]。

『朝日新聞』は「社説：細川政治の『質と実』を問う」の中で、細川首相の演説について次のように論評した。

　　……演説は約 25 分、四百字詰め原稿用紙にして 18 枚余りという分量だから物足りなさも残ったが、官僚のお仕着せスタイルを乗り越え、首相はかなり自分のことばで語ったのではないか。……首相は政治理念の根本として、「できる限り虚飾を排して質と実を追及していく」ことを掲げた。……細川政治がこの理念に沿って、どの程度の「質」と「実」をみせるかは今後の問題だが、理念自体には異論はない[27]。

第 9 章　1993 年の政治状況と「首相演説」

　一方、『読売新聞』は「社説：意欲はわかった、あとは実行だ」の中で、首相の演説について評価した上で、次のような注文をつけた。

　　「責任ある変革」を旗印に掲げる細川首相が、初の所信表明演説を行った。細川内閣を「新しい歴史の出発点を画するもの」と自らを位置づけただけに、首相演説の内容には、随所に細川カラーが読み取れる。首相が示す日本の今後の進路についても大筋で異存はない。意欲は十分と受けとれる。問題はこれからだ。変革の前に立ちはだかる困難をどう乗り越えて進むのか。具体策はまだ十分に見えて来ないが、もう待ったなしだ。首相は指導力を発揮し、変革の「実行」へ全力で取り組んでほしい[28]。

　それでは、細川首相の所信表明演説の中で①全体の特色と概要、②現状認識、③公約・理念、④課題への対策、および⑤諸外国との関係は、どのように述べられていたのであろうか、検討する。
　①の全体の特色と概要である。特色は政治改革を年内に断行すると謳ったことであろう。概要は、「新しい時代の幕開けを迎えて」「政治改革の断行に向けての決意」「景気回復に向けた積極的な取り組みと財政改革」「国際国家としての自覚と国際社会への寄与」「自由貿易体制の維持・強化に向けた国際協調の推進」「質の高い実のある国づくりを目指して」、および「結び──国民の信頼回復のために」から構成。②の現状認識については、質実国家をめざすということか。③の公約・理念としては生活者優先に転換すると謳う。④の課題への対策に関しては、戦争責任に「反省とおわび」を述べた点であろう。⑤の諸外国との関係は、国際協調へ黒字縮小をめざすと指摘している[29]。
　細川首相の演説で注目すべきは、上で述べたように、日本の侵略行為や植民地支配について「深い反省とおわび」を表明したくだりである。戦後の歴代首相の演説において、「侵略行為」「植民地支配」と率直な表現で日本の責任を認めたのは初めてのことだ[30]。

121

第Ⅴ部　中曽根退陣・天皇崩御・「55 年体制」の終焉

③所信表明演説（9 月 21 日）

　第 128 回臨時国会は 9 月 17 日に召集され、9 月 21 日には、衆参両院の本会議場で細川首相による所信表明演説が行われた。その概要は次の通りである。

　　　首相は「政治」「行政」「経済」の三改革を今後の国政運営の柱に掲げ、最優先課題の政治改革とともに、当面の景気対策や経済社会構造の転換など中長期課題にも積極的に取り組む姿勢を示した。政治改革では「もはや 1 日の猶予も許されない」と述べ、衆議院に小選挙区比例代表並立制導入を柱とする関連四法案を今国会で一括成立させる決意を強調した。景気対策との絡みで浮上している所得税減税については、直間比率の是正など税制の抜本改革の中で検討すべきだとの考えを示した。また、国連平和維持活動（PKO）に積極的に貢献し、国連の改革、強化にも取り組む姿勢を明らかにした[31]。

　9 月 22 日、首相演説などに対する代表質問が行われ、衆議院本会議で質問の第一陣に立った自民党の橋本龍太郎政調会長が小党分立は無責任を招くとして、責任野党を強調した。細川首相は「無理に二大政党は作らぬ」と答弁した[32]。
　『朝日新聞』は「社説：首相はもっと本音で語れ」の中で、首相の演説を次のように批判した。

　　　……就任二度目となった所信表明演説を聞いた。すると、首相の問題意識がよく透けて見えた半面、演説はとても物足りなく思われた。行儀よくなった分だけ歯切れのよさが薄れ、国民に訴える迫力に欠けるのだ。……政治改革における政治家の悩みもしかりである。なにごとも抽象論では、国民の理解はなかなか得られない[33]。

　一方、『読売新聞』は「社説：改革にむけて超党派の論議を」の中で、

122

第 9 章　1993 年の政治状況と「首相演説」

首相演説を次のように論評した。

　　　今回の所信表明で首相は、政府、行政、経済の三つの改革を掲げた。
　　このうち政治改革について首相は、選挙制度改革をはじめとする四法
　　案の内容を説明しながら、今国会中に成立させる決意を改めて表明し
　　た。これに対し、自民党から代表質問に立った橋本龍太郎氏も「政治
　　改革の実現に最大限の力を尽くす」と述べている。細川首相が指摘し
　　たように、要するに、政治改革の必要性と意義については、与野党は
　　「認識を共有」しているのだ[34]。

　それでは、細川首相の所信表明演説の中で①全体の特色と概要、②現状
認識、③公約・理念、④課題への対策、および⑤諸外国との関係は、どの
ように述べられていたのであろうか、検討する。

　①の全体の特色と概要であるが、特色は「政府、行政、経済の三改革推
進に決意」を表明したことだろう。概要は、「はじめに」「政治改革法案の
成立」「経済緊急状態への対応」「国際社会の中での役割」および、「結び」
から構成。②の現状認識については、政治改革関連四法案の年内成立を期
している。③の公約・理念に関しては、所得税減税を含めた改革を謳って
いる。④の課題への対策としては、国連平和維持活動（PKO）への貢献
と国連改革に言及。⑤の諸外国との関係では、米国への言及が多いことで
ある[35]。

　今回の細川首相の演説で留意すべき点は、政治改革について「もはや一
刻の猶予もゆるされない」として、「政府は帆、国家は風、時代は舟」と
いうドイツの格言を引用することで、改革への国民への支援を求めたこと
である[36]。

6　おわりに

　周知のように、新しく発足した細川政権の特徴の一つは、政治運営の理
念について「政・官・業の癒着打破」を掲げたことであった。それは、省

123

庁や業界の利害を代弁する「族議員」の存在が政策決定の過程をゆがめてきたとの認識に基づいており、細川首相が唱える政治、行政、および経済の三大改革の基礎となるべき考えであった。

　確かに、このような政権の姿勢は、従来の官僚優位の政策決定過程をあぶりだすのに役立ち、規制緩和や省庁の既得権益の排除につながり、かなりの効果を挙げたのは間違いない。しかしである。いきなり政権の座についた細川首相らの経験不足や政権基盤の弱さが、逆に「官僚主導」を印象づけることになったのは皮肉以外の何ものでもない。懸案処理で政局運営が行き詰まるにつれて、早くも、細川首相のパフォーマンスの効果に陰りが見え始めてきたのである[37]。

注

(1)　藤本一美〔2003年〕『戦後政治の決算1971-1996』専修大学出版局、332頁。

(2)　藤本一美・酒井慶太〔2017年〕『衆議院解散・解散総選挙―決断の政治』志學社、162頁。

(3)　〔1994年〕「政治　トピックス―政界再編へ劇的な地殻変動」『朝日年鑑　1994年版』朝日新聞社、112頁。

(4)　佐道明広〔2012年〕『現代日本政治史5　「改革」政治の混迷』吉川弘文館、50頁。

(5)　藤本・酒井、前掲書『衆議院解散・解散総選挙―決断の政治』164-165頁。

(6)　佐道、前掲書『現代日本政治史5　「改革」政治の混迷』46頁。

(7)　「政治　概説―「55年体制」崩壊―なお続く政治不信」前掲書『朝日年鑑1993年版』108頁。

(8)　藤本、前掲書『戦後政治の決算1971-1996』338頁。

(9)　「トピックス―政界再編に劇的な地殻変動」前掲書『朝日年鑑　1994年版』112頁。

(10)　藤本、前掲書『戦後政治の決算1971-1996』342頁。

(11)　五十嵐武士〔1995年〕「宮澤喜一」渡辺昭夫編『戦後日本の宰相たち』中央公論社、428頁。

(12)　宇治敏彦〔2001年〕「宮澤喜一」宇治敏彦編『首相列伝　伊藤博文から小泉純一郎まで』東京書籍、350頁。

(13)　佐道、前掲書『現代日本政治史5　「改革」政治の混迷』49-50頁。

(14)　「内閣」前掲書『朝日年鑑　1994年版』122頁。

(15)　藤本、前掲書『戦後政治の決算1971-1996』343頁。

(16)　『朝日新聞』1994年7月30日、7面。

第 9 章　1993 年の政治状況と「首相演説」

(17)　佐道、前掲書『現代日本政治史 5 　「改革」政治の混迷』51 頁。

(18)　藤本、前掲書『戦後政治の決算 1971-1996』345 頁。

(19)　「政治改革を変革出発点に―首相施政方針演説」『読売新聞』1993 年 1 月 22 日
　　　（夕）。

(20)　「国会論戦の詳報―25 日の代表質問から」同上、1993 年 1 月 26 日。

(21)　「社説：変革の道はどこにあるのか」『朝日新聞』1993 年 1 月 23 日。

(22)　「社説：変革の先導役になれるのか」『読売新聞』1993 年 1 月 23 日。

(23)　「抜本政治改革に決意―首相の施政方針演説」『朝日新聞』1993 年 1 月 22 日（夕）、
　　　「政治改革を変革出発点に―首相施政方針演説」『読売新聞』1993 年 1 月 22 日（夕）。

(24)　「首相の施政方針演説　全文」『朝日新聞』1993 年 1 月 22 日（夕）。

(25)　「政治改革、年内に断行―細川首相、所信表明で強調」『読売新聞』1993 年 8
　　　月 23 日（夕）。

(26)　「衆院代表質問と答弁　要旨」『朝日新聞』1993 年 8 月 26 日。

(27)　「社説：細川政の『質と実』を問う」同上、1993 年 8 月 24 日。

(28)　「社説：意欲はわかった、あとは実行だ」『読売新聞』1993 年 8 月 24 日。

(29)　「細川首相所信表明―政治改革、年内に」『朝日新聞』1993 年 8 月 23 日（夕）、
　　　「政治改革、年内に断行―細川首相　所信表明で強調」『読売新聞』1993 年 8 月
　　　23 日（夕）。

(30)　「細川首相所信表明―政治改革、年内に」『朝日新聞』1993 年 8 月 23 日（夕）。

(31)　「政治・行政・経済 3 改革推進に決意」同上、1993 年 9 月 22 日。

(32)　「衆院代表質問と政府答弁の要旨」同上、1993 年 9 月 23 日。

(33)　「社説：首相はもっと本音で語れ」同上、1993 年 9 月 22 日。

(34)　「社説：改革に向け超党派の論議を」『読売新聞』1993 年 9 月 23 日。

(35)　「政治・行政・経済 3 改革推進に決意」『朝日新聞』1993 年 9 月 22 日、「首相、
　　　3 改革の推進強調」『読売新聞』1993 年 9 月 22 日。

(36)　「政治・行政・経済 3 改革推進に決意」『朝日新聞』1993 年 9 月 22 日。

(37)　「政治　トピックス―連立新政権　第 2 幕へのつなぎ役」前掲書『朝日年鑑
　　　1994 年版』114 頁。

第Ⅴ部　中曽根退陣・天皇崩御・「55年体制」の終焉

第10章　1994年の政治状況と「首相演説」

1　はじめに

　日本政治はこの年に大きな激動の波にのまれ、内閣の発足と退陣が相次いだ。まず、細川護煕首相が2月3日、「国民福祉税」構想を提案したものの、翌日に撤回に追い込まれた。さらに、3月1日には、首相は内閣改造の断行を表明した。だが、これも翌日に断念した。このように、細川首相の構想が次々とつぶされたことで、連立政権の土台が緩み、内閣支持率も一気に低下した。さらに、これに追い打ちをかける形で、細川首相自身の金銭上の疑惑が判明し、4月8日、この疑惑に対する責任をとって退陣の意向を表明、4月25日に総辞職した。確かに、1月29日には、懸案であった政治改革関連法案を成立させ、政権にとって最大の政治課題を達成した。だが、首相自身の金銭上の疑惑によって、細川内閣はわずか8ヵ月で退陣を余儀なくされたのだ[1]。

　後継の首相候補として、新生党の羽田孜党首が浮上、羽田首相による第二期連立政権が発足する運びとなった。だが、新内閣の誕生に先立ち、新生党など5党会派が新党結成を睨んで、衆議院に新しい統一会派＝「改新」を結成した。しかし、改新の結成は社会党をカヤの外に置いて進められた。そのため、社会党はこれを背信行為であるとして、村山富市社会党委員長が連立からの離脱を表明、こうして4月28日に発足した羽田内閣は少数内閣として不安定な船出を強いられた。早くも6月24日、羽田首相は内閣総辞職をする意向を明らかにし、翌25日に総辞職した。それは、連立与党と社会党との間で政策協議が決裂し、内閣不信任決議案が可決される見通しとなったからだ。羽田政権は1994度予算を成立させただけで、わずか2ヵ月で退陣することになり、戦後2番目の短命内閣で終わった[2]。

126

第 10 章　1994 年の政治状況と「首相演説」

　後継首相を指名する過程で、自民党、社会党、および新党さきがけの三党による連立の話が進み、6 月 29 日、三党が支持した社会党の村山富市委員長が連立与党の擁立した海部俊樹元首相を破り、第 81 代の首相に選出されたのである。社会党の首相は、1947 年 5 月の片山哲以来の快挙であって、47 年ぶり二人目となった。いわゆる「1955 年体制」の下で、内政・外交のあらゆる面で対決してきた自民党と社会党が連立を組み、しかも、1 年立たずして自民党が政権の座に復帰したことで、政界は再編成の第二幕に突入したのだ、といわれた [3]。

　越えて 12 月 10 日、共産党を除く野党 10 党は衆参両院議員 214 人を擁する「新進党」を結成し、自民党に次ぐ巨大政党が出現した。初代党首には海部俊樹が、そして幹事長には小沢一郎が就任した。こうして、政党再編は新段階を迎えることになった [4]。

　本章では、1994 年の政治状況を踏まえて、細川、羽田、および村山内閣の特色と課題に言及、その上で、細川首相の帰国報告と施政方針演説、羽田首相の所信表明演説、並びに村山首相の 2 度にわたる所信表明演説を紹介することを通じて、この年の政治的動向の一端を提示したい。

2　政治状況 ── 政治改革法案・「国民福祉税」・
　細川内閣 ─ 羽田内閣 ─ 村山内閣

　政治改革の実現を最重要課題として掲げてきた細川首相は 1 月、衆議院に小選挙区比例代表並立制の導入を柱とする政治改革関連法案の成立を目指した。すでに、前年の 12 月末に衆議院で可決されていたが、参議院を舞台として連立与党と野党自民党が鋭く対立していた。しかし、1 月 28 日、細川首相と河野洋平自民党総裁によるトップ会談で歩み寄りが見られ、29 日、政治改革関連法案はようやく成立した。合意の内容は、自民党の主張に譲歩する形で、政府案では全面禁止となっていた政治家個人への企業・団体献金について、5 年間に限り一団体を認める。定数配分は小選挙区 300 人、比例代表 200 人とするものであった [5]。

　続いて、細川首相は税制改革に着手した。それは 2 月に予定されていた

127

第Ⅴ部　中曽根退陣・天皇崩御・「55年体制」の終焉

日米首脳会談において、クリントン大統領が求める景気浮揚策への一環として大型所得税・住民税減税を打ち出し、同時にその財源確保などを理由に大蔵省が主張する現行3%の消費税の引き上げを決めようとするものであった。だが、与党内部からの反論もあって意見がまとまらなかった。こうして状況の中で、2月2日、細川首相は突然、1994年から6兆円減税を実施するとともに、消費税を衣更えした税率を7%とする「国民福祉税」を1997年4月にスタートさせる構想を提案し、これを3日未明の記者会見で発表した(6)。

　しかしである。この構想については、政府税制調査会で議論されたこともなく、しかも細川首相が7%の根拠を「腰だめ」だと表現したこともあり、国民をはじめ政府与党内でも不満が広がった。ことに社会党や新党さきがけからは強い批判の声があがり、政府与党内は大混乱に陥り、構想は白紙撤回され、最終的に6兆円規模の所得税・住民税減税を1年限りとし、消費税問題は先送りとなった。細川首相は1994年度予算案をどうにかまとめたものの、この混乱劇が政権崩壊の予兆となったのは否めない(7)。

　2月11日と12日、米国のワシントンDCで、細川首相とクリントン大統領との間で日米首脳会談が行われたが、それは決裂に終わった。帰国した細川首相は、国民福祉税構想に反対した武村正義官房長官の更迭を柱に、内閣改造を目指した。だが、それは適わず、3月2日深夜、内閣改造の断念を記者会見で発表せざるを得なかった。一方、この間に、国会では細川首相の佐川急便グループからの借入金問題やNTT株購入問題などの金銭スキャンダルを追及していた。さらに、資金運用に絡む新たな不祥事＝ヤミ金融への出資疑惑が浮上、これらの責任をとって細川首相は4月8日、政府・与党首脳会議の場で辞任を表明した。政治改革政権の旗手が自らの金銭疑惑で退陣することになったのは皮肉なことである(8)。

　細川内閣は4月25日に総辞職し、同日国会で羽田孜が新しい首班に指名された。だが、新生党、日本新党、民社党などが社会党を外した形で統一会派＝改新を結成したため、社会党は26日に連立政権から離脱、28日には新生、公明両党主導の少数与党として羽田内閣が発足した。羽田内閣は発足早々、南京虐殺を「でっちあげ」だと発言した永野茂門法相を更迭

第 10 章　1994 年の政治状況と「首相演説」

するなど、苦しい政権運営を余儀なくされた。少数与党という権力基盤の
弱さが、内閣の課題処理に影を落とし、羽田首相は政権存続をかけた厳し
い状況下に置かれた[9]。

　6 月 21 日、野党の自民党は内閣不信任決議案を提出、その過程におい
て党内で社会党の村山富市委員長を擁立する構想が浮上し、羽田政権側に
よる社会党への復帰呼びかけも功奏さず、不信任案可決の可能性が強まっ
た。そこで、羽田首相は 25 日、総辞職に踏み切り、羽田内閣はわずか 2 ヵ
月という短命政権に終わったのである。短命に終わった背景としては、与
党勢力が衆議院の 3 分の 1 余りで、また参議院でも 4 分の 1 しかないとい
う権力基盤の脆弱さによるものであった。加えて、政権成立の正当性にも
疑念があった。政権発足にかかわる疑念が、最後まで権力そのものを弱体
化した点は否めない[10]。

　既述のように、6 月 29 日、自民党、社会党、および新党さきがけが擁
立した村山富市社会党委員長が新生党代表の海部俊樹元首相を破り、首相
に選出された。いわゆる「1955 年体制」の下で、かつて激しく敵対して
きた自民党と社会党が手を結ぶことができたのは、何よりも、自民および
社会の両党の分断による新たな多数派工作を展開してきた、新生党の小沢
一郎への反感＝反小沢という契機に他ならない。こうして、「反小沢」で
一致した内閣であるとか、三党の基本的な政策の違いをあいまいにした「野
合政権」であるとの批判を受けながら、6 月 30 日、社会党の村山委員長
を首班とする「自社さ」連立政権が発足したのである[11]。

3　細川内閣の課題

　細川首相は就任早々、かつての侵略戦争の責任を正面から認め、韓国や
中国訪問の際に素直に謝罪し、日本に対する世界の視線を和らげた。また、
コメの部分的自由化の受け入れでは社会党が政権から離脱する危険に見舞
われたものの、これを何とか乗り切った。そして、政治改革関連法案の成
立に際し政権の命運を賭け、妥協を重ねながらこれを実現した。これらの
業績を、僅かに 8 ヵ月で実行した細川内閣の功績は十分認めねばならない。

第Ⅴ部　中曽根退陣・天皇崩御・「55年体制」の終焉

　いずれにせよ、細川首相は1955年にスタートした自民党一党支配体制
＝「1955年体制」の崩壊をもたらし、非自民・非共産8派連立政権を率
いたという点で日本政治史に大きな名を残したことは間違いない[12]。
　細川首相の政治手法については、国際政治学者の渡辺昭夫が次のように
述べている。

　　　細川は、幅広く人の意見をよく聞いた。そのこと自体は人の上に立
　　つ指導者に必要な一つの資質であるが、下手をすると、定見がなく、
　　最後に進言した人の意見に左右され易く、本当のところは何を考えて
　　いるのか分からないと言われた祖父の二の舞になってしまう危険も
　　あった。コメ問題は成功した例であるが、国民福祉構想は失敗した例
　　である[13]。

　一方、政治学者の飯尾潤は細川首相の感性（決断力）を評価した上で、「潮
目が逆流し始めたとき、感性が鋭く、スタイルを気にする細川は屈辱に耐
えられない。ねばりの資質が欠けているのである」と欠点を指摘している
[14]。

4　羽田内閣の課題

　既述のように、細川内閣は4月25日総辞職し、同日、国会で羽田孜が
新しい首班に指名された。だが、新生党、日本新党、民社党、公明党など
が社会党をカヤの外に置いた形で統一会派＝「改新」を結成したため、こ
れに反発した社会党が26日、連立政権からの離脱を決めた。そして28日、
少数与党の羽田内閣が発足した。新しく発足した羽田内閣は、細川内閣に
比べると、新生および公明両党への比重が高まり、両党主導の性格が強い
内閣となった[15]。
　羽田内閣の性格について、『朝日新聞』は社説で次のように皮肉っている。

　　　それにしても不可解なのは、最高権力者になろうとする羽田氏が何

130

第 10 章　1994 年の政治状況と「首相演説」

を考えているのか、この 2 週間、さっぱり見えてこなかったことだ。主役は、あくまでも新生党でナンバー 2 のはずの小沢氏だった。まじめで人柄もよく清潔──政界での羽田評だ。自民党時代から政治改革の旗振り役をし、社会党の受けもいい。しかし、多くの人は指導力や決断力に疑問符をつけ、実権は小沢氏にあると見ている[16]。

　それでは、新たに首相に就任した羽田孜はどのような経歴を有しているのであろうか。簡単に紹介しておく。

　羽田孜は 1935 年 8 月 24 日、長野県で朝日新聞の記者で後に衆議院議員となる父羽田武嗣郎と母とし子の長男として生まれた。1958 年成城大学経済学部を卒業後、小田急バスに就職。1963 年父が脳溢血で倒れたため、1964 年長野第二区から自民党公認で衆院選に出馬、トップ当選を果たし、14 期務めた。田中派に所属し、農林族としてキャリアを積んだ。1985 年第二次田中内閣で農相、竹下改造内閣でも農相を務めた。1991 年宮澤内閣で蔵相に就任。新生党を結成し党首に就任。1993 年細川内閣で副総理兼外相を務めた。1993 年 4 月首相に就任、しかし 6 月総辞職。2017 年 8 月 28 日死去、享年 82 であった[17]。

　羽田首相の生き方については、政治学者の飯尾潤が次のように述べており、興味深い。

　　羽田は自らポストを求めることは少なかった。しかしながら羽田は他面で具体的なポストなしに活動できない政治家であった。それは彼が、本質的なところで、権力を追及しないところに由来する。羽田は、「一生懸命がんばって、人の役に立って、喜んでもらうこと」で満足する。だからこそ、周囲からも好かれ、敵も少なかった。しかし仕事がなければ、がんばることもできない。その点で羽田は総理大臣になって、がんばり所を作ることを必要とした。……一つのものへのこだわりが信念になることによって、活動に背骨が通り、時をめぐって、総理の座を射止めた。逆に欠けているのは、精いっぱいこなしている日常を越えた、壮大なビジョンである[18]。

131

第Ⅴ部 中曽根退陣・天皇崩御・「55年体制」の終焉

5 村山内閣の発足

6月29日、村山富市社会党委員長が第81代の首相に選出された。新たに発足した村山内閣は、その成立の契機からも明らかなように、総選挙を経て勝ち取った政権ではない。新しい連立政権は、新党さきがけが作成した「新しい連立政権の樹立に関する合意事項」に社会党が同意を与え、それに自民党が乗った形を取っており、村山内閣は自民党と自民から分裂した新党さきがけの支援で成立したというのが、実態である[19]。

こうして発足した村山内閣は、副総理・外相に河野洋平自民党総裁を、蔵相に武村正義新党さきがけ代表を配し、衆議院では自民223議席、社会70議席、および新党さきがけ13議席を擁し、閣僚の数では、自民13、社会5、さきがけ2という布陣であった。要するに、村山内閣は議席数では自民党が社会党の約三倍と絶対的多数を占め、しかも重要閣僚のポストは自民党がほぼ独占していた点で、実質的には「自民党主導」の政権であった、といってよい。こうして、自民党はほぼ1年足らずで与党=政権への復帰を果たしたのである[20]。

ところで、村山富市は1924年3月3日、大分県大分市の漁師の6男として生まれた。1938年東京商業学校に学ぶ。1944年学徒出陣で陸軍に入隊。1946年明治大学政経学部卒。1955年社会党推薦で大分市議に当選。1963年大分県議となり連続3回当選。1972年衆議院総選挙で当選、8回連続当選を誇る。1991年社会党国会対策委員長、1993年には委員長に就任。一貫して社会党右派として活動。1994年6月、首相に就任。1996年1月、退陣した[21]。

村山首相は7月1日に初めて記者会見を行い、その中で外交を中心にこれまで政府がとってきた政策を継続する姿勢を強調し、極力無難さを印象づけることに務めた。確かに、社会党首班の村山内閣は成立したとはいえ、自衛隊、日米安保、および日の丸・君が代など基本政策において厳しい政策運営が予想された。ただ、村山首相は「自衛隊合憲」「日米安保体制維持」、および「日の丸・君が代尊重」を明言するなど、従来の社会党

132

第 10 章　1994 年の政治状況と「首相演説」

の安保・防衛政策の歴史的大転換を図った[22]。

　村山首相の政策課題と政治指導については後述の章に譲るとして、一般に、村山の場合独裁的な「支配型」リーダーではなくて、議長役のような「調整型」リーダーだったと言われる。当初、村山内閣は短命であると考えられていたが、しかし 1 年半も安定政権として存続したのは、村山首相を支えようとする支援者が自民党の中に多くいたからだ[23]。

6　首相演説

①帰国報告（2 月 16 日）

　第 129 回通常国会は 1 月 31 日に召集。細川首相は 2 月 11 日、米国でクリントン大統領と日米首脳会談を行った。焦点は「日米包括経済協議」であった。しかし、数値目標をめぐって経済 3 分野で対立が解けず物別れに終わった。帰国した細川首相は 2 月 16 日、異例なことに「訪米の帰国報告」を衆参両院の本会議場で行った。その概要は次の通りである。

　　首相は日米首脳会談で新経済協議が物別れに終わったことについて、「できないことは率直に認めあうことで、これまで以上の信頼感に裏打ちされた関係の幕開けを示し、一つの時代を画した」と強調した。……今後の日米経済関係の運営に関しては「米国側の出方を見て、できるだけ早く何らかの打開の糸口を見いだしたい」と述べた[24]。

　同日行われた、衆議院本会議の代表質問では、質問の第一陣に立った自民党の橋本龍太郎政調会長は日米首脳会談、補正予算案提出の遅れ、国民福祉税構想の撤回を追及した。首相は米国の制裁に懸念を表明した[25]。

　首脳会談で交渉決裂に至った日米経済関係がこじれた点については、「大人の関係」だと主張する細川首相に対し、野党の自民党から米国による制裁を懸念する声が上がった。なお、首相の帰国報告の中での①全体の特色と概要、②現状認識、③公約・理念、④課題への対策、および⑤諸外国との関係は省略する。中味がないからである。次の施政方針演説の中で検討

133

第Ⅴ部　中曽根退陣・天皇崩御・「55年体制」の終焉

したい。

②施政方針演説（3月4日）

越えて3月4日、政府は国会に1994年度予算案を提出し、同日、衆参両院の本会議場で細川首相が初の施政方針演説を行った。その概要は次の通りである。

　　　首相が最優先課題として取り組んできた政治改革は「一つの節目を迎えた」として、今後は経済改革に力点を移す考えを表明した。その理由として「国際社会における責任を果たすためにも」と説明し、とくに日米新経済協議の決裂で緊急性を増した経営黒字の縮小や市場開放の促進につなげる決意を明らかにした。（一方）行政改革については議論から実施段階に入ったとして、縦割り行政の是正などを「目に見える形で」進め、経済改革の柱には規制緩和を置く考えを示した。また、与党内の意見調整の難航が予想される税制改革では「年内の国会で関係法律の成立が図られるよう努力をする」と、重ねて実現への意欲を表明した[26]。（カッコ内、引用者）

首相演説に対する野党の代表質問は3月8日から衆院本会議で行われ、自民党の山本富雄議員が国民福祉税構想の白紙撤回などを質した。首相は（国民福祉税構想は）官僚主導とは言えぬと答えた[27]。

『朝日新聞』は「社説：新たな変革へ挑戦できるか」の中で、首相演説について次のように批判した。

　　　政権発足以来7ヵ月間の第一期は政治改革、これからの第二期は経済改革と行政改革——細川護熙首相は施政方針をまとめるにあたって、こう考えたという。首相のその思いは、一応は表れた演説だった。「政治、経済、社会の仕組みを根本的に作り変えるみちを苦しくとも歩み続けることが、この時代に政権を担当する者の歴史的使命である」と切り出し、「改革政権としての本旨を忘れることなく、新たな変革に

第 10 章　1994 年の政治状況と「首相演説」

挑戦していきたい」と強調した。……しかし最大の問題は、この首相
のふれ込みに見合った、政権としての実行態勢が生み出せるかどうか
である⁽²⁸⁾。（傍点、引用者）

　一方、『読売新聞』は「社説：実行力が問われる経済改革政権」の中で、
首相の演説について次のように論評した。

　　　……施政方針演説の常として、総花的な内容であったが、それでも、
　　政策的には経済問題に重点をおいている印象である。細川首相自身、
　　記者会見などで、「政治改革政権から経済改革政権へ」といった言い
　　方をしている。……「変革」への柱の一つとされる行政改革は、経済
　　改革の基盤になるものとして一体的に推進する、ということのようだ。
　　だが、問題は、現在の細川内閣に、それが実行できるかどうか、とい
　　うことである。国民の多くも、演説の内容以上に、その点を気にして
　　いるのではないか⁽²⁹⁾。

　それでは次に、細川首相の施政方針演説の中で①全体の特色と概要、②
現状認識、③公約・理念、④課題への対策、および⑤諸外国との関係はど
のように述べられていたのか、検討したい。
　①の全体の特色と概要だが、特色は「経済・行政改革」に力点を置いた
ことだろう。概要は、「変革に向けた不断の努力」「不況からの脱出と経済
改革の推進」「行政改革への本格的な取り組みと財政改革の推進」「質の高
い実のある社会を目指して」「国際的に開かれた経済社会の実現と多角的
な海外貢献の推進」、および「結び」などから構成。②の現状認識につい
ては、市場開放の促進に意欲を示したことであろうか。③の公約・理念と
しては、税制改革で年内に関係法律の成立を図ると謳う。④の課題への対
策に関して、行政改革が議論から実施段階にきたという。⑤の諸外国との
関係では、同盟関係国とのより緊密で発展的な関係の構築を謳っている。
　細川首相の演説で注目すべきは、政治改革が一つの節目を迎えたので、
今後は経済改革と行政改革に力点を移すと述べた次のくだりであろう。

135

政治改革が一つの節目を迎えた今、国際社会における責任を果たす
　ためにも、これから経済改革と行政改革に本腰を入れて取り組んでい
　かなければなりません。私は改革政権としての本旨を忘れることなく、
　新たな変革に挑戦してまいりたいと思います⁽³⁰⁾。

③所信表明演説（5月10日）

　既述のように、細川内閣の退陣を受けて4月25日、衆参両院の本会議
での首班指名選挙で、連立与党が擁立した羽田孜新生党党首がいずれも過
半数の票を獲得、第80代、51人目の首相に就任した。越えて、5月10日、
衆参両院の本会議の場で、羽田首相は就任後初の所信表明演説を行った。
その概要は次の通りである。

　　首相は政治改革を引き続き内閣の最重要課題として追及していく決
　意を表明、衆院小選挙区の区割り法案を可能な限り早期に成立させ、
　次期総選挙は新選挙制度で実施する考えを強調した。税制の抜本改革
　については「減税措置に対する財源確保」などの観点から間接税率引
　き上げの必要性を指摘、6月中に成案を得たうえ年内に実現するよう
　努力する意向を示した。朝鮮民主主義人民共和国（北朝鮮）の核兵器
　開発問題では、国連の決定を尊重しつつ、米韓両国と連携した対応も
　打ち出した。また、永野茂門前法相の南京大虐殺発言が近接諸国に与
　えた「悲しみと憤り」について「誠に残念だ」と陳謝した。さらに、
　日本の過去の侵略行為や植民地支配に対する深い反省に立って平和の
　創造に尽力することが「新内閣の政治信条」だと表明した⁽³¹⁾。

　首相演説に対する各党の代表質問は5月12日から、衆参両院本会議で
行われた。衆議院で質問の第一陣に立った自民党河野洋平総裁は、戦争責
任、少数与党羽田内閣の政権担当の資格、および新会派「改新」結成をめ
ぐる経緯について質した。首相は政治的空白をわびた⁽³²⁾。
　首相演説について『朝日新聞』は社説「人柄だけでは政治はできない」

第 10 章　1994 年の政治状況と「首相演説」

の中で、次のように苦言を呈した。

　　羽田内閣の国会での船出にあわせて、朝日新聞の世論調査結果が出
　た。支持率 47%、不支持率 32%。細川前内閣の発足時の支持率 71%
　には遠く及ばないが、内閣発足の混乱の割には、まずまずの数字だ。
　それだけに羽田孜首相の初の所信表明演説を注意深く聴いていたのだ
　が、難局打開への意気込みは伝わってこず、先行きへの期待を盛り上
　がらせるものではなかった。……支持率には、首相の人柄を中心にムー
　ド的な要素が強いことがわかる。だが、人柄のよさだけでは政治はで
　きない。ここに羽田内閣の根本的な問題がある[33]。

　一方、『読売新聞』は「社説：首相は政策論議に筋を通せ」の中で、次
のように論評した。

　　改革を実現し、国際社会での信頼を勝ち取るためには、「大きな痛
　みと困難を乗り切る勇気と情熱」、「痛み伴う決断や毅然とした態度」
　が必要だ、と羽田首相は 10 日の所信表明で強調した。決意表明その
　ものに異論はない。要は、どう具体化し実行するか、である。「改革
　と協調」を掲げる首相に、自らの政治信念を政策に具現する有言実行
　の努力と指導力を期待したい[34]。

　それでは、羽田首相の所信表明演説の中で①全体の特色と概要、②現状
認識、③公約・理念、④課題への対策、および⑤諸外国との関係はどのよ
うに述べられていたのか、検討する。
　①の全体の特色と概要だが、特色は「改革と協調」の精神で政治を運営
するということか。概要は、「はじめに」「混迷からの脱出と改革前進のた
めの政治の確立」「より豊かで安心のできる社会の構築」「信頼と協調のた
めの積極外交の確立」、および「結び」から構成。②の現状認識について
は、税制改革（間接税上げ）の来月成案をと謳う。③の公約・理念として
は、衆院小選挙区の区割りの早期成立をという。④課題への対策に関して

137

は北朝鮮核疑惑に緊急事態に備えると述べる。⑤諸外国との関係では、信頼と協調のための積極的外交の確立を指摘している。

今回、羽田首相の演説で際立っていたのは、保守的な元自民党員でありながら、日本の過去の侵略と植民地支配を深く反省した上で、内閣の政治信条にすると述べた次のくだりであろう。

　　この機会に、我が国の侵略行為や植民地支配などが多くの人々に耐えがたい苦しみと悲しみをもたらしたという認識を新たにし、これを後世に伝えるとともに、深い反省に立って、平和の創造とアジア太平洋地域の輝かしい未来の建設に向かって力を尽くしていくことこそが、これからの日本の歩むべき道であると信じます。私は、新内閣の政治信条として、このことを常に念頭に置いて政治を進めていくことを改めて誓いたいと思います[35]。

④所信表明演説（7月18日）

第130回臨時国会は7月18日に召集、25日までの短期間で終わった。しかし、この国会では、「反安保・自衛隊違憲」や「非武装中立」など社会党が戦後一貫して主張してきた基本政策を転換することになった。

村山首相による初めての所信表明演説は、7月18日、衆参両院の本会議場で行われた。その骨子は次の通りである。

　　平和で豊かな暮らしを発想の中心に置く「人にやさしい政治」「強い国よりやさしい国」を目指す。総選挙が新制度で実施できるよう審議会勧告後、速やかに区割りの法案を国会に提出。日米安保体制を堅持、自衛隊は専守防衛に徹し、必要最小限度の防衛力を整備。国連安保常任理事国入りの問題は、国際社会の支持と国民の理解を踏まえて取り組む。行財政改革の推進や税負担の公平確保に努め、来年度以降の減税を含む税制改革は年内実現に努力する[36]。

7月20日から、首相演説に対する野党の代表質問が行われ、衆議院で

第 10 章　1994 年の政治状況と「首相演説」

質問の第一陣に立った、民社党の米沢隆委員長は減税の財源は棚上げを約
束かなどと迫った。村山首相は増減税案を一体で検討すると答弁した[37]。
　村山首相の初めての国会演説について、『朝日新聞』は「社説：村山政
治の核心が見えない」の中で、政策転換の意義を強調する一方で次のよう
批判した。

　　47 年ぶりに誕生した社会党首相の所信表明演説があった。「日米安
　全保障体制を堅持」という村山富市首相の発言に拍手がわいた。安保
　破棄まで主張していた党の党首発言の変化に、戦後政治の流れが大き
　く変わったことを実感させられた。「人にやさしい政治」「強い国より
　も優しい国」。村山色を強調する言葉が並んだ。目指すのは「額に汗
　して働く人々や地道に生活している人々が、いかに平和に安心して、
　豊かな暮らしを送ることができるか」を考える政治だという。……演
　説を聞いて第一に指摘したいのは、村山色はにじみ出たものの、具体
　的政策で肉付けすることができなかった点だ[38]。

　一方、『読売新聞』は「社説：優しいが何もせぬ政治は困る」の中で、
首相演説を次の様に批判した。

　　村山首相の所信表明では、「人にやさしい政治」「安心できる政治」
　がキャッチフレーズになっている。「やさしい……」などといえば、
　それ自体に反対する人はいない。問題は、だれも反対しないような、
　"甘い"感覚だけで国の政治になるのか、ということである。……つ
　まり、「やさしい……」を口実に、避けてはならない重要政策課題でも、
　なにもしないで先送りするだけの政権になりかねない、ということで
　ある[39]。

　それでは次に、村山首相の所信表明演説の中で①全体の特色と概要、②
現状認識、③公約・理念、④課題への対策、および⑤諸外国との関係はど
のように述べられていたのであろうか。

139

①の全体の特色と概要であるが、特色は新政治体制での改革を強調したことであろう。概要は、「はじめに」「政治改革の実現に向けて」「平和国家としての国際貢献」「サミットを終えて」「国連における貢献」「自由貿易体制への貢献」「アジア太平洋地域ほか地域間関係」「今後のわが国経済社会の在り方」「雇用創出のための経済フロンティアの拡大」「農林水産業の振興」「人と環境にやさしい国づくり」、および「結び」から構成。②の現状認識については、税制改革を年内に努力すると謳う。③の公約・理念に関して、国連の常任理事国入りは、内外の理解が前提だという。④の課題への対策に関しては「人にやさしい政治をめざす」ということであろうか。⑤の諸外国との関係では、アジア太平洋地域との関係に重きを置いている。

村山首相の演説で特に光っているのは、三党による連立政権について意義を説明した次のくだりであると思われる。

> これまで別の道を歩んできた三党派が、長く続いたいわゆる55年体制に終止符を打ち、さらに、1年の連立政権の経験を検証する中から、より国民の意思を反映し、より安定した政権を目指して、互いに自己変革を遂げる決意の下に結集したのがこの内閣であります。これによって、国民にとって何が最適の政策であるかを課題ごとに虚心に話し合い、合意を得た政策は、責任をもって実行に移す体制が歩み始めました[40]。

⑤所信表明演説（9月30日）

第131回臨時国会は9月30日に召集、同日衆参両院の本会議場で、村山首相による2回目の所信表明演説が行われた。首相は次のような認識を披露した。

> 首相は行政改革を「この内閣で全力を傾けて取り組まねばならない課題」と位置づけ、税制などの経済社会改革の前提として「政府自ら身を削って努力する姿勢」を強調した上で、各省が抱える特殊法人の

第 10 章　1994 年の政治状況と「首相演説」

「見直し」を 94 年度内に実施することを約束した。また、当面取り
組む課題としては税制改革の実現、衆院小選挙区割り法案の早期成立、
および地方分権大綱の年内の取りまとめなどを挙げた[41]。

　首相演説に対する各党の代表質問は衆議院本会議で 10 月 5 日から行わ
れ、新生党の羽田孜党首は常任理事国入りなどめぐって、首相の見解を質
した。首相からは慎重にという答弁があった[42]。
　首相演説について、『朝日新聞』は「社説：人にやさしい政治とは何か」
の中で、次のように論評した。

　　今回の所信表明では、首相は「人にやさしい政治」という前国会で
　示した自らの政治理念を、体系的に説明することをねらったようだ。
　導入部と結びでのこの表現を繰り返し、「人にやさしい国づくり」と
　いう 1 章を設けて各論を展開するなど、その意欲のほどがうかがえる。
　……だが、現実政治の場で「やさしさ」を貫くのは簡単なことではな
　い。……「やさしさ」を実現するには、社会システムのどの部分から
　改革していくか、国民の中のどの層に痛みを分かち合うよう求めるか
　を明確にして、説得していくプロセスが欠かせない。ところが、所信
　表明の税制関係部分には首相自身の哲学とビジョンがないため、説得
　力が感じられない[43]。

　一方、『読売新聞』は「社説：真剣な政策論争こそ国会の使命」の中で、
首相演説について次のような注文をつけた。

　　首相は演説で、「人にやさしい政治」とは、「易きにつき、改革の産
　みの苦しみを避けて通る政治ではない。自己に厳しくあらねばならな
　い」と述べた。村山政権に今もっとも求められているのは、この「自
　己に厳しい政治」であることを改めて認識すべきである[44]。

それでは、今回の村山首相による所信表明演説の中で①全体の特色と概

141

要、②現状認識、③公約・理念、④課題への対策、および⑤諸外国との関係はどのように述べられていたのであろうか。

①の全体の特色と概要だが、特色は各省庁の特殊法人見直しを、今年度内に実施と謳ったことか。概要は、「はじめに」「政治改革に向かって」「行財政改革、税制改革の推進」「経済構造改革のために」「人にやさしい国づくり」「平和国家として歩むべき道」「マラケシュ協定の批准と総合的な農業対策の実施」「アジア太平洋地域の安定と発展に向けて」、および「結び」から構成。②の現状認識については、行革断行の決意を示したことだろうか。③の公約・理念に関しては、国連安保理入りを目指している点である。④の課題への対策としては、国会と政府の在り方の再検討を謳っていることか。⑤諸外国との関係は、先般訪問した東南アジア諸国への言及が多い。

今回の首相の所信表明で注目すべき点は、最後の「結び」の中で、次のような認識を披露したことであろう。

　　　私が目ざす「人にやさしい政治」は易きにつき、改革の産みの苦しみをさけて通る政治ではありません。人にやさしくあるためには、自己に厳しくあらねばなりません。社会の構成員に対して真に責任をもった政策決定を行う政治、未来の世代に対しても胸を張って責任をもてる政治が今最も求められております。私は、そのような政治の実現を目ざしてまいります[45]。（傍点、引用者）

なお、9月30日に召集された第131回臨時国会では、村山内閣が提出した政治改革法案、税制改革関連法案、世界貿易機関（WTO）設立協定の締結承認・関連法案、年金法改正、被爆者援護法、自衛隊法改正、並びに国の将来や国民の生活に深く関わる重要法案、また、何年も先送りされてきた法案が軒並みに成立した。成立率100％を誇ったが、その背景には、自民、社会、およびさきがけの与党が衆参両院で過半数を大きく上回る勢力だったことに加え、政権党となった社会党の基本政策の転換と自民党の歩みよりが大きかった、といえる[46]。

第 10 章　1994 年の政治状況と「首相演説」

7　おわりに

　最後に、二つの政治的動きを紹介して本章を締めくくりたい。一つは、第 131 回臨時国会召集の直前の 9 月 28 日、新・新党結成に向けた第一段階として、新生党、公明党、日本新党、および民社党など旧連立与党を中心とする野党会派が衆議院で統一会派である「改革」を 187 人で結成したことである。この結果、改革は自民党の 201 人に迫る一大勢力となったのだ。なお、12 月 15 日には、改革は解散し新たに「新進党」を結成し、初代党首には海部俊樹、幹事長には小沢一郎が就任した[47]。

　他の一つは、9 月 30 日に召集された第 131 回臨時国会の冒頭、副議長ポスト争いが生じ、野党が本会議への出席をボイコットする中で、村山首相の所信表明演説が行われるという異常事態を生み、連立時代の課題が浮き彫りになったことである。野党が、副議長ポストを要求したのである。これまで、正副議長や常任委員長は「55 年体制」の下では、自民、社会が独占してきたが、野党の「改革」が慣習の転換を迫ったのだ。ただ、副議長問題は成案を得られず、次期通常国会へ向けた課題として残された[48]。

注

(1)　藤本一美〔2003 年〕『戦後政治の決算 1971-1996』専修大学出版局、347 頁。
(2)　〔1995 年〕「内閣」『朝日年鑑　1995 年版』朝日新聞社、252 頁。
(3)　藤本一美〔2008 年〕「細川、羽田及び村山連立政権の特色と政治課題」『現代日本政治論　1945-2005』専修大学出版局、113 頁。
(4)　「政治―概説　離合集散劇の中で埋没した政治像」前掲書『朝日年鑑、1995 年版』237 頁。
(5)　同上、『朝日年鑑　1995 年版』236 頁。
(6)　藤本、前掲書『戦後政治の決算 1971-1996』350 頁。
(7)　「政治―概説　離合集散劇の中で埋没した政治像」前掲書『朝日年鑑　1995 年版』236 頁。
(8)　藤本、「細川、羽田及び村山連立政権の特色と政治課題」前掲書『現代日本政治論　1945-2005』117-118 頁。

143

(9) 同上、121 頁。

(10)「社説：後継政権作りは公明正大に」『朝日新聞』1994 年 6 月 26 日。

(11) 金森和行〔1996 年〕『村山富市が語る「天命」の五六一日』ＫＫベストセラーズ、31 頁。

(12) 藤本、前掲書『現代日本政治論　1945-2005』118-119 頁。

(13)〔2006 年〕『実録首相列伝』学習研究社、346-347 頁。

(14) 飯尾潤〔1995 年〕「細川護熙」渡辺昭夫編『戦後日本の宰相たち』中央公論社、442-443 頁。

(15) 藤本、前掲書『現代日本政治論

1945-2005』119 頁。

(16)「社説：小沢首相ではないですか」『朝日新聞』1994 年 4 月 23 日。

(17) 藤本、前掲書『現代日本政治論　1945-2005』120-121 頁。

(18) 飯尾潤〔1995 年〕「羽田孜」前掲書、渡辺昭夫編『戦後日本の宰相たち』451 頁。

(19) 羽田内閣崩壊から村山内閣成立までの背景については、佐道明広〔2012 年〕『現代日本政治史 5　「改革」政治の混迷』吉川弘文館、55-57 頁に詳しい。

(20) 藤本一美〔2000 年〕「村山内閣の歴史的位置」岡野加保留・藤本一美編『村山内閣とデモクラシーの危機』東信堂、19-20 頁。

(21) 藤本、前掲書『現代日本政治論　1945-2005』123 頁。

(22) 藤本、前掲書『戦後政治の決算　1971-1996』専修大学出版局、358-359 頁。

(23) 鈴木邦夫〔2013 年〕「村山富市」御厨貴編『増補新版　歴代首相物語』新書館、262-263 頁。

(24)「首相、制裁に懸念―衆院本会議」『朝日新聞』1994 年 2 月 16 日（夕）。

(25) 同上。

(26)「首相施政方針―経済・行政改革に力点」同上、1994 年 3 月 4 日（夕）、「国会」前掲書『朝日年鑑　1995 年版』245 頁。

(27) 同上、「国会」『朝日年鑑　1995 年版』245 頁、「衆参代表質問と答弁（要旨）」『朝日新聞』1994 年 3 月 9 日。

(28)「社説：新たな変革へ挑戦できるか」『朝日新聞』1994 年 3 月 5 日。

(29)「社説：実行力が問われる経済改革政権」『読売新聞』1994 年 3 月 5 日。

(30)「首相施政方針―経済・行政改革に力点」『朝日新聞』1994 年 3 月 4 日（夕）、「首相の施政方針演説　内容」『読売新聞』1994 年 3 月 4 日（夕）。

(31)「区割り、早期に成立―羽田首相所信表明」『朝日新聞』1994 年 5 月 10 日（夕）。

(32)「国会」前掲書『朝日年鑑　1995 年版』246 頁、「戦争責任、危機管理など争点」『読売新聞』1994 年 5 月 11 日。

(33)「社説：人柄だけでは政治はできない」『朝日新聞』1994 年 5 月 11 日。

(34)「社説：首相は政策論議に筋を通せ」『読売新聞』1994 年 5 月 11 日。

第 10 章　1994 年の政治状況と「首相演説」

(35)「羽田首相の所信表明演説　全文」『朝日新聞』1994 年 5 月 10 日（夕）なお、羽田首相は演説の初めの部分で、同郷の作家島崎藤村の言葉を引用し、「……言葉につながるふるさと」になぞらえ、「普通の言葉」を象徴的に使用した。それは首相の庶民性をアピールする狙いがあったものと思われるが、抽象論に終わり、「羽田政治」が何を目指すのか、具体性に欠けていた（赤座弘一「羽田政治具体性欠く」同上）。

(36)「安定政権での改革強調―首相所信表明」同上、1994 年 7 月 18 日（夕）。

(37)「衆参両院代表質問と答弁―要旨」同上、1994 年 7 月 22 日。

(38)「社説：村山政治の核心が見えない」同上、1994 年 7 月 19 日。

(39)「社説：優しいが何もせぬ政治は困る」『読売新聞』1994 年 7 月 19 日。

(40)「安定政権での改革強調―首相所信表明」『朝日新聞』1994 年 7 月 18 日（夕）、「新政治体制で改革強調―首相所信表明」『読売新聞』1994 年 7 月 18 日（夕）。

(41)「国会」前掲書『朝日年鑑　1995 年版』249 頁。

(42)「衆参代表質問と答弁　要旨」『朝日新聞』1994 年 10 月 6 日。

(43)「社説：人にやさしい政治とは何か」同上、1994 年 10 月 1 日。

(44)「社説：真剣な政策論争こそ国会の使命」『読売新聞』1994 年 10 月 1 日。

(45)「村山首相の所信表明演説　草稿全文」『朝日新聞』1994 年 9 月 30 日（夕）。

(46) 藤本、前掲書『現代日本政治論 1945-2005』126 〜 127 頁、小選挙区 300、比例代表 200 の新選挙制度は 12 月 25 日に施行。総額 309 億円にのぼる政党交付金を公布する政党助成金も 1995 年 1 月にスタート、また税制改革では、1997 年から消費税が 5% に引き上られることになった（藤本、前掲書『戦後政治の決算 1971-1996』359 頁）。

(47)「国会」前掲書『朝日年鑑　1995 年版』249 頁。

(48)「正副議長ポスト争い―連立時代を浮き彫り」『朝日新聞』1994 年 10 月 1 日。

145

終章──首相演説の特色（1985 年〜 1994 年）

　1985 年から 1994 年に至る 10 年間の日本政治の動向を眺めていて興味深いのは、まさに政治が激動の流れに陥ったことである。それを象徴しているのが、第一に首相が 1 年間に 3 人も入れ替わり、内閣が発足しては退陣していったことだ。しかもそれが 1989 年と 1994 年という具合に 6 年の間に 2 度も生じたことは驚き以外の何物でもない。すなわち、1989 年には、中曽根長期政権の後に、竹下内閣、宇野内閣、および海部内閣が、そして 1994 年には、宮澤短期政権の後に、細川内閣、羽田内閣、および村山内閣が出現、しかも、いずれも短命で終わっている [1]。

　第二に、1955 年以来、政権の座に君臨してきた自民党が初めて下野し、新たに、非自民・非共産の 8 政党会派による連立政権が誕生したことである。そして第三に、超短期政権に終始した細川内閣と羽田内閣の後に、社会党党首の村山富市を首班に担いで、社会党、自民党および新党さきがけの連立政権が誕生し、社会党が従来の政策の大転換を図る一方で、自民党はわずか 2 年半で政権の座に復帰したことである [2]。

　その中で一貫して存在したのが、いわゆるリクルート事件や東京佐川急便事件に代表される政治家たちの「金権腐敗」に他ならない。実際、自民党派閥の領袖はもとより野党の議員も含めて一連の金権腐敗事件に連座して、政権の座から転落していったのは周知の事実である。政治家たちが金権腐敗に塗れていたことが、政治に対する国民の批判と政治の変動を招き、新たな内閣＝政権を生みだしていったのだといっても過言ではない。

　だから、この時期の歴代首相の国会演説の内容も、勢い金権腐敗の是正のための政治改革や財政改革関連に向けられ、実際それが実現を見た。例えば、選挙にカネがかかるということで、衆議院に政権交代を可能とする小選挙区比例代表並立制が導入されたし、また、政党助成金制度も設けられたのである。留意すべきは、この時期、細川連立政権下において、細川

終章――首相演説の特色（1985 年〜 1994 年）

首相が国会演説で初めて、戦前日本の植民地支配に対する謝罪を行い、それが羽田内閣、村山内閣でも継承されたことである[3]。

　さらに、村山政権の下では、これまで自民党と外交・内政のあらゆる政策で対立してきた社会党の村山首相が政策転換を断行することで、自民党の協力を得て内閣を運営したこともまた驚異であった。この結果、「1955年体制」は実質的に消滅を迫られ、日本の政治は新たな一頁を記したのである。

　歴代内閣での首相演説の内容を見た場合、施政方針演説であれ所信表明演説であれ、いずれも「政治改革」「財政改革」といった改革という用語が必ず散見されたし、加えて、江戸時代の思想家や郷土の著名人の用語を引用することで、演説に重み与える事例が見られるようになったことを付記しておきたい。また、村山首相のように「人にやさしい政治」「安心できる政治」という表現が用いられるなど、これまでとは趣が異なる発言が生じるようになったのも、従来の演説と比較した場合、大きな特色の一つであった[4]。

　注
(1)　藤本一美〔2003 年〕『戦後政治の決算　1971-1996』専修大学出版局、271 頁、346 頁。
(2)　藤本一美〔2000 年〕「村山内閣の歴史的位置」岡野加穂留・藤本一美編『村山内閣とデモクラシーの危機』東信堂、19-20 頁。
(3)　藤本、前掲書『戦後政治の決算　1971-1996』343 頁、368 頁。
(4)　〔1995 年〕「政治　国会」『朝日年鑑　1995 年版』朝日新聞社、248 頁。

147

第 VI 部　阪神・淡路大震災、自民党復活、
小泉長期政権

第VI部　阪神・淡路大震災、自民党復活、小泉長期政権

第1章　1995年の政治状況と「首相演説」

1　はじめに

　日本は地震が多発する国として知られている。1月17日早朝に突然、直下型地震が阪神・淡路地域の大都市を襲い、死者は6,434人、行方不明者が3人、そして負傷者4万3,792人という戦後では最悪の大惨事となった。また、家屋被害は24万9千余棟、避難者は約35万人という深刻な被害をもたらした。このため、村山内閣は危機管理体制の再検討を迫られることになった。もちろん政府は即日、小沢潔国土庁長官を団長とする調査団を現地に派遣、村山富市首相自身も19日に現地を視察し、緊急特別立法策定の準備に入った。だが、自衛隊の初期出動の出遅れをはじめ、被害者救済、物資輸送、および情報取集などの面で政府対応のもたつきを指摘する声が噴出した[1]。

　また村山首相は、歴代内閣が放置してきた戦後処理問題を解決すべく、戦後50年を記念して平和と不戦を誓う国会決議の採択に意欲を示してきた。しかしそれは、自民党や新進党両党のタカ派集団の反対に遭遇するなど、「侵略行為」や「植民地支配」などの表現をめぐって与党内の調整が難航した。そこで政府は、6月9日、衆議院本会議において新進党が欠席する中で、決議採択を強行せざるを得なかった。村山首相は8月15日の終戦記念日に「過去の国策の誤り」を認めた上で、アジア諸国への痛切な反省と心からお詫びの気持ちを表明した「戦後50年談話」を発表したのである[2]。

　第17回参議院通常選挙（以下、参院選と略す）が7月23日に行われた。結果は自民党46議席、社会党16議席、そして新党さきがきが3議席に

150

第 1 章　1995 年の政治状況と「首相演説」

留まり、与党 3 党合わせて 65 議席を確保、かろうじて改選過半数を維持
した。一方、新進党は倍増の 40 議席で第二党に躍進。村山首相は社会党
が過去最低の議席に終わった責任をとって、政権を河野洋平外相（自民党
総裁）に禅譲する意向を示したものの、慰撫されて連立政権の続投を再確
認した ⁽³⁾。

　越えて 9 月 4 日、沖縄本島北部の住宅街で米兵 3 人が女子小学生を暴
行するという事件が生じた。沖縄県警は婦女暴行などの疑いで 3 人の逮捕
状を取り、米軍に身柄の引き渡しを要求した。しかしそれは、起訴時まで
米側の身柄拘束を認めた日米地位協定を盾に拒否された。身柄は起訴後引
き渡されたとはいえ、この事件は県民ぐるみの米軍の基地撤廃・縮小運動
へと展開、また、太田昌秀沖縄県知事に米軍事基地強制使用の代理署名を
拒否させ、村山首相が署名代行を決断するなど、日米安保体制を揺るがす
問題に発展した ⁽⁴⁾。

　本章では、1995 年の政治状況を踏まえた上で、村山首相による 1 月 20
日の施政方針演説および 9 月 29 日の所信表明演説の内容を検討すること
を通じて、この年の政治的特色の一端を紹介する。

2　政治状況──阪神・淡路大震災・「戦後 50 年国会決議」・参院選挙

　既述のように、戦後最大の被害をもたらした 1 月 17 日の阪神・淡路大
震災で、村山政権は危機管理の再検討を迫られることになった。まず、今
回の大震災で被害が大きくなった第一の要因として、何よりも「情報の過
疎」、第二は、国の行政システムがうまく機能しなかった「制度上の不備」
があげられた。こうして、村山内閣は危機管理ということが最大にして緊
急な課題となった政権となった。そこで、村山内閣の下では、大規模災害
時における危機管理について、自衛隊をはじめとして、国および地方自治
体との相互協力体制をとる改革などが実施されることになった ⁽⁵⁾。

　一方、3 月 20 日には、地下鉄サリン事件が生じ 13 名が死亡、6,286 人
にのぼる重軽症者を出し、オウム真理教に対する大規模捜索が行われた。

151

第Ⅵ部　阪神・淡路大震災、自民党復活、小泉長期政権

政治学者の佐道明広がいうように、阪神・淡路大震災とオウム教によるテロは日本政府が危機に対していかに脆弱であるかを示したし、また、国松孝次警察庁長官狙撃事件が発生するなど、世界に誇る治安を揺るがす重大事件が続出、緊急時に備えた「官邸機能強化」が論議された[6]。

　既述のように、第二次世界大戦が終了して50周年を迎えた村山内閣は、そのケジメをつける意味で国会決議の採択を予定していた。この国会決議は、村山連立政権発足時の社会党、自民党、および新党さきがけの三党合意に基づくものであった。ことに、政権獲得以来多くの妥協を余儀なくされてきた社会党にとって、それは平和・護憲の政党として「踏絵」ともいえるものであった[7]。

　社会党はこの国会決議をめぐる与党三党との協議に際して、新党さきがけと協力して決議案の中に「侵略行為」と「植民地支配」に対する反省を盛り込むことを強く要求した。しかし、このような表現を避けようとする自民党との間で対立が解けず、難航した。確かに、現憲法下で国会が過去の戦争への姿勢を明確にする決議を行ったことは、初めてのことであった。だが、新進党が本会議への出席を取りやめたこともあって、国会でほぼ一致した決議とはならず、賛成者は衆議院議員の半分に満たない230人に留まった[8]。

　50回目の敗戦記念日にあたる8月15日、政府は「戦後50年にあっての首相談話」を閣議決定し、村山首相が発表した。それは、日本の「植民地支配と侵略」を「疑うべくもない歴史の事実」と認め、改めて反省と謝罪を表明する内容であった。だが、社会党が年来主張してきた諸外国の戦争被害者への国家補償への言及はなかった。

　村山談話について、『朝日新聞』は「社説：言葉で終わらせないために」の中で、次のように評価した。

　　……歴史を直視しようとしない政治家との妥協や目先の政争によって、戦後50年の国会決議がもみくちゃにされた。そのみじめな内容を思えば、首相談話はせめてもの救いと受け止めた人も少なくあるまい[9]。

第 1 章　1995 年の政治状況と「首相演説」

　7 月 23 日、第 17 回参院選が行われた。選挙の結果は、既に紹介した
ように、自民党 46 議席、社会党 16 議席、および新党さきがけ 3 議席で、
三党合わせて 65 議席と辛うじて改選過半数を確保した一方、新進党が 40
議席を得て大躍進した。

　今回の選挙の主役は「無党派層」だったといわれる。一般に無党派層と
いえば、好きな政党や支持する政党がない有権者のことを指し、ここ数年
急増してきた。自民党長期政権に終止符を打った細川政権に大きな期待を
寄せたものの、その後の相次ぐ首相交代、自社連立政権の発足など、政治
の軌跡に失望感を抱いた層こそ、まさに無党派そのものであった[10]。

3　村山改造内閣の課題

　参院選で辛うじて政権を維持した自民党、社会党、および新党さきがけ
の党首は、政権の求心力を回復させるため内閣改造を行うことで一致した。
そこで、村山首相は 8 月 8 日、1992 年 12 月の宮澤内閣以来 2 年 8 ヵ月
ぶりに、連立時代に入ってから初の内閣改造を断行した。

　内閣改造では、河野副総理・外相、橋本通産相、武村蔵相を留任させ、
民間から宮崎勇（大和証券経済研究所理事長）を経企庁長官に起用して、
景気対策への積極的姿勢を打ち出した。なお、官房長官には野坂建設相が
就任した。閣僚の内訳は、自民党 13、社会党 5、さきがけ 1、および民
間 1 であった。ただ、内閣改造を行ったものの、連立政権は 9 月に総裁選
を予定していた自民党内部の抗争に巻きこまれることになる[11]。

　その自民党総裁選だが、河野洋平は総裁選を辞退、橋本龍太郎と小泉純
一郎が出馬し、結果は橋本が 304 票対 87 票で圧勝した。橋本は選挙の顔
として期待を集めたのである。なお、幹事長には加藤紘一、総務会長には
塩川正十郎、および政調会長には山崎拓をあてた[12]。

　三党連立の村山政権は、この年の前半に阪神淡路大震災への対応の遅れ、
参院選での自民党、社会党の不振など、幾度か危機的状況に陥った。だが、
その都度与党内で政権維持への求心力が働き命綱を保持してきた。しかし

153

第Ⅵ部　阪神・淡路大震災、自民党復活、小泉長期政権

後半に入ると、沖縄の米軍基地問題、オウム真理教への破壊活動防止法の適用、並びに住宅金融専門会社（住専）への巨額の公的資金の導入など、村山首相にとって厳しい政策決定が続いた[13]。

4　首相演説

①施政方針演説（1 月 20 日）

　第132回通常国会は 1 月 20 日に召集された。だが、17 日早朝に発生した阪神・淡路大震災対策に明け暮れた「地震対策国会」となった。村山首相の施政方針演説は開会式当日の 20 日に衆参両院の本会議場で行われた。その概要は次の通りである。

　　　首相は阪神淡路大震災への対策について「あらゆる手を尽くす」と述べ、被災地の復旧や被災者の救援に全力を上げる決意を示すとともに、防災対策の抜本的な見直しに着手する考えを強調した。また、内閣の最重要課題として位置づける行政改革については、「官から民へ、国から地方へ」と改革の方向を明示し、「不退転の決意と勇気」で望む考えを表明した。さらに、戦後 50 年の節目を迎えたことについて、「今こそ戦後長く続いた政治、経済、社会諸制度を謙虚に見直し、新たな歩みを始める」と述べた[14]。

　首相演説に対する代表質問は 23 日からまず衆議院本会議で行われ、海部俊樹新進党党首、森喜朗自民党幹事長などから、地震対策に関連して自衛隊や政府の遅れ、非常時における情報収集、および行政権限の明確化など危機管理体制の確立をめぐって質問があり、論戦が交わされた[15]。

　村山首相の演説について、『朝日新聞』は「社説：地震の国の危機管理を問う」の中で、次のように評論した。

　　　通常国会の施政方針演説で、村山首相は震災を冒頭に取りあげ、「私自身が先頭に立つ」というくだりに力を込めた。必ず言葉通りに実行

第1章　1995年の政治状況と「首相演説」

してもらいたい。私たちがこんなことを強調するのは、地震発生直後
から、空前の災害に対処する政府の危機管理機能のお粗末さが目立っ
たからだ。この反省なしには、今回の教訓を将来につなげることはで
きない。まず、首相の下での政府の統一的な態勢づくりが遅れたこと
があげられる[16]。

　一方、『読売新聞』は「社説：重要課題を避けた首相演説」の中で、村
山首相の演説を次のように強い調子で批判した。

　　施政方針演説は、国政全般について政府の政策や政治運営の方針を
　　明らかにするものである。ある程度総花的になるのは避けられないが、
　　今回の演説は、行政改革を除き全体としてアクセントに乏しく、政策
　　の優先順位を示して国民に問うという「政治意思」が感じられない[17]。

　それでは、今回の村山首相による施政方針演説の中で①全体の特色と概
要、②現状認識、③公約・理念、④課題への対策、および⑤諸外国との関
係はどのように述べられていたのであろうか。検討する。
　①の全体の特色と概要だが、特色は震災の復旧・救済に全力をあげると
強調したことだろう。概要は、「兵庫県地震」「転機の年」「行政改革の断行」
「自由で活力のある経済社会の創造のために」「次の世代に引き継いでいけ
る知的資産の創造のために」「安心して暮らせるやさしい社会の創造のた
めに」「我が国にふさわしい国際貢献による世界平和の創造のために」、お
よび「結び」から構成。②の現状認識については、防災対策の見直しを強
調したことであろう。③の公約・理念に関しては、行革について、不退転
の決意を表明したことか。④の課題への対策として総合的な防災対策に万
全を期すと謳った点だ。⑤の諸外国との関係では、平和友好交流計画や戦
後処理の個別の問題に誠意をもって対応するという[18]。
　村山首相の演説で興味深いのは、「結び」の中で、次のような認識を述
べたことである。

155

第Ⅵ部　阪神・淡路大震災、自民党復活、小泉長期政権

　21世紀というまだ見ぬ未来への助走期間において、政治に求められていることは、新たな時代に生きる我々の孫や曾孫（そうそん）のために、今我々が何をなすべきかを虚心に話す合い、その答えを見出し、勇気をもって実行に移すことであります[19]。(傍点、引用者)

②所信表明演説（9月29日）

　第133回臨時国会は7月23日に実施された参院選を受け、8月4日に召集され、院の構成を中心に4日間だけ開催、首相演説はなかった。次いで、第134回臨時国会が9月29日に召集、同日午後、村山首相による所信表明演説が衆参両院の本会議場で行われた。その概要は次の通りである。

　　首相は8月に改造した村山内閣を「景気回復内閣」と位置づけ、演説の半分近くを景気回復や経済構造改革などに割き、当面の政治の重点を経済対策に絞る姿勢を強調した。ただ、新味のある政策はほとんどなく、金融機関の不良債権問題については「引き続き果断に対応」、住宅金融専門会社（住専）問題でも「最大限の努力」などと決まり文句が目立った。

　　一方、宗教法人の改正については「実情に適合しない面があり、信教の自由と政教分離の原則を順守しつつ、必要な法改正に取り組む」と積極的姿勢を示した。沖縄県の米軍兵士少女暴行事件については「極めて遺憾であり、きちんと対処したい」と述べたが、日米地位協定問題には一切踏み込まず、事件を日米安保体制の中でどうとらえるのか、政治責任者としての言及はなかった。また、核実験を再開した中国とフランスに対しては名指しで批判、「極めて遺憾」と述べた。さらに、演説の最後に「引き続き国政を担っていく決意である」と政権担当意欲を強調した[20]。

　首相演説に対する各党の代表質問は10月2日から行われ、まず衆議院本会議では、新進党の羽田孜党首が質問の第一陣に立ち、村山政権は参院選の責任を取って退陣せよなどと迫った。これに対して首相は改正議席の

第 1 章　1995 年の政治状況と「首相演説」

過半数以上を得たので、与党全体で信任された、と答弁した[21]。

　『朝日新聞』は「社説：村山首相が全うすべき仕事」の中で、首相の演説を次のように批判した。

　　第 134 回臨時国会が召集され、村山首相が所信表明演説を行った。転換期の日本を、どういう理念に立って、どこへ導いていこうとするのか。その具体的な指針をこの演説に期待した人々は、深い失望にとらわれたに違いない。言葉もありきたりなら、それを裏付ける意思と力も伝わってこなかった[22]。

　『読売新聞』もまた「社説：政権担当意欲が空虚に響く」の中で、首相の演説を次のように批判した。

　　今、国政が取り組まなければならない緊急の懸案は、言うまでもなく不況からの脱出である。首相も演説の冒頭で「まず何よりも急がれる課題は、当面の景気・経済対策である」と強調した。
　　……いずれも与党内の意見対立に首相の指導力不足が重なって、政権として明確な方針を打ち出しにくい懸案だ。語ろうにも語れないというのが実情だろう。首相が演説でいくら政権担当の意欲を表明しても、これでは空虚に響くばかりだ[23]。

　それでは、村山首相による所信表明演説の中で①全体の特色と概要、②現状認識、③公約・理念、④課題への対策、および⑤諸外国との関係はどのように述べられていたのであろうか。

　①の全体の特色と概要であるが、特色は宗教法人法について、改正に積極姿勢を示したことである。概要は、「はじめに」「景気、経済対策の実施」「規制緩和の推進」「経済構造改革の推進」「行財政改革の断行」「安全で安心できる社会の構築」「国際社会の平和と繁栄に向けての貢献」「アジア太平洋地域のさらなる発展を目指して」「政治と行政のあり方」、および「結び」から構成。②の現状認識については、景気回復へ全力をあげると謳う。③

157

第Ⅵ部　阪神・淡路大震災、自民党復活、小泉長期政権

の公約・理念に関しては、住専への対応策を今年中にまとめるという。④
の課題への対策は、経済対策を強調する一方、中・仏による核実験を名指
しで批判したことであろうか。⑤の諸外国との関係については、アジア太
平洋地域のさらなる発展を目指すという[24]。

　今回の村山首相の演説で注目すべきは、演説の冒頭で戦後50年を迎え
て次のような認識を表明したことである。

　　去る8月15日には、戦後50年の節目に当たっての談話を発表し、
　わが国の過去に対する歴史認識と世界平和を基軸とした今後の対外政
　策のあり方を内外に明らかにいたしました。さらに、被爆者援護やい
　わゆる従軍慰安婦問題などの戦後処理問題にも一つの区切りをつける
　ことができたものと確信いたしております[25]。

5　おわりに

　村山首相は翌年1996年1月5日に退陣を表明、新たに自民党の橋本政
権が発足する。そこで以下では、村山内閣について「革新的」側面と「保
守的」側面とにわけて、歴史的位置を検討しておきたい。

　まず、村山内閣の革新的側面としては①戦後処理の姿勢、②被爆者援護
法の制定、③元従軍慰安婦問題の対策、および④水俣病未確認患者の救済、
などを挙げることができる[26]。

　一方、村山内閣の保守的側面としては、①消費税5％への引き上げ、②
新防衛計画大綱の決定、③破壊活動防止法の適用、および④住専への公的
資金の投入などを挙げることができよう[27]。

　留意すべきは、村山政権の歴史的位置を検討する場合、多くの制約条件
がつけられていたことを忘れてならない。第一に、村山内閣は社会党、自
民党、および新党さきがけの三党による「連立政権」であったこと。第二に、
連立を構成する三党の中で、自民党の議席が社会党の3倍と圧倒的に多く、
閣僚も多数を占め、自民党が主導権を掌握していたこと。そして第三に、
遂行する政策で社会党らしさを発揮できず、常に党内で反発・分裂的要因

158

を抱えていたことである[(28)]。

　次いで、村山内閣の下での政策決定の特色を述べておくなら、一般的に、村山内閣の場合、政策決定の多くは「理念重視」というよりも足して二で割る妥協が多かった、といえる。また、村山首相は政府・与党が重大な政策決定をする場合に、連立与党三党の合意を粘り強く待つというのが基本的パターンであった[(29)]。

　それでは、村山は首相として、どのようなリーダーシップを発揮したのであろうか。政治学者の鈴木邦子は「村山の場合、独裁的な支配型リーダーではなく議長のような調整型リーダーだった」と指摘している[(30)]。

　なお、政治学者の佐道明広は村山内閣の限界について、次のように総括している。

　　　……村山自身がみずからを首相の器でないと考えており、長く野党であった社会党には現実政治を切り盛りする経験が不足していた。河野、森、野中ら自民党の支えで何とか政権を維持していたが、阪神・淡路大震災やオウム真理教事件、そして参議院選挙の厳しい結果など、もはや村山内閣は限界に来ていたと言っていい。村山が力を注いだ「戦後50年談話」まではこぎつけたものの、沖縄問題や住専などの重要な政治課題が立ちふさがり、96年早々に、村山は辞任するのである[(31)]。

注
(1)　〔1996年〕「国会」『朝日年鑑　1996年版』朝日新聞社、247頁。
(2)　藤本一美〔2003年〕『戦後政治の決算1986-1996』専修大学出版局、363頁。
(3)　佐道明広〔2012年〕『現代日本政治史5　「改革」政治の混迷』吉川弘文館、84-85頁。
(4)　藤本一美〔2008年〕「阪神・淡路大震災・戦後50年国会決議・米兵少女暴行事件」『現代日本政治論　1945-2005』専修大学出版局、132頁。
(5)　宮脇峯生〔2000年〕「村山内閣と危機管理」岡野加穂留・藤本一美編『村山内閣とデモクラシーの危機』東信堂、151頁。
(6)　「内閣」前掲書『朝日年鑑　1996年版』247頁、佐道、前掲書『現代日本政治史5　「改革」政治の混迷』71-72頁。
(7)　藤本、前掲書「阪神・淡路大震災・戦後50年国会決議・米兵少女暴行事件」『現

第VI部　阪神・淡路大震災、自民党復活、小泉長期政権

代日本政治論　1945-2005』136-137 頁。

(8)　「戦後決議　異例の採択」『朝日新聞』1995 年 6 月 10 日。

(9)　「社説：言葉で終わらせないために」同上、1995 年 8 月 16 日。

(10)　「トピックス　無党派層　政治に変革迫る選挙の主役新無党派層」前掲書『朝日年鑑　1996 年版』234-235 頁。

(11)　「内閣」同上、247 頁。

(12)　佐道、前掲書『現代日本政治史 5　「改革」政治の混迷』85 頁。

(13)　藤本、前掲書『戦後政治の決算　1986-1996』374-375 頁。

(14)　「防災対策の見直し強調」『朝日新聞』1995 年 1 月 20 日（夕）、「震災復興に万全の措置―施政方針演説」『読売新聞』1995 年 1 月 20 日（夕）。なお、阪神淡路大震災に関して、施政方針演説に先立って、衆院本会議において緊急質疑が行われ、新進党の二階俊博らが危機管理、特別立法、および予算に関して首相との間でやり取りがあった（「兵庫南部地震緊急質問」『朝日新聞』1996 年 1 月 21 日）。

(15)　「国会」前掲書『朝日年鑑　1996 年版』241 頁、「震災復興　当面の課題」『朝日新聞』1996 年 1 月 23 日。

(16)　「社説：地震の国の危機管理を問う」『朝日新聞』1996 年 1 月 21 日。

(17)　「社説：重要課題を避けた首相演説」『読売新聞』1996 年 1 月 21 日。

(18)　「防災対策見直し強調」『朝日新聞』1995 年 1 月 20 日（夕）、「震災復興に万全の措置」『読売新聞』1995 年 1 月 20 日（夕）。

(19)　「首相の施政方針演説　全文」『朝日新聞』1995 年 1 月 20 日。

(20)　「国会」前掲書『朝日年鑑　1996 年版』244 頁。

(21)　「衆院代表質問と答弁　要旨」『朝日新聞』1995 年 10 月 3 日。

(22)　「社説：村山首相が全うすべき仕事」同上、1995 年 9 月 30 日。

(23)　「社説：政権担当意欲が空虚に響く」『読売新聞』1995 年 9 月 30 日。

(24)　「経済政策など強調―首相所信表明」『朝日新聞』1995 年 9 月 29 日（夕）、「宗教法人法首相改正に積極的姿勢」『読売新聞』1995 年 9 月 29 日（夕）。

(25)　「村山首相の所信表明演説　全文」『朝日新聞』1995 年 9 月 29 日（夕）。

(26)　藤本、「村山内閣の歴史的位置―〈革新的〉側面と〈保守的〉側面」前掲書『現代日本政治論　1945-2005』215-225 頁。

(27)　同上、225-236 頁。

(28)　同上、237 頁。

(29)　同上、238 頁。

(30)　鈴木邦子〔2013 年〕「村山富市」御厨貴編『増補新版　歴代首相物語』新書館、262 頁。

(31)　佐道、前掲書『現代日本政治史 5　「改革」政治の混迷』85 頁。

第2章　1996年の政治状況と「首相演説」

1　はじめに

　1996年1月5日、自民党、社会党、および新党さきがけの三党連立に支えられていた村山富市首相が退陣を表明し、自民党の橋本龍太郎総裁に首相禅譲の意志を伝えた。第135回臨時国会が1月11日に召集、橋本総裁は衆参本会議で第82代、53人目（旧憲法以来）の首相に選出され、同日橋本内閣が発足した。橋本首相は多くの課題に直面した。例えば、内政では住専問題や行財政改革問題、一方外交では、日米安保再定義、沖縄問題、および日露領土交渉などである[1]。

　越えて、4月17日、橋本首相とクリントン大統領との間で日米首脳会談が行われ、「日米安保共同宣言」（副題「21世紀に向けての同盟」）が発表された。それは、日本の防衛を主たる目的とした日米同盟を、アジア・太平洋地域全体を視野に入れた地域紛争抑制型に事実上転換を図るものであり、日米安保体制の新たな強化を謳っていた[2]。

　第137回臨時国会が召集された9月27日に、橋本首相は衆議院の解散権を行使、総選挙の日程が10月8日と公示され、20日に投開票が行われた。前回から3年3ヵ月ぶりの、しかも新しい小選挙区比例代表並立制（小選挙区300、比例区200）の下での選挙であった。結果は、自民党239人（改選前211）、新進党156人（160）、民主党52人（52）、共産党26人（15）、社民党15人（30）、新党さきがけ2人（9）、諸派1人、および無所属9人が当選、自民党の復調、社・さきがけの壊滅を印象づけた。11月7日、橋本首相は国会での首班指名選挙で再選され、第二次橋本内閣が発足した。社会党と新党さきがけは閣外協力に回ったことで、ここに自民党単独内閣が3年3ヵ月ぶりに再現したのである[3]。

161

第Ⅵ部　阪神・淡路大震災、自民党復活、小泉長期政権

　本章では、1996年の政治状況を踏まえた上で橋本内閣の課題に触れ、次いで橋本首相による1月22日の施政方針演説と11月29日の所信表明演説を検討することを通じて、この年の政治的特色の一端を紹介する。

2　政治状況──橋本内閣の発足・安保共同宣言 ・衆院解散─総選挙

　村山首相の退陣を受けて、1月11日に自民党総裁の橋本龍太郎が新たに首相に就任した。まず、橋本首相の主な経歴を紹介しておこう。橋本龍太郎は1937年7月29日、東京で生まれた。麻布中学・高校を経て、慶応大学法学部卒後、呉羽紡績（合併して現在は東洋紡績）に入社。父親龍伍の死去で、1963年岡山二区から26歳で衆議院議員に初当選、当選回数11回を誇る。一貫して、社会労働委員会に所属、「社労族」として力をつけてきた。1978年厚相、1986年運輸相、1994年通算相に就任。また、1989年自民党幹事長、1993年政調会長を歴任。1996年1月に首相、1998年7月退陣。2006年7月1日に死去、享年68であった[4]。

　第一次橋本内閣は「改革創造内閣」をめざし、96年を「構造改革元年」だと位置づけた。橋本政権は二つの政治的基盤に支えられていたという。一つは、梶山静六官房長官や中曽根康弘元首相を中心とする潮流で、今一つは加藤紘一幹事長、野中広務幹事長代理、および亀井静香組織広報部長を中心とする潮流である。橋本首相は自民党内の二つの潮流のバランスに乗っていたものの、現実には社会党や新党さきがけの協力がなければ、政権の運営がままならなかった。だから、「自民党らしさ」を強調することを極力避け、自らの歴史認識や政治信条を前面に出すことには慎重であった[5]。

　1996年は「日米同盟強化」の年でもあった。冷戦終結後の日米安全保障体制の再構築を目的として、1994年「安保再定義」が噴き出し、その作業は96年に入るや、日米共同宣言の発表、そして日米防衛協力のための指針（ガイドライン）の見直し、日米物品役務相互協定（ACSA）の締結などに結実した[6]。

162

第 2 章　1996 年の政治状況と「首相演説」

　4 月 17 日、橋本首相とクリントン大統領との間で署名された「安保安全保障共同宣言」は、日米両国が冷戦を戦うための道具であった安保体制を、冷戦後の東アジア情勢に対処する機構へと組み替えたものであって、日米安保条約の条文を変更しないまま、実質的な改定を成し遂げたのである。いい換えれば、日米安保の再定義とは、主要な目的を東アジア地域での対ソ封じ込めから地域紛争の防止と紛争処理へと転換し、それを支える日米軍事協力緊密化、その政治的影響力の国際化へと役割を変化させたものに他ならない[7]。

　橋本内閣成立後の 1 月 22 日に召集された第 136 回通常国会では、住専問題の処理が大きな焦点となった。政府提出の住専処理関連法案は 6 月 18 日にようやく成立し、およそ 5 ヵ月に及んだ「住専国会」の底流を流れていたのが衆議院の解散・総選挙めぐる与野党間の駆け引きであった。橋本首相は「住専国会」を乗り切り、加えて政権が抱えた難問の一つである沖縄の米軍基地問題が打開・進展したことを踏まえて、衆議院の解散・総選挙を決断したのである[8]。

　総選挙の結果は、自民党が過半数の 251 議席に届かなったものの、選挙前の 211 議席を上回る 239 議席を獲得して第一党の座を守った。第二党の新進党は 4 議席減の 156 議席に留まった。その他に民主党 52 議席、社会党から党名を変えた社民党 15 議席、新党さきがけ 2 議席であった。こうして、村山内閣から橋本内閣へと続いた「自社さ」連立時代の 1 年 4 ヵ月は、自民党の復調であって、社民とさきがけ両党の崩壊であった[9]。

　1993 年 7 月の前回の総選挙で自民党一党支配が崩れた後、都合 4 つの連立政権が誕生した。前半は「非自民」政権が、そして後半は「自社さ」が政権を担った。今回の総選挙の結果を見る限り、有権者たちは連立に区切りをつけ、自民党主体の政権にかじ取りをまかせようという意思を示した、といえる。また、今回の総選挙で社会党が事実上、消滅したことを付記しておく[10]。

163

第VI部　阪神・淡路大震災、自民党復活、小泉長期政権

3　橋本内閣の課題

　橋本内閣は1996年1月11日に発足した。橋本首相が手掛けた政策を概観するなら、とりあえず、次のようにいえよう。まず内政では11月、行政、財政、社会保障、経済、および金融システムの「五大改革」を打ち出し、その後教育を加えて「六大改革」とした。内政で他に注目されたのが沖縄問題である。96年2月、橋本・クリントン日米首脳会談を経て、4月12日、米軍普天間飛行場の全面返還が橋本首相とモンデール駐日大使の共同記者会見で発表されたのである[11]。

　その一方で、橋本首相は6月22日、初めて韓国を訪問して、金大統領と日韓首脳会談をこなした。また、10月21日の国連総会では、8回目の非常任理事国に当選した。11月15日には、東京での日ソ外相定期協議で領土問題解決に向けた話し合いが行われ。ただ、12月11日にはペルーの首都リマで日本大使公邸人質事件が生じるなど、外交面では懸案処理に追われ「自立」という目標は持ち越された、といわねばならない[12]。

　総選挙後の11月7日、第二次橋本内閣が成立、橋本首相は梶山静六を官房長官に再任し、目玉として蔵相に三塚博を就任させた。組閣の翌日8日の記者会見で、橋本首相は第二次内閣の目標として、①行政改革、②経済構造改革、③財政構造改革、④金融システム改革、⑤社会保障制度改革の「五大改革」をあげた[13]。

4　首相演説

①施政方針演説（1月22日）

　第136回通常国会は橋本政権発足後の1月22日に召集されたものの、「住専破綻」というバブルのツケを国民に回すことの是非をめぐって、6月19日までの全会期がこれに費やされた[14]。通常国会召集日の22日、橋本首相は衆参両院の本会議場で初の施政方針演説を行った。演説の概要は次の通りである。

第 2 章　1996 年の政治状況と「首相演説」

　　首相は「変革と創造」を内閣の使命として標榜した。最重要課題として、①強じんな日本経済の再建、②長生きしてよかったと思える社会の建設、③自立的な外交の展開、④行財政改革の推進の四点をあげ、こうした課題に“決断と責任”を政治信条に全力で取り組む」と明言した。今国会で最大の焦点となる住宅金融専門会社（住専）の不良債権処理問題では、情報公開と債権回収強化のための体制整備によって、「透明性の確保と責任の明確化」を図る一方、新たに金融システムの構築を進める意向を示し、財政資金導入策に対する理解を求めた[15]。

　首相演説に対する野党による代表質問は、24 日から衆議院本会議で行われ、質問の第一陣に立った新進党の小沢一郎党首は住専処理の枠組を決めた村山前首相と武村前蔵相の責任を追及し、民主政治とはいえぬと責めた。橋本首相は住専予算について削減しない、と答弁した[16]。
　『朝日新聞』は「社説：『変革』の看板に偽りは」の中で、首相演説を次のように論評した。

　　確かに、「変革」は橋本演説のキーワードだった。首相は「現在、この国に最も必要とされているのは“変革”であると思う」と切り出し、急激に進む少子高齢化、冷戦構造の崩壊、経済のボーダーレス化、国際社会での地位向上などを列挙した。……「変革」と「改革」。互いの看板に偽りはないか。国会での真剣勝負を見たい[17]。

　一方、『読売新聞』も「社説：“変革”に求められている具体的道筋」の中で、首相演説を次にように論評した。

　　演説のキーワードは「変革と創造」だ。そのための最重要課題として、強靱な日本経済の再建や長生きしてよかったと思える長寿社会の建設など四つの柱を掲げ、「決断と責任」の政治によってこれらの課題の

165

第Ⅵ部　阪神・淡路大震災、自民党復活、小泉長期政権

解決に政治生命を賭けるとしている。……いま必要なのは、掲げた目標について実現へのプロセスをできるだけ具体的に示すことだ。施政方針演説にすべてを盛り込むことは無理としても、いくつかの重要課題で踏み込みが足りない[18]。

　それでは、橋本首相による施政方針表明演説の中で①全体の特色と概要、②現状認識、③公約・理念、④課題への対策、および⑤諸外国との関係はどのように述べられていたのであろうか、検討する。

　①の全体の特色と概要だが、特色は「変革と創造」へ全力を尽くすと謳ったことか。概要は、「はじめに」「経済の再建と改革のために」「長生きしてよかったと思える社会の創出」「平和と繁栄の創造のための自立的外交の展開に向けて」「行政の21世紀型システムへの変革のために」、および「結び」から構成。②の現状認識については、住専問題の責任を明確化している点だろう。③の公約・理念に関しては、規制緩和を強調したことか。④の課題への対策は、経済再建・行革に意欲を示した点であろう。⑤の諸外国との関係については、日ソ共同宣言40周年を踏まえて、北方領土問題の解決に言及しているのが目立つ[19]。

　橋本首相の演説で注目すべきは、内閣の重要課題として、次の四点を指摘したくだりである。

　　　私は、この内閣の使命を「変革」と「創造」とし、一層強固な三党連立の信頼関係の下、強靱な日本経済の再建、長生きしてよかったと思える長寿社会の建設、平和と繁栄の創造のための自立的な外交の展開、これらを実現するための行財政改革の推進、の四点をこの内閣の最重要課題と位置づけてまいります[20]。

②所信表明演説（11月29日）

10月20日の衆院総選挙後、第138回特別国会が11月7日に召集された。だが、院の構成や首班指名などを済ませて12日に閉会した[21]。続いて、第139回臨時国会が11月29日に召集、同日衆参両院の本会議場で橋本

第2章　1996年の政治状況と「首相演説」

首相による所信表明演説が行われた。その概要は次の通りである。

　　首相は行政、経済構造、金融システム、社会保障構造、財政構造の「五つの改革」を第二次内閣の「最重要課題」として改めて掲げ、とくに行政改革について「いろいろな抵抗や困難が予想されるが、身を燃焼させ尽くしてもやり抜く。国民の強力な支援、協力をお願いする」と述べ、不退転の決意を明らかにした。一方、岡光序治・前厚生事務次官をめぐる一連の不祥事については、「最近、行政に対する信頼を失墜させる事例が続いたことは慚愧に堪えない」として綱紀粛正の徹底を強調した[22]。

　首相演説に対する野党の代表質問は、12月2日の午後から衆議院本会議で行われ、質問の第一陣に立った新進党の西岡武夫幹事長が厚生省汚職の責任など質した。橋本首相は「不明をおわびする」と答えた[23]。
　『朝日新聞』は「社説：政治の責任見えぬ首相演説」の中で、首相の所信演説を次のように断罪した。

　　……首相がまず演説で語るべきだったのは、公務員の綱紀粛正とともに、企業献金のあり方を含めた、政治家の綱紀をただすための厳しい姿勢だったのではないか。……「透明で民主的な政治、将来を真剣に考える政策中心の政治を心がけねばならない」と首相は語った。ならば、まず党総裁として、それをやってみることだ[24]。

　一方、『読売新聞』は「社説：首相は『行革の風』起こす努力」の中で、首相演説について次のような注文をつけた。

　　行政改革は難事業である。……この難事業を進めるため最低限必要なのは、最高指導者の不退転の決意と強いリーダーシップ、それを実現していくための体制づくりだろう。と同時に、改革を求め、改革を後押ししようという国民の支持が不可欠だ。言うなれば、国民レベル

第VI部　阪神・淡路大震災、自民党復活、小泉長期政権

で「行革の嵐」が吹かなければならない[25]。

　それでは、橋本首相による所信表明演説の中で①全体の特色と概要、②現状認識、③公約・理念、④課題への対策、および⑤諸外国との関係はどのように述べられていたのであろう。

　①の全体の特色と概要だが、特色は行革など五改革への決意を述べたことであろうか。概要は、「はじめに」「中央官庁再編を中核とする国民本位の行政改革」「産業の空洞化と高齢社会の到来に対応する経済構造改革」「ニューヨーク、ロンドンと並ぶ国際金融市場の復権」「長生きして良かったと思える社会の建設」「豊かな国民生活の実現と後世代への責任を果たすための財政構造改革」「世界の平和と繁栄のための積極的外交」、および「むすび」から構成。②の現状認識については、公務員の綱紀粛正を徹底すると謳う。③の公約・理念に関しては、2001年までに東京をニューヨーク、ロンドンと並ぶ国際市場にするという。④の課題への対策としては、沖縄の普天間飛行場返還問題の協議を行い、振興策を真剣に検討するという。⑤の諸外国との関係については、アジア諸国との関係強化に多く言及している[26]。

　今回の橋本演説で注目すべきは、何よりも演説の冒頭と最後において、公務員に自戒と反省、国民の信頼回復への努力を求め、内閣としてこの問題を重く受け止めていることを示したことであろう[27]。

5　おわりに

　最後に、本文では触れることができなかったが、この年に新たに民主党と太陽党が結成されたことの意味について言及しておきたい。

　一つは鳩山由紀夫、菅直人が中心となって9月28日、民主党結党大会が開かれたことである。これには、衆議院議員52人と参議院議員5人が参加した。民主党は「市民中心型社会への転換」などを基本理念に既成政党に飽き足らない無党派層の取り込みを狙ったものの、必ずしも、新党ブームを再現したとはいえなかった[28]。

168

第 2 章　1996 年の政治状況と「首相演説」

　二つは 12 月 26 日に、羽田孜元首相ら衆参両院議員 13 人が新進党を離党し、新たに「太陽党」を結成したことである。1995 年暮れの党首選以来、小沢一郎党首と羽田孜元首相との確執が新党結成につながったのである。こうして、新進党は結成から 2 年たらずで分裂したのである[29]。

　既述のように、1996 年の政局は 10 月 20 日の衆議院の総選挙を中軸に展開されたいってよい。選挙結果は自民党が復調する中で、新党が結成されるなど政界流動化が続いた。だが、自民、新進両党に対抗できる第三勢力の誕生には至らなかった。こうした政治状況の下で、自民党を勝利に導いた橋本首相は高い人気を保ち、党内からも支持されていた[30]。

注

(1)　佐道明広〔2012 年〕『現代日本政治史 5　「改革」政治の混迷』吉川弘文館、86 頁。

(2)　藤本一美〔2003 年〕『戦後政治の決算　1986-1996』専修大学出版局、378 頁。

(3)　藤本一美・酒井慶太〔2017 年〕『衆議院の解散・総選挙―決断の政治』志學社、169 頁。

(4)　藤本、前掲書『戦後政治の決算　1986-1996』381 頁、橋本は党内きっての「政策通」を自認し、幅広い人気を得ている一方、「怒る、威張る、拗ねる」という形容もあって、側近らしい側近はいないという。剣道練士 5 段、趣味は登山。

(5)　〔1997 年〕「内閣」『朝日年鑑　1997 年版』朝日新聞社、181 頁。

(6)　「防衛」同上、185 頁。

(7)　藤本、前掲書『戦後政治の決算　1986-1996』383-384 頁。

(8)　藤本・酒井、前掲書『衆議院の解散・総選挙―決断の政治』170-173 頁。

(9)　「トピックス　総選挙」前掲書『朝日年鑑　1997 年版』169 頁。

(10)　藤本、前掲書『戦後政治の決算　1986-1996』389 頁。

(11)　宇治敏彦〔2001 年〕「橋本龍太郎」宇治敏彦編『首相列伝　伊藤博文から小泉純一郎まで』東京書籍、362-363 頁。

(12)　「外交」前掲書『朝日年鑑　1997 年版』183-184 頁。

(13)　「内閣」同上、182 頁。

(14)　「国会」同上、175 頁。

(15)　「『変革と創造』へ全力」『読売新聞』1996 年 1 月 22 日（夕）。

(16)　「住専予算削除せぬ」『朝日新聞』1996 年 1 月 25 日。

(17)　「社説：『変革』の看板に偽りは」同上、1996 年 1 月 23 日。

(18)　「社説：“変革”に求められている具体的道筋」『読売新聞』1996 年 1 月 23 日。

(19)　「経済再建・行革に意欲」『朝日新聞』1996 年 1 月 22 日（夕）、「『変革と創造』

169

第Ⅵ部　阪神・淡路大震災、自民党復活、小泉長期政権

　へ全力」『読売新聞』1996 年 1 月 22 日（夕）。

(20)「首相の施政方針演説」『朝日新聞』1996 年 1 月 22 日。

(21)「国会」前掲書『朝日年鑑　1997 年版』179 頁。

(22)「行革など五改革へ決意―首相が所信演説」『読売新聞』1996 年 11 月 29 日（夕）。

(23)「厚生省汚職の責任追及」『朝日新聞』1996 年 12 月 2 日（夕）。

(24)「社説：政治の責任見えぬ首相演説」同上、1996 年 11 月 30 日。

(25)「社説：首相は『行革の風』起こす努力」『読売新聞』1996 年 11 月 30 日。

(26)「行改など五改革へ意欲―首相が所信演説」同上、1996 年 11 月 29 日（夕）。

(27)「橋本首相の所信表明演説　全文」『朝日新聞』1996 年 11 月 29 日（夕）。

(28)「政治、概説―自民復調のなか、政界流動化は続く」前掲書『朝日年鑑　1997 年版』167 頁。

(29)「トピックス　新連立内閣　社会・さきがけの議員減で『連携政権』の色彩強く再編制の可能性も」同上。

(30) 佐道、前掲書『現代日本政治史 5　「改革」政治の混迷』98-100 頁。

第3章 1997年の政治状況と「首相演説」

1 はじめに

橋本内閣は4月にペルーの日本大使館の人質事件が解決するなど、1997年前半には、順調な滑り出しであった。だが、9月に入ると、自民党総裁選で再選された後の内閣改造で、橋本首相がロッキード事件で有罪となった自民党の佐藤孝行行政改革推進本部長を総務長官に起用して批判を浴び、人気に陰りが生じた。また、11月には、大手金融機関の相次ぐ破たんで金融不安が高まり、景気も低迷した。そのため、朝日新聞の世論調査によれば、12月には内閣支持率が36％まで落ち込んだのである[1]。

第140回通常国会は1997年1月20日に召集されたが、この国会における最大の争点は、沖縄の米軍軍用地収用への自治体の介入を防ぐ「駐留軍用地特例法」の成立をめぐる問題であった。この取り扱いをめぐり4月に入り、橋本首相は新進党の小沢一郎党首と会談を行い、両者は特例法を成立させることで合意し、同法は賛成多数で成立した。新進党との協力が成功したことで、自民党・新進党による"保保連合"勢力が浮上し、自民党内の勢力は「自社さ派」と「保保守派」とに二分を余儀なくされた[2]。

その後、自民党は9月11日の総裁選をめぐり、自社さ路線を守ろうとする加藤紘一幹事長ら執行部と、新進党との保保連合を志向する反執行部との間で対立が激化した。しかし、橋本首相以外に立候補者は現れず、橋本首相が再選された。一方、新進党内では、小沢一郎党首の党運営に対する反発が強まり、細川元首相などが6月に離党するなど、12月にはついに解党・分裂に追い込まれ、政界は「1強11弱」という小党分裂状態となり、野党再編成の機運が高まった[3]。

話を戻すと、橋本首相は4月24日に渡米し翌25日、ホワイトハウス

171

第Ⅵ部　阪神・淡路大震災、自民党復活、小泉長期政権

でクリントン米大統領と会談を行い、「日米防衛協力のための指針（新ガイドライン）」の見直し作業促進など日米安保体制強化のための協力、沖縄米軍基地の整理・縮小で合意し、1978年に策定された旧ガイドラインに代わる新ガイドラインを公表した。それは「平素からの協力」「日本に対する武装攻撃に対する共同対処など」と並んで、「日本周辺地域における事態で日本の平和と安全に重大な影響を与えた場合（周辺事態）の協力」を盛り込んだ点が大きな特色であり、日本の安保政策は新たな段階を迎えることになった[4]。

　本章では、1997年の政治状況を踏まえた上で、第二次橋本改造内閣の課題に触れる。次いで橋本首相による1月20日の施政方針演説と9月29日の所信表明演説の2回にわたる国会演説の内容を検討することを通じて、この年の政治的特色の一端を紹介する。

2　政治状況──第二次橋本改造内閣・中央省庁再編・新ガイドライン・駐留軍用地特例法

　自民党総裁選は9月8日に告示された。だが、既述のように立候補者は橋本首相のみで、無投票で再選が決定した。橋本首相は11日の自民党両院議員総会において党総裁に正式に再選され、同日、第二次橋本改造内閣が発足した。無投票再選は、1984年10月の中曽根康弘以来13年ぶりのことだ。その背景として、いわゆる「六大改革」が継続中であり、また、内閣支持率が51％と高く（読売新聞8月世論調査）、しかも、党内に有力な対抗馬が存在しない“無風状態”であった点が最大の理由である[5]。

　既述のように、橋本首相は内閣改造において、ロッキード事件で有罪が確定していた佐藤孝行を総務庁長官として初入閣させた。また、党三役を続投させたことで、閣内から「保保守派」の有力者が去り、「自社さ派」に重点を移して政権運営を図る姿勢を鮮明にした[6]。

　問題は佐藤の閣僚起用についてであった。野党や党内から反対の声が高まり、9月22日、橋本首相は佐藤を罷免せざるを得なくなった。確かに、閣僚の任期中の辞任はこれまでも存在したとはいえ、橋本首相が再選され

第 3 章　1997 年の政治状況と「首相演説」

た直後だけに、首相の指導力が低下したと見られたことは否めなかった。僅か 2 週間での辞任が響き、読売新聞の世論調査によれば、内閣支持率が 8 月の 56.1％から 44.1％まで 12％も下落した[7]。

　橋本内閣はいわゆる中央省庁再編を柱とする「六大改革」を 1997 年の最重要課題と位置づけていた。それらはいずれも、現在の日本が直面している行財政システムの制度疲労、国際化や高齢化・少子化への対応など抜本的改革をめざすものであった。こうした中で、中央省庁の再編は 9 月 3 日、それまでの 22 省庁体制を 1 府 12 省庁に再編することを柱とする中間報告を、そして 12 月 3 日には最終報告を決定した[8]。

　一方、この間に 11 月 17 日には北海道拓殖銀行が経営破綻、続いて、22 日には山一証券も経営破綻し、そして 26 日には、徳陽シティ銀行の破綻も表面化し、金融制度の安定が橋本内閣の最大課題となった。ただ、橋本首相は財政構造改革にこだわり、当初、公的資金の導入に慎重な姿勢であった。しかし、12 月 8 日、NTT などの政府保有株の売却益を償還財源に想定して 10 兆円規模の国債を発行し、金融システム安定対策や景気浮揚に充てるように指示し、さらに、17 日には、赤字国債を財源に 97 年度補正予算で所得税を中心とした 2 兆円規模の特別減税を実施すると表明したのである。こうして、景気対策は赤字国債の発行に頼らざるを得ず、財政構造改革は棚上げの形となった[9]。

　日米両国政府は、4 月の橋本・クリントン首脳会談での合意を踏まえて、9 月 23 日、ニューヨーク市で外務・防衛担当閣僚による「日米安全保障協議委員会（2 プラス 2）」を開催、新しい日米防衛協力のための指針（新ガイドライン）を決定した。新ガイドラインは、日本への直接の武力攻撃、日本周辺の地域紛争などで日本の安全に重大な影響を与える事態について、日米両国の防衛面での役割分担や自衛隊と米軍の協力の大枠を定めたものだ。それは、旧ガイドラインに欠けていた周辺有事の日米協力体制強化を詳細に織り込んだのが特徴であった[10]。

　なお、新ガイドラインでは、日本周辺での紛争を“周辺事態”だと表現した。この点について、『朝日新聞』は「日中国交正常化後も、台湾を安保条約の“極東の範囲”に残した矛盾が、なお温存される。日中の信頼関

173

第Ⅵ部　阪神・淡路大震災、自民党復活、小泉長期政権

係を損なう危うさを感じざるを得ない」と、懸念を示した[11]。

　駐留軍用地特措法改正案が4月17日に成立した。同法は自民、新進、民主、太陽、新党さきがけなどの賛成、社民反対の中で成立した。特措法改正の背景には、嘉手納飛行場など12施設の一部用地の使用期限が5月14日で切れる問題への対応があった。1996年5月から、楚辺通信所の一部が使用できない状態であり、そのため政府は国による「不法占拠」状態の拡大を懸念しており、基地を使用期限後も合法的に使用できるようにするため改正に踏み切ったのだ[12]。

　一方、橋本首相は11月21日、普天間基地を抱える沖縄県宜野湾市で開催された政府主催の沖縄復帰25周年記念式典において、法人税を軽減する「特別の自由貿易地域制度」の新設を含め、98年春をメドに沖縄経済の自立に向けた「沖縄経済振興21世紀プラン」（仮称）を策定する意向を示した。これを受けて、12月12日、沖縄経済振興策がまとめられ、それは98年度税制改正大綱に盛り込まれた[13]。

3　第二次橋本改造内閣の課題

　既に述べたように、橋本首相は9月8日、党総裁選で再選されるや直ちに内閣改造に踏み切り、9月11日には、第二次橋本改造内閣を発足させた。首相は"保保守派"の梶山静六に代えて、"自社さ派"の村岡兼造を官房長官に据えた。また、佐藤孝行を総務庁官に起用したものの、就任11日で辞任に追い込まれた。佐藤の入閣は中曽根元首相の強硬な姿勢に抗しきれず、起用したものであった。しかしである。この一件で、橋本首相の求心力が著しく低下したのは否めない[14]。

　橋本首相の政治指導力については、政治学者の佐道明広が、次のように限界点を指摘している。

　　橋本は、竹下派のなかにあってもみずからのグループをつくったりせず、いわゆる政治家同士の緊密な人間関係をつくらないタイプであった。長いキャリアの政策通で知られ、官僚からの信頼も厚かった。

第3章　1997年の政治状況と「首相演説」

それは見方を変えれば、政治家の中に味方が少なくいきおい官僚との良好な関係の上に政治を進めていくことになる。ここに橋本の限界もあった[15]。

なお、橋本首相は、従来型の派閥政治の論理からすると必ずしも首相にふさわしいタイプの政治家ではなかったという評価がある。例えば、行政学者の高野恵亮は次のように述べている。

　　橋本首相は「一匹狼」「個人プレー」「子分や仲間の面倒を見ない」という評価がなされている。これは従来型の派閥政治の論理から見れば、首相にふさわしいタイプの政治家ではないということであり、彼自身かつて「僕は、総理・総裁にはなれない」とこぼしたことがあるという[16]。

橋本が首相の座にまで上り詰めた要因として、一つは何よりも小選挙区比例代表並立制の導入が挙げられ、いわゆる「党（選挙）の顔」としての橋本の役割である。そして今一つは、大きなビジョン＝「六大改革」の政策に象徴される国民の高い人気の獲得であった[17]。

4　首相演説

①施政方針演説（1月20日）

第140回通常国会は1月20日に召集され、橋本首相は同日の午後衆参両院の本会議場で施政方針演説を行った。その概要は次の通りである。

　　首相はいわゆる「六大改革」を「一体的に断行しなければならない」と強調する一方で、「経済社会システムを変革し、創造することはかなり痛みが伴う」として、改革推進にあたって、国民の理解と協力を求めた。政権運営に関しては、「考え方を同じくするすべての方の未来に対する創造力と熱意を結集する」と述べ、基本的には自民、社民、

175

第Ⅵ部　阪神・淡路大震災、自民党復活、小泉長期政権

さきがけ3党の与党体制の枠組を維持しながら、政策を通じて野党と連携する意欲を見せた。なお、ペルーの日本大使館公邸人質事件に関しては、「テロに屈することなく、人命尊重を第一としながら事件の平和的解決を図る」ことを強調した[18]。

首相演説に対する野党各党の代表質問は、22日から衆議院本会議で始まり、新進党の小沢一郎党首が、利益誘導型の予算案の修正などを迫った。橋本首相は「官僚答弁」に終始した[19]。

『朝日新聞』は「社説：政治の"痛み"はどこへ」の中で、首相演説について次のように断罪した。

……「深く根を下ろした仕組みを変えることは大きな困難を伴う」、「痛みを恐れて改革の歩みを緩めることは許されない」。演説ではくりかえし「困難」と「痛み」が語られた。その通りである。……ところが、「痛み」を我慢するよう国民に求める首相の意識からは、政治家もまた「痛み」を分かたなければならないというごくあたり前のことが抜けているとしか思えない[20]。

『読売新聞』もまた「社説："改革"推進は国会全体の責任だ」の中で、首相演説を次のように批判した。

首相は、施政方針演説の最後の部分で、「困難を乗り越えるリーダーシップを発揮することは政治の使命である」と述べた。「政治の使命」の中でも最も問われることになるのは「首相の責任だろう」。……日本が当面している内外の厳しい状況を踏まえれば、党利党略で改革を遅らせるゆとりはない。国民は、だれが改革を推進しだれが改革をさまたげたか、よく見ているはずだ[21]。

次に、橋本首相による施政方針演説の中で①全体の特色と概要、②現状認識、③公約・理念、④課題への対策、および⑤諸外国との関係はどのよ

第 3 章　1997 年の政治状況と「首相演説」

うに述べられていたのであろうか、検討する。

　①の全体の特色と概要だが、特色は「六つの改革を一体的に断行する」と述べた点であろう。概要は、「はじめに」「変革と創造」「外交」「財政構造改革」「教育改革」「社会保障　構造改革」「経済構造改革」「金融システム改革」「安全で安心できる国民生活」「行政改革」、および「むすび」から構成。②現状認識に関しては、ペルー人質事件で平和的解決に全力をあげるという。③の公約・理念については、変革・創造には痛みを伴うので国民の理解と協力を要請していることか。④の課題への対策に関しては、中国との関係発展に意欲を示した点だろう。⑤の諸外国との関係については、日米中三国間の関係前進を謳っている[22]。

　今回の橋本首相の演説で注目すべき点は、施政演説の冒頭で、ペルー人質事件の平和解決に全力と訴えた以下のくだりである。

　　　わが国はテロに屈することなく、人命尊重を第一としながら事件の平和的解決を図り、人質の早期全面開放を実現するよう努力しております。また、国際社会は一致してテロに対する断固たる姿勢を示しております[23]。

②所信表明演説（9 月 29 日）

　第 141 回臨時国会は 9 月 29 日に召集、政治倫理と景気、金融不安対策が焦点であった。橋本首相の所信表明演説は、29 日午後から衆参両院の本会議場で行われた。その概要は次の通りである。

　　　首相は、佐藤孝行前総務庁長官の入閣・辞任問題について、「政治に、より高い倫理性を求める世論の重みに十分思いを致さなかったことを深く反省し、おわびを申し上げる」と表明、「政治倫理や企業・団体献金などの政治改革の問題を与党三党の党首会談で協議する方針を示し、国民が納得できる行政改革を全力で成し遂げる」との決意を表明した。一方、経済構造改革に関連し、法人課税について、「課税ベースを適正化しながら税率を引き下げる方向で検討する」と述べるなど、

177

第Ⅵ部　阪神・淡路大震災、自民党復活、小泉長期政権

課税範囲を広げると同時に、法人税率を引き下げる考えを明らかにした[(24)]。

　首相演説に対する野党の代表質問は10月1日、まず衆議院本会議で行われた。質問の第一陣に立った新生党の中野寛成国会対策委員長は、新ガイドラインでいう「周辺」は安保条約の「極東」とどう違うのかと質した。これに対して、橋本首相から両者は性格を異にする概念だ、という答弁があった[(25)]。

　『朝日新聞』は「社説：八方美人では改革はできない」の中で、首相演説を次のように批判した。

　　行政改革や財政構造改革について、首相は多くの言葉をさいた。では、この演説で首相は失地を回復して、改革の先頭に立つ姿勢を印象づけることができただろうか。残念ながら、そうは思われない。この国の構造を根本から見直すという意気込みとは裏腹に、その中身は、官僚が用意した、族議員の強い反発を招かない施策の範囲にとどまっている。国民の目に映ったのは、そこから一歩を踏み出せない首相の古い政治体質ではないか[(26)]。

　一方、『読売新聞』も「社説：首相は改革への気迫を示せ」の中で、首相の演説を次のように断罪した。

　　……首相にとって、29日の所信表明演説は、国民に訴える絶好の機会となるはずであった。しかし、いまひとつ迫力に欠け、ほとばしるような改革への熱意を感じさせるまでには至らなかった。極めて残念である。……所信表明に続き、本会議での代表質問や予算委員会審議などが予定されている。今からでも遅くない。改革に対する気迫が聞く人に伝わるよう、自らの言葉で語ることを、首相に求めたい[(27)]。

　それでは次に、橋本首相による所信表明演説の中で①全体の特色と概要、

②現状認識、③公約・理念、④課題への対策、および⑤諸外国との関係はどのように述べられていたのであろうか、検討する。

　①の全体の特色と概要だが、特色は「国民が納得できる行革」をと訴えたことであろう。概要は、「はじめに」「本格化する6つの改革」「安全で安心できる国民生活」「外交」、および「むすび」から構成。②の現状認識については、佐藤の閣僚起用について改めて謝罪をしたことであろうか。③の公約・理念に関しては法人税率の引き下げを言明したことである。④の課題への対策は、財政構造改革法案の早期成立を求めたことだ。⑤の諸外国との関係については、「外交」の冒頭で米国と信頼性を高めたいと謳っている[28]。

　今回の首相演説で注目すべきは、エリツィン大統領と再び会い、ロシアとの関係を見直したいと述べた次のくだりである。

　　　11月に同大統領と再びお会いし、「信頼」「相互利益」「長期的な視点」の三原則に沿って、新たな日ロ関係の展望を開く基礎としたいと考えております[29]。

5　おわりに

　1997年の日本政治は、野党勢力が大混乱の中で終焉したといってよい。なぜなら、新進党が解党、6つの新党に分裂し、政権党である自民党以外の政党は10党を超える乱立状態となったからだ。新進党解党の最大の理由は、政策の一致や一体化を置き去りにした「選挙互助会」的性格が強かったからである[30]。（傍点、引用者）

　これに対して、自民党の方は膨張を続けている。9月、無所属の北村直人が入党し、党籍離脱中の伊藤宗一郎議長を含めて251議席となり、衆議院で過半数を回復した。自民党の衆議院での過半数確保は4年2ヵ月ぶりのことで、自社さの3党連立路線をとってきた加藤紘一幹事長ら執行部は連立体制の変質を意識しつつあるようだ[31]。

第Ⅵ部　阪神・淡路大震災、自民党復活、小泉長期政権

注

(1)　矢野雅俊〔1998年〕「政治　概説―橋本政権行き詰まり、新進党解党で野党再編へ」『朝日年鑑　1998年版』朝日新聞社、164頁。

(2)　藤本一美〔2003年〕『日本政治の転換　1997-2013』専修大学出版局、10頁。

(3)　矢野「政治　概説―橋本政権行き詰まり、新進党解党で野党再編へ」前掲書『朝日年鑑　1998年版』164頁。

(4)　藤本、前掲書『日本政治の転換　1997-2013』10-11頁。

(5)　「橋本総裁再選　高い内閣支持率追い風」『読売新聞』1997年9月8日（夕）。

(6)　渡辺勉〔1998年〕「内閣」前掲書『朝日年鑑　1998年版』181頁。

(7)　藤本、前掲書『日本政治の転換　1997-2013』13頁。

(8)　原田哲哉〔1988年〕「特集：省庁再編など"6つの改革"」『読売年鑑　1988年版』読売新聞社、67頁。

(9)　渡辺「内閣」前掲書『朝日年鑑　1988年版』181頁。

(10)　柴田岳〔1998年〕「特集：新ガイドラインと沖縄」前掲書『読売年鑑　1998年版』71頁。

(11)　「社説：ぬぐえぬ疑念と不安―日米防衛協力新指針」『朝日新聞』1997年9月24日。

(12)　駒木明義〔1998年〕「トピックス：沖縄問題」前掲書『朝日年鑑　1998年版』168頁。

(13)　同上、169頁。

(14)　藤本、前掲書『日本政治の転換　1997-2013』10頁。

(15)　佐道明広〔2012年〕『現代日本政治史5　「改革」政治の混迷』吉川弘文館、107頁。

(16)　高野恵亮〔2012年〕「橋本龍太郎首相」藤本一美編『現代日本宰相論―一九九六年〜二〇一一年の日本政治』龍渓書舎、26頁。

(17)　同上、14-16頁。

(18)　相楽剛・古川寛人〔1998年〕「国会」前掲書『朝日年鑑　1998年版』174頁。

(19)　「国会論戦の詳報―22日の衆院代表質問から」『読売新聞』1997年1月23日。

(20)　「社説：政治の"痛み"はどこへ」『朝日新聞』1997年1月21日。

(21)　「社説："改革"推進は国会全体の責任だ」『読売新聞』1997年1月21日。

(22)　「六大改革一体的に断行」『朝日新聞』1997年1月20日（夕）、「六つの改革を一体断行」『読売新聞』1997年1月20日（夕）。

(23)　「首相施政方針演説の全文」『読売新聞』1997年1月20日（夕）。

(24)　「国民が納得できる行革―首相、所信表明演説」同上、1997年9月29日（夕）。

(25)　「焦点採録―代表質問」『朝日新聞』1997年10月2日。

(26)　「社説：八方美人では改革はできない」同上、1997年9月30日。

第 3 章　1997 年の政治状況と「首相演説」

(27)「社説：首相は改革への気迫を示せ」『読売新聞』1997 年 9 月 30 日。

(28)「佐藤氏起用、改めて謝罪―首相、所信表明へ」『朝日新聞』1997 年 9 月 29 日(夕)、「国民が納得できる行革―首相、所信表明演説」『読売新聞』1997 年 9 月 29 日(夕)。

(29)「首相所信表明演説の全文」『読売新聞』1997 年 9 月 29 日（夕）。

(30) 後藤謙次〔2014 年〕『ドキュメント　平成政治史 1 』岩波書店、403 頁。

(31) 森山二朗〔1998 年〕「トピックス　自民党、衆院で過半数」前掲書『朝日年鑑 1998 年版』170 頁。

181

第Ⅵ部　阪神・淡路大震災、自民党復活、小泉長期政権

第4章　1998年の政治状況と「首相演説」

1　はじめに

　いわゆる「金融不安」は1997年の秋から顕著となっており、橋本内閣はこれに全力を挙げて対応することで、1998年7月12日に行われた参議院通常選挙（以下、参院選と略す）を迎えた。結果は、自民党が追加公認を含めて61議席から44議席へと大敗し、その責任を取って橋本首相は辞職に追い込まれた。そこで7月17日に開催された自民党本部両院議員総会における自民党総裁選では、小渕恵三外相、梶山静六元官房長官、および小泉純一郎厚相の三人が出馬したものの、小渕が過半数の225票を獲得して勝利し、7月30日、第143回臨時国会で小渕は内閣首班に選出され、同日、小渕内閣が発足した[1]。

　小渕首相は新内閣を「経済再生内閣」と位置づけ、蔵相に元首相の宮澤喜一、そして経済企画庁長官に作家の堺屋太一を登用するなど、経済中心に実務型の布陣をとった。また、党三役には森喜朗（三塚派）を幹事長に、池田行彦（宮澤派）を政調会長に、そして深谷隆司（渡辺派）を総務会長に任命して、主流派体制を堅持した[2]。

　第143回臨時国会は7月30日に召集されたが、会期は大幅に延長されて79日間に及んだ。この国会は「金融国会」と称され、小渕内閣は金融再生関連法案、旧国鉄債務処理法の成立に全力を投入した。しかし、金融再生法案については、野党・民主党案の丸呑みを余儀なくされるなど、多難な船出となった。参議院ではすでに自民党が過半数を割り込んでいたので、小渕首相は政権基盤の強化を模索し、野党の公明党と自由党に接近するなど、多数派工作を進めて政権の安定化に務めた[3]。

　まず、臨時国会の終盤に至り、旧国鉄債務処理法案を「自民、自由、社

182

第 4 章　1998 年の政治状況と「首相演説」

民」の枠組みで成立させた一方で、金融機能早期健全化措置法案の方は「自民、平和、改革、社民」の枠組みで成立させるなど民主党はずしの構図に成功。その上で、「地域振興券」配布を 98 年度第三次補正予算案に盛り込むことによって、公明党から補正予算案への賛成を引き出した[4]。

　さて、本章では 1998 年の政治状況を踏まえた上で、新しく発足した小渕内閣の課題に言及する。次いで、橋本首相および小渕首相による一連の国会演説の内容を検討することを通じて、この年の政治的特色の一端を紹介したい。

2　政治状況──参院選挙・橋本内閣退陣
──小渕内閣発足・金融国会

　深刻な景気低迷が続く中で 7 月 12 日に参院選が行われ、自民党は大都市で多くの議席を失い、44 議席と惨敗した。一方、民主党は 27 議席と躍進、また、共産党も過去最多の 15 議席を獲得した。1997 年秋以降続いた金融不安、景気低迷に有効な手を打てなかった橋本内閣に有権者が厳しい審判を下したのだ。なお、投票率の方は前回を 14.32％上回る 58.84％を記録した。今回、投票率が大幅に向上したのは、最悪の失業率に象徴される深刻な不況の中で、減税など景気対策が選挙戦の争点となり、選挙に対する有権者の関心が高まったからであろう[5]。

　自民党が参院選で惨敗したので、橋本首相は直ちに退陣を表明した。これを受けて、自民党内では後継の総裁選びが開始され、既述のように総裁選には、小渕恵三、梶山静六、および小泉純一郎が出馬し、派閥横断の多数派工作が展開された。これを評して、当時衆議院議員であった田中真紀子が「凡人（小渕）、軍人（梶山）、変人（小泉）」と揶揄した話は有名である。結果は小渕の圧勝に終わったものの、梶山が二位につけて善戦した。政治評論家の後藤謙次は、「この総裁選を契機に表面化した各派の亀裂はやがて分裂に発展し、年末までに新しい派閥が次々と生まれていった」と指摘している[6]。

　参院選後の臨時国会において、首班指名の投票をめぐり、衆議院で自民

183

第Ⅵ部　阪神・淡路大震災、自民党復活、小泉長期政権

党の小渕総裁が、参議院では民主党の菅直人代表と異なる結果となった。だが、憲法の衆議院優位の規定で小渕が首相に就任した。成立した小渕内閣は旧来型の派閥均衡型の人事を踏襲する一方で、主要四派の推薦枠を通常より一ずつ減らし、その分を「総裁枠」として首相裁量で人選を行った。特に、財政・金融政策に精通していた元首相の宮澤喜一と、元通産官僚で経済問題に明るい作家の堺屋太一の入閣は、経済危機に直面していた小渕内閣にとって目玉人事であった[7]。

　発足した小渕内閣の最大の政治的課題は金融機関の安定化に他ならなかった。当時問題となっていたのは、日本長期信用銀行と日本債権信用金庫の債務超過であり、これらが破綻した場合、日本経済に与える影響は図りしれないと考えられた。上述したように、衆議院では、自民党が過半数を超えていたものの、しかし参議院では過半数を割っていた。そこで、小渕首相は、金融再生関連法案の修正について野党の政策を取り入れることにしたのである。9月18日、法案修正について、民主党や野党四党派との党首会談を行い、その上で28日、法案を政局の材料としないことを条件に、野党案を軸とした修正で合意に達し、10月12日には参議院での可決にこぎつけたのだ[8]。

3　小渕内閣の特色

　小渕内閣は7月30日に成立し、小渕首相は自らの政権を「経済再生内閣」と位置づけ、いわゆる「総裁枠」を設けて大胆な組閣を行った。しかしである。政治評論家の後藤謙次がいうように、発足直後の内閣は最悪の状態であって、政権基盤の脆弱性、並びに天候不順が重なり、政権の行方は明るくなかった。実際、冷夏、集中豪雨災害、台風の直撃、経済の停滞、そして金融不安が重くのしかかっていた。そのため、共同通信社が実施した内閣発足直後の世論調査では、内閣支持率は25.0%と低迷を余儀なくされた[9]。

　それでは、新しく首相となった小渕恵三はどのような経歴を有するのか、簡単に紹介しておこう。小渕恵三は1937年6月25日、群馬県吾妻郡中

184

之条町に生まれた。実家は製糸業を営み、父の光平は衆議院議員を務めた。1962年早稲田大学文学部卒、同大学院政治学研究科に進学、1963年26歳の時最年少で衆議院議員に当選、連続当選12回を誇る。1987年第二次大平内閣で総務庁長官、1987年竹下内閣で官房長官に就任。1991年自民党幹事長、1994年自民党副総裁、1997年第二次橋本内閣で外相。1998年7月には首相に就任、2000年5月14日死去、享年62であった[10]。

　小渕内閣が発足後のいわゆる「金融国会」では、参議院における自民党の大幅な過半数割れを反映して、厳しい運営を余儀なくされたのはいうまでもない。実際、金融国会の行方は綱渡りの連続であった。金融再生関連法案の行方がそれを象徴しており、結局、臨時国会の前半では、法案修正をめぐる与野党協議が迷走の末、政府・自民党が野党案を「丸呑み」した一方、後半では何とか野党共闘の分断に成功にした[11]。

　金融国会での多難な国会運営を踏まえて、小渕首相は政権安定のため連立が不可欠だと考えた。そこで、連立政権の樹立に向けて、12月19日、小渕首相は自由党の小沢党首との党首会談に臨んだ。自民党は、自由党が提案した議員定数削減や自衛隊の後方支援などの政策を受け入れた。もちろん、自民党内には自由党との連立に否定的な意見もあったが、小渕首相が押し切ったのである。こうして、翌1999年1月14日には、自民党と自由党との連立による小渕内閣第一次改造内閣が発足することになった[12]。

4　首相演説

①金融安定化対策演説（1月12日）

　第142回通常国会は1月12日に召集された。この国会は戦後最悪といわれた不況と、北海道拓殖銀行や山一証券などの破綻による金融システムに政府が有効な手段を講じることができるか否かが焦点となった。そこで橋本首相は国会召集日の12日、施政方針演説に代えて「金融システム安定化対策と経済運営に関する」演説を行った。首相が特定の政策課題について演説するのは、1991年1月、当時の海部首相が湾岸戦争で多国籍軍

第Ⅵ部　阪神・淡路大震災、自民党復活、小泉長期政権

への協力に理解を求めた以来のことで、異例の演説となった。その概要は
次の通りである[13]。

　　首相は行政改革など六つの改革に全力で取り組む決意を改めて示し
　た上で、「改革を確実に進めるためにも、金融システムに対する内外
　の信頼低下に万全の対策を講じ、金融システムを断固として守る。日
　本発の金融恐慌は決して起こさない」との強い決意を表明した。また、
　景気回復を実現するために２兆円規模の特別減税を２月から実施す
　る考えを強調し、これらの施策を盛り込んだ97年度補正予算案と、
　金融システム安定化法案（仮称）など関連法案の早期成立に理解を求
　めた[14]。

　首相演説に対する衆参両院の代表質問は13日と14日に行われ、衆議
院では野党６党の統一会派を代表して、民主党の菅直人代表が政府の特別
減税の規模は不十分で金融システム安定化策も不透明・不徹底だと批判し
た。橋本首相は国債にとって大規模減税は弊害だと答弁した[15]。
　『朝日新聞』は「社説：予算修正で景気対策を―国会審議に向けて」の中で、
橋本首相の演説を次のように批判した。

　　「日本発の金融恐慌、また、経済恐慌は決して起こさない」。橋本龍
　太郎首相が、異例の金融経済演説で語った決意は勇ましかった。だが、
　株式市場の反応は冷たく、東京証券取引所の平均株価は２年半ぶり
　に安値をつけた。景気の悪化を心配する声や、その対策を求める声は、
　日増しに強まっているのに、首相の「強い決意」には、それを裏付け
　る政策が不足しているというのである[16]。

　一方、『読売新聞』は「社説："金融"克服に必要な政治の迫力」の中で、
首相演説について次のように論評した。

　　……首相は「日本経済に未来がないかのような悲観論にはくみしな

186

い」とした。同感である。日本経済の基礎体力が強固であることは指摘されるまでもない。問題は、金融に限らず日本社会全体の信頼機能が傷ついていることだ。国民に「安心してほしい」という以上、まず政治が信頼の空白を埋めることだ。危機的状況の克服に向けて政治的意思を明確に示し、それを確実に実行することが王道である[17]。

橋本首相によるいわゆる「金融・経済演説」は金融安定へ万全の対策に焦点をあてたもので、①全体の特色と概要、②現状認識、③公約・理念、④課題への対策、および⑤諸外国との関係について特段述べていない。したがって、それは約1ヵ月後の2月16日に行った施政方針演説の方にゆずりたい。

②施政方針演説（2月16日）

続いて、橋本首相は2月16日、衆参両院の本会議場で、恒例の施政方針演説を行った。その概要は次の通りである。

首相は大蔵省の不祥事に関連して、行政への信頼回復のため、徹底した綱紀粛正を図る一方、公務員倫理法の制定に意欲を表明した。また、景気対策については、情勢に応じて「臨機応変の措置」を講じるとして、早い段階での98年度補正予算案の編成に含みを残した。さらに、首相は、中学生によるナイフを使用した殺人事件など非行問題の深刻化に強い危機感を示し、教育問題に真正面から取り組む姿勢を強調した[18]。

首相演説などに対する、野党の代表質問はまず衆議院で2月19日から行われ、質問の第一陣に立った民共連の羽田孜代表は、政府の景気対策・行革がちぐはぐだと質した。首相は減税で不安を払拭すると答弁した[19]。

『朝日新聞』は「社説：危機を押し隠すのではなく」の中で、橋本首相の演説について次のように批判した。

第VI部　阪神・淡路大震災、自民党復活、小泉長期政権

　……こうした課題を正面から見つめ、自分の言葉で対応を語ってこ
そ、「施政方針」の名に値するはずだ。残念ながら、その期待にこた
えた演説とは言いがたい。……首相は今年を「明日への自信を持つ年」
と位置づけた。しかし、危機を隠すだけでは、実現はおぼつかない[20]。

　一方、『読売新聞』もまた「社説：演説で首相の決意は伝わったか」の中で、
首相の演説について次のようにクレームをつけた。

　問題は、的確で具体的な処方箋を用意できるかどうかにかかってい
る。真正面から取り組もうとするなら、さらに踏み込んで対応策の方
向性などについても語るべきでなかったか。そうした率直な姿勢が問
題の解決に向けた政治の熱意として伝わり、国会だけでなく国民レベ
ルの論議にも深まりをもたらすはずだ[21]。

　それでは次に、橋本首相による施政方針演説の中で①全体の特色と概要、
②現状認識、③公約・理念、④課題への対策、および⑤諸外国との関係は
どのように述べられていたのであろうか、検討する。
　①の全体の特色と概要だが、特色は「公務員の綱紀粛正」の徹底を謳っ
たことであろう。概要は、「はじめに」「力強い日本経済」「自立した個人
と社会の連帯」「かけがえのない環境、国土と伝統、文化、暮らしの安全
と安心」「外交」「行政改革」、および「むすび」から構成。②の現状認識
については、経済措置を「臨機応変」にと謳う。③の公約・理念に関しては、
教育改革に決意を示したことであろう。④の課題への対策としては、公務
員倫理法の制定に意欲を示したことか。⑤の諸外国との関係では、アジア
太平洋諸国の平和と安定に多く言及している[22]。
　今回の橋本首相の演説で注目すべき点は、冒頭で制度疲労を起こしてい
るわが国システム全体の改革の必要性を取り上げ、「内閣の総力をあげ、
どのような困難があってもやり抜く決意だ」と強調したくだりである[23]。

188

第 4 章　1998 年の政治状況と「首相演説」

③所信表明演説（8 月 7 日）

　既述のように、7 月 12 日に実施された参院選で自民党は大敗し、その責任をとって橋本内閣は退陣した。7 月 30 日に召集された第 143 回臨時国会では、自民党の小渕恵三総裁が第 84 代、戦後では 25 人目の首相に指名された。小渕首相は 8 月 7 日、衆参両院の本会議場で就任後初めての所信表明演説を行った。その概要は以下の通りである。

　　首相は「経済再生」を小渕内閣の最大課題と位置づけた上で、当面の課題である景気回復について、「一両年のうちにわが国経済を回復軌道に乗せるよう、内閣の命運をかけて全力を尽くす」とし、自らの進退にかけた強い意思を表明した。景気回復のための具体策として、「6 兆円を相当程度上回る」恒久的な減税の来年からの実施と、事業規模で 10 兆円超の第二次補正予算の編成を明言。それと同時に、前年度の赤字国債の縮減を定めた財政構造改革法の凍結を前提に、来年度予算概算要求の基本方針を設定するとともに、同法の凍結法案を通常国会に提出する考えを明らかにした。また、中央省庁改革などの行政改革の実現や日ロ平和条約の締結に強い意欲を示した [24]。

　首相演説などに対する代表質問が 8 月 10 日に衆議院本会議で行われ、質問の第一陣に立った民主党の中野寛成は、衆議院を解散し民意を反映させよと迫った。これに対して、小渕首相は現時点での解散は念頭にない、と答弁した [25]。

　『朝日新聞』は「社説：首相演説―この座を何と心得る」の中で、首相演説を次のように断罪した。

　　首相には "政治家としての印象が薄く、実績も乏しい" という評がある。（所信表明）演説は、"中身で勝負" の持論を国民に納得してもらう絶好のチャンスであったはずだ。それにしては、あまりにも期待はずれの内容だった。……この民意をいかに受け止め、それを今後の政権運営にどう生かしていくか、そうした真剣な反省と決意こそ、小

189

第VI部　阪神・淡路大震災、自民党復活、小泉長期政権

　渕氏が最優先で語るべきことだった。残念ながら、そのような言葉は
どこにもなかった[26]。（カッコ内、引用者）

　一方、『読売新聞』もまた「社説：実行で試される首相の決意」の中で、
首相演説を次のように批判した。

　　小渕首相が至上命題とする"経済再生"のために、今、必要なのは、
　具体的な政策を断固たる政治的意思を持って、確実かつ速やかに実行
　に移すことだ。日本経済の危機が世界恐慌の引き金ともなりかねない
　ぎりぎりの局面にあって、時間との勝負とも言えるからだ[27]。

　それでは次に、小渕首相による所信表明演説の中で①全体の特色と概要、
②現状認識、③公約・理念、④課題への対策、および⑤諸外国との関係は
どのように述べられていたのであろうか、検討する。
　①の全体の特色と概要だが、特色は景気回復に内閣の命運をかけると
謳ったことだろう。概要は、「はじめに」「日本経済再生に向けた決意」「よ
り良い社会実現と構造改革の推進」「外交」、および「むすび」から構成。
②の現状認識については、経済を一両年で回復軌道にのせると述べた上で、
金融再生法案の早期成立を訴えたことか。③の公約・理念に関しては、6
兆円相当程度を上回る恒久的減税を来年から実施するという。④の課題へ
の対策として、2000年まで日ロの平和条約の締結に強い意欲を示した点
であろう。⑤の諸外国との関係については、米国、ソ連、中国との関係に
多く言及している[28]。
　なお、今回の小渕首相の演説で注目すべきは、冒頭で次のような認識を
示したくだりである。日本経済に対する強い危機感がにじみ出ている。

　　現下の最大の問題は、長期化する景気の停滞と金融システムに対す
　る信頼の低下であります。先の参議院議員通常選挙において示された
　のは、国民が何よりもまず、わが国の経済情勢を極めて深刻に感じ、
　その一日も早い回復を願っているということでありました。こうした

第4章　1998年の政治状況と「首相演説」

国民の声を真摯に受け止め、この内閣を〝経済再生内閣〟と位置づけて、果敢に取り組んでまいります⁽²⁹⁾。（傍点、引用者）

④所信表明演説（11月27日）

第144回臨時国会は11月27日に召集された。会期は12月14日までの18日間にすぎなかったとはいえ、財政構造改革法の凍結法などが成立した。なお、臨時国会が召集される直前の11月19日には、小渕首相と自由党の小沢一郎党首との間で連立政権について会談が実現した。小渕首相の所信表明演説は27日に、衆参両院の本会議場で行われた。その概要は次の通りである。

　　首相は演説の冒頭で防衛庁の不祥事について、「国民の信頼を失墜させるもので、心からおわびする」と陳謝した。その上で、不況にあえぐ日本経済に関して、1999年度に上向きに転換させ、2000年度までに経済再生を果たすよう内閣の命運をかけると表明した。自民、自由両党の連立政権樹立に向けた動きについては具体的言及を避け、各党との幅広い連携を目指す考えを示すにとどまった。また、朝鮮民主主義人民共和国（北朝鮮）に対し、先の弾道ミサイル発射や「秘密核施設」疑惑に強い懸念を表した⁽³⁰⁾。

首相演説などに対する各党の代表質問は12月2日に衆議院で行われ、民主党をはじめ野党の追及は自民、自由両党の連立協議問題に集中したが、しかし、小渕首相の答弁は終始不明確であった⁽³¹⁾。

『朝日新聞』は「社説：総理、おたずねします」の中で、首相の演説内容を次のように断罪した。

　　就任以来二度目の演説でした。率直なところ、期待はまたもや裏切られたと申さざるを得ません。有権者の最も知りたい点をあえて避けて通った、と思われるからです。……中曽根康弘元首相は、総理に「真空力」を見いだしています。自我のない「真空機関」だから、押され

191

第VI部　阪神・淡路大震災、自民党復活、小泉長期政権

た方に動いていく。自自連立はその成果だというのです。道理で演説も真空だ。失礼ながら、そんな感想を申し述べて質問を終わります[32]。

一方『読売新聞』もまた「社説:経済再生へ国会も気迫を示せ」の中で、首相の演説を次のように強い調子で批判した。

　　27日の所信表明演説で、首相は「2000年度までに経済再生を図るよう内閣の命運をかける」などと改めて決意を表明した。だが残念ながら、その言葉を裏付けるだけの説得力のあるメッセージや迫力が十分伝わって来たとは言いがたい[33]。

それでは、小渕首相による所信表明演説の中で①全体の特色と概要、②現状認識、③公約・理念、④課題への対策、および⑤諸外国との関係はどのように述べられていたのであろうか、検討する。

　①全体の特色と概要だが、特色は「経済の再生に内閣の命運」をかけると謳ったことか。概要は、「はじめに」「日本経済　再生に向けた取り組み」「国民とともに歩む外交の推進」、および「むすび」から構成。②の現状認識については、事業規模で24兆円規模の緊急経済対策をまとめて、景気回復の道を示したことであろう。③の公約・理念に関しては、景気の来年度プラス成長を確約していることである。④の課題への対策としては、政党連携について低姿勢を示した点である。⑤の諸外国との関係については、北朝鮮の弾道ミサイル発射に懸念を表明しているのが目につく。

　小渕首相の今回の演説で留意すべきは、防衛庁事件について冒頭で次のように「おわび」をしたくだりである。首相は次のように謝罪した。

　　このような国会の冒頭に、まず防衛装備品の調達を巡る背任事件のことを申し上げなければならないのは、誠に残念でなりません。防衛庁元幹部職員が逮捕・起訴され、更に証拠隠し疑惑まで招いたことは、行政への国民の信頼を失墜させるものであり、心からおわびを申し上げます[34]。

第 4 章　1998 年の政治状況と「首相演説」

5　おわりに

　小渕内閣の政治的課題は二つあった。一つは景気回復であり、もう一つは政権基盤の安定であった。小渕首相は「人柄の小渕」といわれ、周囲に敵を作らず、地味で温厚な人柄を持ち味とした。確かに、小渕首相に関しては、就任当初から「冷めたピザ」「真空総理」「ボキャ貧」など否定的イメージがまとわりついていたが、その代表格は田中真紀子衆議院議員が述べた、小渕は「凡人」だという指摘である[35]。

　ただ、政治学者の濱賀祐子は、小渕首相のリーダーシップについて次のように評価している。

　　小渕首相は人事面で特に、人心掌握にすぐれ、メディアを駆使した情報発信に積極的であった。小渕首相は強力なリーダーシップやカリスマ性は乏しくそれを十分自覚して、周囲に優秀な人材を集めたところに、首相としての小渕恵三の特色が窺われる[36]。

注

(1)　藤本一美〔2014 年〕『日本政治の転換　1997-2013』専修大学出版局、22 頁。

(2)　佐藤和男〔1999 年〕「内閣」『朝日年鑑　1999 年版』朝日新聞社、178 頁。

(3)　藤本、前掲書『日本政治の転換　1997-2013』22 頁。

(4)　恵村順一郎〔1999 年〕「トピックス：金融再生法案をめぐる与野党攻防」前掲書『朝日年鑑　1999 年版』167 頁。

(5)　藤本、前掲書『日本政治の転換　1997-2013』25 頁。

(6)　後藤謙次〔2014 年〕『ドキュメント　平成政治史 2』岩波書店、8-13 頁。

(7)　濱賀祐子〔2012 年〕「小渕恵三内閣」藤本一美編『現代日本宰相論　一九九六年～二〇一一年』龍渓書舎、58 頁。

(8)　金本裕司〔1999 年〕「トピックス　自自連立政権へ」前掲書『朝日年鑑　1999 年版』162 頁、佐道明広〔2012 年〕『現代日本政治史 5 「改革」政治の混迷』吉川弘文館、110 頁。

(9)　後藤、前掲書『ドキュメント　平成政治史 2』15 頁。

(10)　宇治敏彦〔2001 年〕「小渕恵三」宇治敏彦編『首相列伝　伊藤博文から小泉純

193

第Ⅵ部 阪神・淡路大震災、自民党復活、小泉長期政権

一郎まで』東京書籍、268頁。詳細は濱賀、前掲書「小渕恵三内閣」藤本一美編『現代日本宰相論 一九九六年～二〇一一年』41-46頁参照。

(11) 佐藤和雄〔1999年〕「内閣」前掲書『朝日年鑑 1999年版』178-179頁、後藤、前掲書『ドキュメント 平成政治史2』19頁。

(12) 濱賀、前掲書「小渕恵三内閣」藤本一美編『現代日本宰相論 一九九六年～二〇一一年』61頁。

(13) 高木文哉・板垣哲也・伊藤宏〔1999年〕「国会」前掲書『朝日年鑑 1999年版』171頁。

(14) 「金融安定へ万全の対策―通常国会召集、冒頭で首相演説」『読売新聞』1998年1月12日（夕）。

(15) 「焦点採録 代表質問」『朝日新聞』1998年1月14日。

(16) 「社説：予算修正で景気対策を―国会審議に向けて」同上、1998年1月18日。

(17) 「社説："金融"克服に必要な政治の迫力」『読売新聞』1998年1月13日。

(18) 「公務員の綱紀粛正徹底―首相が施政方針演説」同上、1998年2月16日（夕）。

(19) 「焦点採録 代表質問」『朝日新聞』1998年2月19日。

(20) 「社説：危機を押し隠すのではなく」同上、1998年2月17日。

(21) 「社説：演説で首相の決意は伝わったか」『読売新聞』1998年2月17日。

(22) 「経済措置 "臨機応変" に―施政方針演説」『朝日新聞』1998年2月16日（夕）、「公務員の綱紀粛正徹底―首相が施政方針演説」『読売新聞』1998年2月16日（夕）。

(23) 「橋本首相の施政方針演説 全文」『朝日新聞』1998年2月16日（夕）。

(24) 「景気回復に内閣の命運―小渕首相 所信表明演説で強調」『読売新聞』1998年8月7日（夕）。

(25) 「焦点採録 代表質問―衆院10日」『朝日新聞』1998年8月11日。

(26) 「社説：首相演説―この座を何と心得る」同上、1998年8月8日。

(27) 「社説：実行で試される首相の決意」『読売新聞』1998年8月8日。

(28) 「経済 一両年で回復軌道に―小渕首相が所信表明演説」『朝日新聞』1998年8月7日（夕）、「景気回復に内閣の命運―小渕首相、所信表明演説で強調」『読売新聞』1998年8月7日（夕）。

(29) 「小渕首相の所信表明演説 全文」『朝日新聞』1998年8月7日（夕）。

(30) 「経済再生に内閣の命運―首相 臨時国会で所信表明」『読売新聞』1998年11月27日（夕）。

(31) 「首相、答弁踏み込めず」『朝日新聞』1998年12月3日。

(32) 「社説：総理、おたずねします」同上、1998年11月28日。

(33) 「社説：経済再生へ国会も気迫を示せ」『読売新聞』1998年11月28日。

(34) 「小渕首相の所信表明演説 要旨」『朝日新聞』19998年11月27日（夕）。

(35) 鈴木邦子〔2013年〕「小渕恵三」御厨貴編『増補新版 歴代首相物語』新書館、

第 4 章　1998 年の政治状況と「首相演説」

268 頁。
（36）濱賀、前掲書「小渕恵三内閣」藤本一美編『現代日本宰相論　一九九六年〜
　　二〇一一年』30 頁。

第Ⅵ部　阪神・淡路大震災、自民党復活、小泉長期政権

第5章　1999年の政治状況と「首相演説」

1　はじめに

　小渕内閣は1998年7月30日に発足した。当初、金融改革などでつまずいたものの、しかし、99年に入るや自由党や公明党との連立政権を樹立し、また、新しい日米防衛協力のための指針（ガイドライン）法の成立にこぎつけるなど、次々と懸案事項を処理していった[1]。

　まず、自民党と自由党との連立政権樹立に向けた協議は1998年11月に始まり、翌1999年1月14日には、①政府委員制度の廃止・副大臣制度の導入、②衆議院比例代表の定数を50削減、などで合意し、同日、自由党の野田毅幹事長を自治相に起用した小渕第一次改造内閣が発足した。

　他方で、小渕首相は7月7日、公明党の神崎武法代表に連立への参加を要請し、自民党、自由党および公明党の三党による連立協議が行われ、10月4日までに、①衆議院比例代表の定数20削減を次期国会で冒頭処理、②介護保険制度で高齢者負担軽減を取りまとめるなどで合意、10月5日、小渕第二次改造内閣が発足し、保守勢力が5年半ぶりに再結集した[2]。

　越えて9月21日、自民党の総裁選が実施され、自自公連立の是非が争点となった。総裁選に出馬したのは、小渕恵三総裁、加藤紘一元幹事長、および山崎拓元政調会長の三人で、結果は小渕の再選に終わった。その後、小渕は徹底的な報復人事を展開するなど、「人柄の小渕」とは異なる一面を見せつけた[3]。

　続いて、9月25日に民主党大会の党首選が行われ、これには、菅直人代表、鳩山由紀夫幹事長代理、および横道孝弘総務会長が立候補し、決戦投票で鳩山が菅を破り新代表に就任した。新たに発足した鳩山体制は旧党派とのバランスと党内融和に力点が置かれ、実際、鳩山新代表は、幹事長に羽田

196

第 5 章　1999 年の政治状況と「首相演説」

孜元首相、そして代表選激しく争った菅を総務会長に起用するなど挙党体制を敷き、総選挙への準備を進めた[4]。

　12 月 1 日から 3 日にかけて、村山富市元首相を団長とする 7 党が参加した超党派の北朝鮮訪問団が金正日朝鮮労働党総書記長に宛てた小渕首相の親書を携えて平壌を訪問した。村山訪朝団と朝鮮労働党との合意を受けて、日本政府は北朝鮮への制裁措置のうち、残っていた国交正常化交渉と食糧支援の凍結を解除したのである[5]。

　本章では、1999 年の政治状況を踏まえ、小渕改造内閣の課題に言及し、小渕首相による 1 月 19 日の施政方針演説および 10 月 29 日の所信表明演説の内容を検討することで、この年の政治的特色の一端を紹介する。

2　政治状況──自自公連立政権・自民党総裁選─
民主党党首選・村山訪朝団

　既に述べたように、1999 年 1 月 14 日に自民党と自由党との連立政権が発足、続いて 10 月 5 日には、公明党を加えた自自公三党による小渕連立第二次改造内閣が新たにスタートした。こうして、衆議院で 350 議席、参議院で 140 議席を有する「巨大与党」が出現し、小渕内閣は盤石な態勢を誇った。だが、政権運営の方は予想した以上に安定感を欠いていた[6]。

　当初、自民党内では、自社さ政権を支えてきた加藤紘一元幹事長や山崎拓元政調会長らが保守再編の動きを警戒し、「自自連立」に強く反対していた。しかし、最終的に国会運営の安定化のため、消極的な容認姿勢に転じた。小渕首相は自自連立に大きく舵を切った時点から自自公体制を視野に入れていた、といわれる。なぜなら、自自連立で衆議院では過半数を大きく上回る 300 議席以上を占めていたとはいえ、参議院では過半数に達していなかったからだ[7]。

　第 145 回通常国会末期の 8 月 31 日、紆余曲折を経て、定数削減法案が継続審議となり、小渕首相は自由党の小沢一郎党首および公明党の神崎武法代表と会談した。まず、自由党との間で定数削減法案について「次期国会冒頭で処理、次の総選挙から実施」で合意、次いで、公明党との間で、

197

第VI部　阪神・淡路大震災、自民党復活、小泉長期政権

公明党の連立入りで合意し、定数法案については三党間で改めて調整することになった[8]。

　こうした経緯を踏まえて、小渕首相は10月5日内閣改造を断行し、自民党、自由党、および公明党の三党による新連立政権を発足させた。巨大与党が実現したことについて、『朝日新聞』は「社説：巨大与党の危険なカケ」の中で、その特色を次のように論じた。

　　　この政権をひとりの人間に見立てると、公明党が足腰、自由党が頭、そして自民党は真ん中の胴体ということになるのではないか。公明党との連立には、創価学会の安定した集票力への期待が込められている。自由党の小沢一郎党首は、政策面で自分らの主張を押し通そうとするに違いない。間に入った自民党は、両党をうまく操り、政権を維持しようとするだろう。……連立の狙いは、衆参両院で過半数確保という国会運営上の数合わせにとどまらない。次の選挙を一体で戦い、与党の地位を守り抜く。ここに核心がある[9]。

　通常国会が閉幕した8月13日、小渕恵三、加藤紘一、および山崎拓の3人が9月21日に実施される自民党総裁選への出馬を正式に表明した。党内のほとんど派閥が小渕総裁の支持を表明し、小渕が絶対的に有利な情勢の下で、加藤と山崎は小渕の自自公路線を鋭く批判するなど、総裁選は路線闘争の色彩を呈した。投票結果は、党員・党友票を合わせて小渕が350票、加藤が113票、山崎が51票で、予想通り小渕の圧勝で終わった。総裁選後の自自公連立政権発足に伴う内閣改造では、加藤と山崎の両派は冷遇され、両派は非主流派に転じた[10]。

　既に述べたように、社会党の村山富市元首相を団長とする超党派議員団が12月1日、朝鮮民主主義人民共和国（北朝鮮）を訪問し、3日には朝鮮労働党との間で、日朝国交正常化交渉の早期再開を両国政府に促すことで合意した。両者は政府間交渉と平行して、食糧支援や日本人の拉致疑惑など人道問題を両国赤十字間で協議するという共同声明に署名、これを受けて、19日から22日にかけて、中国の北京において日朝赤十字と国交正

常化に向けた外務省局長級の予備会談が開かれ、7年間にわたって途絶えていた日朝政府間交渉への扉が開かれたのである⁽¹¹⁾。

超党派議員団の訪朝を受けて小渕首相は12月5日、首相公邸で河野外相らと会談、制裁措置解除を含めた対北朝鮮政策の検討を指示し、日本政府は12月14日、国交正常化交渉と食糧支援の凍結を解き、北朝鮮への制裁を全面的に解除した。超党派議員団の訪朝を契機に、日朝両国は関係改善の足掛かりを得たのだ。しかしである。肝心の拉致疑惑などでは、北朝鮮側が「行方不明者」の再調査に合意したものの、疑惑そのものは認めておらず、双方の間での溝は深く解決への方向は不明のままであった⁽¹²⁾。

3　小渕改造内閣

周知のように、小渕首相は1999年に入り、二度にわたり内閣改造に踏み切った。一度目は、自民党と自由党との連立を発表した上で1月14日、小渕内閣第一次改造を断行した。内閣改造では閣僚の数を2減の18とし、自治相に自由党の野田毅幹事長を充てた。もちろん、自由党との連立だけでは、参議院でなお過半数に達しないものの、しかし、連立が首相にとって強力な「追い風」となったのは間違いない⁽¹³⁾。

次いで10月4日、自自公三党は連立政権発足のための合意書をまとめ、5日、公明党を含めた第二次改造内閣がスタートした。自由党からは二階俊博が運輸相・北海道開発庁長官に、公明党からは続訓弘参院議員が総務庁長官として入閣した。また官房長官には、野中広務に代わって青木幹雄参院自民党幹事長が就任した。こうして、小渕内閣は1998年7月の発足以来、初めて衆参両院で多数派を確保することに成功し、衆議院で350議席、参議院で140議席を有する「巨大与党」へと変身を遂げたのである⁽¹⁴⁾。

だが、小渕首相の期待とは裏腹に政権運営の方は予想以上に安定感を欠く展開となったという。なぜなら、第二次改造内閣発足後、不祥事が続出し、また与党内の亀裂を反映し、内閣支持率が低下していったからだ。実際、朝日新聞の調査によれば、9月には51％であったが、10月は46％、

第Ⅵ部　阪神・淡路大震災、自民党復活、小泉長期政権

11 月は 41％、そして 12 月は 43％と内閣支持率は低迷ないし横ばい状態
であった。連立は必ずしも奏功しなかったともいえる⁽¹⁵⁾。

4　首相演説

①施政方針演説（1 月 19 日）

　第 145 回通常国会は 1 月 19 日に召集された。この国会は自民と自由両
党による連立政権が発足して初めての国会であり、小渕首相の施政方針演
説が国会召集当日の 19 日の午後に衆参両院の本会議場で行われた。その
概要は次の通りである。

　　　首相は 99 年を「経済再生元年」と位置づけ、あらゆる対策を 99
　　年度予算案に盛り込んだことを強調する一方で、99 年度は「日本経
　　済の実質成長率が 0.5％程度まで回復すると確信している」と語り、
　　経済危機を乗り切る強い意欲を示した。演説の骨子は、①「21 世紀
　　のあるべき国の姿」に関する有識者懇談会を早急に設け、次の世代に
　　引き継ぐべき指針をまとめる、②ガイドライン関連法案の早期成立・
　　承認が極めて重要、③ロシアとは 2000 年までに平和条約を締結する、
　　④少子化問題対応のため、国民会議を設ける、⑤生活空間倍増戦略プ
　　ランを決める―など⁽¹⁶⁾。

　首相演説に対する各党の代表質問が 1 月 20 日、まず衆議院本会議で行
われ、質問の第一陣に立った民主党の羽田孜幹事長は（自自）連立は国民
への背信だと責めた。小渕首相は「両党が切磋琢磨し、お互いが相乗的に
効果あらしめ、国民と国家に大きな役割を果たしていくことを確信してい
る」と答弁した⁽¹⁷⁾。
　『朝日新聞』は「社説：このやさしさがこわい」の中で、小渕首相の演
説について次のように論評した。

　　　……首相は演説で「21 世紀のあるべき国の姿」を討議する有識者

第5章　1999年の政治状況と「首相演説」

懇談会を設置することを明らかにした。奇妙な話である。まずみずからの「あるべき国の姿」を提示し、それを掲げて政権を運営する。それが、本来の為政者の姿であろう[18]。

一方、『読売新聞』は「社説：“討論する国会”へ向け始動せよ」の中で、首相演説を踏まえて自自両党に次のような注文をつきつけた。

　　自自両党は、次の国会から政府委員制度を廃止することで合意している。質疑あって討論なしといわれる国会審議を、政治家同士の討論の場にする狙いだ。……なによりも、双方向の討論が成立することは、野党の方も常に対案を持っていることが必要になる。一日も早く、“討論国会”の見本を見せてもらいたい[19]。

それでは次に、小渕首相による施策方針演説の中で①全体の特色と概要、②現状認識、③公約・理念、④課題への対策、および⑤諸外国との関係はどのように述べられていたのであろうか、検討する。

まず、①の全体の特色と概要だが、特色は来年度から0.5％の経済成長を公約として表明したことである。概要は、「はじめに」「基本認識」「21世紀への5つの架け橋」「世界への架け橋」「繁栄への架け橋」「安心への架け橋」「安全への架け橋」「未来への懸け橋」、および「むすび」から構成。②の現状認識については、悲観主義からの脱却を訴えていることであろうか。③の公約・理念に関しては、経済再生について強い意欲を示した点であろう。④の課題への対策としては、防衛指針（ガイドライン）関連法案の早期成立に意欲を示したことだ。⑤の諸外国との関係については、ロシアと来年までに平和条約を締結し、両国関係の正常化を謳っている[20]。

小渕首相の演説で注目すべきは、政策分野について「21世紀への五つの架け橋」を基本にして考えていくと述べたくだりである。それは、世界への架け橋、繁栄への架け橋、安心への架け橋、安全への架け橋、および未来への架け橋である[21]。

201

第Ⅵ部　阪神・淡路大震災、自民党復活、小泉長期政権

②所信表明演説（10月29日）

　第146回臨時国会が10月29日に召集された。それは、自民、自由、および公明の三党による連立政権が発足して以来初の国会であり、会期は12月15日までの48日間、召集日に衆参両院の本会議場で、小渕首相による所信表明演説が行われた。その概要は次の通りである。

　　　首相は「連立内閣こそが現下の最善の道」だとした上で、事業規模が10兆円を越える総合的な経済対策を構造改革につなげるように確約した。一方、茨城県東海村の臨界事故やオウム真理教への対策など、「安全」をキーワードに、当面の課題に取り組む姿勢を強調した。その半面で、西村眞悟前防衛政務次官の「核武装」「強姦」発言を冒頭で取り上げて陳謝し、介護保険問題については漠然とした内容に終始した[22]。

　首相演説に対する各党の代表質問が11月2日衆議院本会議で行われ、民主党の鳩山代表は自自公政権について「法を守る精神すら喪失したモラルハザード（倫理観の欠如）政権」「数合わせの野合」などと批判し、早期の衆議院解散・総選挙を求めた。小渕首相は「安定的で確固たる政権運営に全力を傾注すべきだ。解散はまったく念頭にない」と答弁した[23]。
　『朝日新聞』は「社説：これで信頼できようか」の中で、首相の演説を次のように批判した。

　　　……国民の不安に正面からこたえようとしない小渕首相の態度を突き詰めると、自民、自由、公明三党による新しい連立体制の根幹に行き着くように思えてならない。一言でいうなら、政権の維持を第一の目標とし、国民に対する説明責任は二の次にする体質といえよう[24]。

　一方、『読売新聞』は「社説：萎縮せず自由な討論を交わせ」の中で、首相演説に関して次のように論評した。

202

第 5 章　1999 年の政治状況と「首相演説」

　この国会から、閣僚に代わって官僚が答弁する政府委員制度が廃止
される。制度改革の趣旨は、国会を、野党による政府への「質疑」の
場から政治家同士の「討論」の場に変えるところにある。……実のあ
る「討論」とするためには、互いに多少の勇み足は許容し合うくらい
の心構えでなければならない。政治家個人としての意見と内閣の方針
とが違う場合についても、きちんと区別がついてさえいれば、それを
一律に問題とすべきではない⁽²⁵⁾。

　それでは、小渕首相による所信表明演説の中で①全体の特色と概要、②
現状認識、③公約・理念、④課題への対策、および⑤諸外国との関係はど
のように述べられていたのであろうか。
　まず、①の全体の特色と概要だが、特色は臨時国会の審議テーマを絞り、
訴えたいことを簡潔に重点化していることだ。概要は、「はじめに」「経済
新生に向けた理念ある総合的な政策」「安全な社会の実現」「将来にわたり
安心で活力ある社会の整備」、および「むすび」から構成。②の現状認識
については、自自公枠組みを最優先させるということか。③の公約・理念
としては、経済の「新生」を謳ったことであろう。④の課題への対策に関
しては、冒頭で、西村政務次官発言について陳謝したことである。⑤の諸
外国との関係については、米国はもとより、ロシア、中国、韓国、欧州諸
国を訪問し、信頼・協力関係を構築するという⁽²⁶⁾。
　今回の所信表明演説で興味を引くのは、小渕首相が政府の今取り組むべ
き課題として「経済」「安全」および「安心」のキーワードをくくり、理
解しやすくしている点である。字数も約 4,500 字、1981 年 9 月の鈴木首
相の所信表明演説（3,550 字）以来の短さで、言葉も平易であった⁽²⁷⁾。

5　おわりに

　最後に、小渕内閣下での日本外交に言及しておきたい。まず、日本外交
の基軸である日米関係では、日本周辺での武力衝突の際に自衛隊など米軍
への支援を可能にするガイドライン法が成立し、日米安保の「残された宿

第VI部　阪神・淡路大震災、自民党復活、小泉長期政権

題」の一つが決着したことである。次に、中国との関係では、小渕首相が7月に訪中し、98年の江沢民国家主席の訪日の際に歴史問題をめぐり、こじれた日中関係を修復した。ただ、エリツィン大統領の辞任により来日がキャンセル、そのため日ロ間の展望が開けなくなったのは痛かった。こうした状況の中で、4月に小渕首相が2000年7月に日本で開催する主要国首脳会議（サミット）を沖縄で開催することを決断したのである。なお、8月には日の丸・君が代を国旗・国歌とする法律が成立したが、それも小渕政権の外交成果の一つであった[28]。

　この点について、例えば、政治学者の鈴木邦子は「凡人」総理は思わぬところで、確固たる意思をもって決断をしたと、外交面を評価している[29]。一方、政治評論家の後藤謙次も、小渕・金大中による日韓関係やロシアのエリツィン大統領との日ロ関係については、「小渕外交の特色は"人柄の小渕"の性格そのままの気配りが随所にみられたことだ」と高い評価を与えている[30]。

注

(1)　星浩〔2000年〕「政治―概観：自自そして自自公で総選挙」『朝日年鑑　2000年版』朝日新聞社、48頁。

(2)　藤本一美〔2014年〕『日本政治の転換　1997-2013』専修大学出版局、31-32頁。

(3)　濱賀祐子〔2012年〕「小渕恵三内閣」藤本一美編『現代日本宰相論　一九九六年～二〇一一年』龍渓書舎、64頁。

(4)　後藤謙次〔2014年〕『ドキュメント　平成政治史2』岩波書店、65頁。

(5)　〔2000年〕「日本国―外交」『世界年鑑　2000年版』共同通信社、116-117頁。

(6)　金本裕司〔2000年〕「政治―トピックス　自自公連立政権」前掲書『朝日年鑑　2000年版』50頁。

(7)　藤本、前掲書『日本政治の転換　1997-2013』33-34頁。

(8)　金本、前掲書「政治―トピックス　自自公連立政権」『朝日年鑑　2000年版』51頁。

(9)　「社説：巨大与党の危険なカケ」『朝日新聞』1999年10月6日。

(10)「日本国―政治」前掲書『世界年鑑　2000年版』116-117頁、後藤、前掲書『ドキュメント　平成政治史2』60頁。

(11)　三浦俊章〔2000年〕「外交」前掲書『朝日年鑑　2000年版』68-69頁。

(12)　渡辺陽介〔2000年〕「遠い共同体に道、難問山積の日朝交渉」『読売年鑑

第 5 章　1999 年の政治状況と「首相演説」

2000 年版』読売新聞社、24 頁。

(13)　恵村順一郎〔2000 年〕「内閣」前掲書『朝日年鑑　2000 年版』66 頁。

(14)　金本、前掲書「政治―トピックス　自自公連立政権」『朝日年鑑　2000 年版』50 頁。

(15)　恵村、「内閣」前掲書『朝日年鑑　2000 年版』66 頁。

(16)　山田邦博・中西豊樹〔2000 年〕「国会」前掲書『朝日年鑑　2000 年』59 頁。

(17)　「焦点採録　代表質問」『朝日新聞』1999 年 1 月 21 日。

(18)　「社説：このやさしさがこわい」同上、1999 年 1 月 20 日。

(19)　「社説："討論する国会"へ向け始動せよ」『読売新聞』1999 年 1 月 20 日。

(20)　「悲観主義から脱却を―首相が施政方針演説」『朝日新聞』1999 年 1 月 19 日(夕)、「来年度 0.5％成長公約―首相施政方針演説」『読売新聞』1999 年 1 月 19 日（夕）。

(21)　「小渕首相の施政方針演説　全文」『朝日新聞』1999 年 1 月 19 日（夕）。

(22)　「経済 "新生" を強調―首相所信表明へ」同上、1999 年 10 月 29 日。

(23)　山田・中西、前掲書「国会」『朝日年鑑　2000 年』64 頁、「企業年金与野間で調整」『朝日新聞』1999 年 11 月 3 日。

(24)　「社説：これで信頼できようか」『朝日新聞』1999 年 10 月 30 日。

(25)　「社説：萎縮せず自由な討論を交わせ」『読売新聞』1999 年 10 月 30 日。

(26)　「自自公枠組みを優先―首相所信表明」同上、1999 年 10 月 29 日（夕）、「経済 "新生" を強調」『朝日新聞』1999 年 10 月」29 日（夕）。

(27)　「自自公枠組みを優先」『読売新聞』1999 年 10 月 29 日（夕）。

(28)　三浦、前掲書「外交」『朝日年鑑　2000 年版』68-69 頁、星、前掲書「政治―概観：自自そして自自公で総選挙」『朝日年鑑　2000 年版』48 頁。

(29)　鈴木邦子〔2013 年〕「小渕恵三」御厨貴編『歴代首相物語』新書館、270 頁。

(30)　後藤、前掲書『ドキュメント　平成政治史 2』79-80 頁。

第VI部　阪神・淡路大震災、自民党復活、小泉長期政権

第6章　2000年の政治状況と「首相演説」

1　はじめに

　周知のように、自民党、自由党、および公明党による三党連立政権は1999年10月5日に発足し、2000年1月20日に召集された第142回通常国会では、衆議院の比例代表定数20削減法案を成立させるなど一定の成果をあげた。しかし、その後、総選挙への対応をめぐって協議が決裂、自由党の小沢一郎党首が連立離脱を示唆した。そこで、小渕首相は4月1日、党首会談で自由党との連立解消を表明、自由党は分裂し、扇千景、野田毅らが「保守党」を結成した。翌2日未明、小渕首相は脳梗塞で倒れて緊急入院、4日には、小渕内閣が総辞職したのである。自民党は直ちに、森喜朗幹事長を後任の第85代首相に就任させて、5日、自民党、公明党および保守党による連立政権が発足した。なお、小渕恵三元首相は5月14日に死去、享年62であった[1]。

　森首相は6月2日、衆議院を解散し、第42回総選挙が25日に実施された。結果は、自民党が233議席に留まり、解散時の勢力から138議席も減らした。だが、自民党は公明党の31議席と保守党7議席を加えて271議席を確保し、安全な国会運営に必要な「絶対安定多数」の269議席を上回り、連立政権を堅持した。一方、野党の方は民主党127議席、自由党22議席、共産党20議席、および社民党が19議席獲得した。この他に、無所属の会5議席、自由連合1議席、無所属15議席であった[2]。

　なお、第142回通常国会において、衆参両院に「憲法調査会」が国会の正式機関として設置された。国会法の改正に伴い、設置された憲法調査会は衆議院50名、参議院45名で構成し、その目的は「日本国憲法について広範かつ総合的に調査を行う」とされている。法的目的はもっぱら"調

206

査機関"だと謳っているものの、改憲派の議員が中心となって憲法調査会の設置が実現した経緯からも明らかなように、設置の主たる政治的意図が憲法改正にあったのは否めない[3]。

本章では、2000年に展開された政治状況を踏まえて、退陣した小渕内閣を襲って新しく発足した森内閣の課題に言及する。その上で、国会における4回に及ぶ一連の「首相演説」の分析を通じて、この年の政治的特色の一端を紹介する。

2　政治状況─小渕内閣総辞職・森内閣発足・衆院解散─総選挙

既述のように、小渕恵三首相は4月2日、脳梗塞で倒れ入院を余儀なくされた。そこで、自民党執行部は間髪を入れずに、森喜朗自民党幹事長を党総裁に決め、次期首相に就任させた。しかしである。問題は、森幹事長を自民党総裁に決定する際に、その決定のプロセスが不明瞭で、自民党内の有力議員、つまり、青木幹雄官房長官、村上正邦参議院自民党議員会長、野中広務幹事長代理、亀井静香党政調会長、および森喜朗幹事長の5人が密室で決めたのではないかとの疑惑が浮上し、森政権誕生の「正当性」に疑問が提起されたのだ[4]。

もちろん、森喜朗の総裁選出は選挙によるものではなかったとはいえ、自民党の両院議員総会で選出されており、党内の正規の手続きを踏んだものであった。だが、政治評論家の後藤謙次が指摘するように、「（当初の段階で）正規の手続きを経ずに後継総裁が決まった代償はあまりに大きかった。この批判によって森は発足当初から厳しい政権運営を余儀なくされただけでなく最後までその批判から逃れることができなかった」[5]。

ちなみに、今回、小渕首相が緊急入院したことは、首相が倒れた場合の首相官邸の危機管理のあり方について一石を投じることになった。政府は、緊急事態を受けて、首相が急病などで異変が生じ職務が遂行できなくなった場合に備えて、臨時首相代理となる閣僚をあらかじめ定めておくことを決定した。原則として、官房長官は臨時代理を指名しておき、官房長

207

第VI部　阪神・淡路大震災、自民党復活、小泉長期政権

官に異変があった場合には、それに代わる閣僚の継承順位をそれぞれの内閣の判断で決めることにしたのだ。首相が在任中に入院・退陣に結びついた事例は、戦後では石橋湛山、池田勇人、および大平正芳の3回である。小渕首相の総辞職は、首相の意識不明が当分続くと見られた状況を、憲法第70条にいう「首相が欠けたとき」にあたると解釈し、総辞職した最初の事例となった[6]。

　森内閣は4月5日に発足した。だが、5月15日、森首相は神道政治連盟国会議員懇談会で挨拶した際に、「日本の国は、天皇を中心としている神の国であるということを国民の皆様に承知してもらう」と発言して物議を醸した。いうまでもなく、この発言は国民主権および信教の自由の観点から大きな批判を生み出した。そこで、森首相は26日、首相官邸で異例の記者会見を行い、「十分意を尽くさない表現により誤解を与えたことを深く反省し、心からおわびを申し上げる」と陳謝せざるを得なかった。こうした不用意な失言もあって、朝日新聞の世論調査によれば、発足直後の4月には内閣支持率は41%であったものが、6月には早くも19%まで下落する有様であった[7]。

　既に冒頭でも述べたように、森首相は6月2日に衆議院の解散を断行、25日に総選挙が実施されることになった。前回の総選挙から既に3年半以上も経過しており、永田町では小渕前政権頃から年内の衆議院解散・総選挙は既定の方針となっていた。4月5日に森内閣が発足してまだ2ヵ月あまり、これといった実績もなく、しかも「神の国」のような失言が続く中で、森首相は早々と“伝家の宝刀”である解散権を行使したのだ。小渕前首相の急病により、いわば「緊急事態」の中で政権の座に就いた森首相にとって、早期の解散・総選挙は既に敷かれた路線であった[8]。

　総選挙での争点は、通信傍受法や日米ガイドライン関連法（周辺事態法）に加えて、連立政権の枠組みや経済政策のあり方などであった。総選挙の結果は、自民党、公明党、および保守党の三党が選挙前の336議席から271議席へと65議席も大きく減らしたものの、過半数をどうにか維持できた。一方、野党第一党の民主党は95議席から127議席と32議席増大する大躍進、その他に自由党は22議席、社民党は19議席と善戦した。

第 6 章　2000 年の政治状況と「首相演説」

これに対して、公明党は 31 議席、共産党は 20 議席に留まり後退した⁽⁹⁾。

　今回の総選挙の結果について、『朝日新聞』は社説の中で次のように論じた。

　　やはり激動の世紀末というべきか。第 42 回総選挙で、自民党は改選前の席を大きく減らし、単独で過半数を獲得できなかった。実質的な敗北である。……有権者は、理念や政策の一致を後回しにして政権維持を優先させた“数合わせ”の連立に、厳しい審判を下したといえよう。その上で、“神の国発言”に始まり、指導者にあるまじき発言を繰り返す首相に、国民はあきれにも似た感情を抱いていた。そのことは、各種世論調査での内閣支持率の記録的な低調にはっきりと表れていた⁽¹⁰⁾。

　総選挙で投票率の方は小選挙区が 62.49％、比例代表が 62.45％で過去最低の前回を上回ったとはいえ、過去 2 番前の低さに留まった。投票時間の 2 時間延長と不在者投票の要件緩和が投票率上昇の追い風となったのは間違いない。今回の総選挙でも、結果を左右したのが無党派層の動きであったという。実際、無党派層は投票者の 19％を占めており、自民党支持の 34％に次ぐ勢力で、民主党がその多くの支持を得たのだ⁽¹¹⁾。

3　森内閣の課題

　2000 年 4 月 5 日に発足した森内閣の課題を述べる前に、森喜朗の経歴と人物を紹介しておこう。森喜朗は 1937 年 7 月 14 日、石川県能美市で元根本町長を務めた森茂喜の長男として生まれた。高校時代からラクビー部の主将を務め、スポーツ推薦で早稲田大学商学部の二部に入学。その後、雄弁部に入り、政治家を目指した。大学卒業後、産経新聞社に入社。1969 年無所属で石川第二区から衆院選に出馬し当選、当選回数は 14 回を数える。この間、文教族として活動し、文部大臣、通産大臣、および建設大臣を歴任した。また、自民党内では、政調会長、幹事長、および総務会

209

第Ⅵ部　阪神・淡路大震災、自民党復活、小泉長期政権

長を務めた。1998 年、三塚派の派閥を継承し、「森派」の会長におさまった。2000 年 4 月、自民党総裁・首相となる。2001 年 4 月に辞任[12]。

　政治家としての森喜朗の素質については、行政学者の根本俊雄が次のように説明している。

　　　森氏は闘争型の政治家ではなく、調整型の政治家なのである。森氏もそのように自認している。各党間の利害を調整することによって成り立つ連立政権時代に最もふさわしい政治家、それが森喜朗氏といってよいだろう[13]。

　森首相の行動に関しては、"首相の資質"に関する議論が学会やマスコミでにぎわったのが記憶に新しい。この点について根本は「首相として必要な要素として森氏に備わっているのは"経験"であり、そこから導きだされる調整能力である。……会長として（派閥・清和会）、それをまとめてきたことからわかるように"人心掌握力"もある」と指摘している[14]。
　確かに、森喜朗は派閥の長でありながら、これまで総裁選に一度も立候補した経験がなく、政権構想はもとより、どのような思想の持ち主であるかを我々は知らなかった。森はもっぱら小渕政権の政策を継承することで政権の正当性を強調し、小渕内閣の全閣僚を再任したのである[15]。
　森首相は懸案であった 7 月 21 日から予定されていた沖縄サミットを成功に導く一方、公共事業予備費の早期執行などで景気を安定した回復軌道に乗せることで政権浮揚を図り、2001 年秋の自民党総裁選で再選をねらう戦略を描いていた。しかしである。後述するように、党内では、翌年の参議院選や総裁選を睨んで、「軽率な言動が目立つ森首相の下で参院選に臨むのは危険だ」（加藤紘一派幹部）との批判の声があった[16]。

4　首相演説

①施政方針演説（1 月 28 日）

　第 147 回通常国会は 1 月 20 日に召集、28 日には小渕首相による施政

第 6 章　2000 年の政治状況と「首相演説」

方針演説が衆参両院の本会議場で行われた。だが、会期の冒頭で、衆議院
比例定数 20 削減の処理をめぐり与野党の対立が激化し、そのあおりを食っ
て憲政史上初めて、本会議に野党が欠席したままで、首相演説や衆参の代
表質問が行われる異常事態となった[17]。なお、小渕首相による施政方針
演説の骨子は次の通りである。

　　首相は当面の経済運営について、景気回復を最優先する立場から、
引き続き積極財政路線を堅持する考えを強調。景気回復を図ったうえ
で、財政構造改革に乗り出すとの意向を表明した。また、教育改革を
内閣の最重要課題と位置づけ、積極的に取り組む考えを示した。7 月
の主要国首脳会議（沖縄サミット）の成功に全力を挙げることも強調
した。首相はまた、従来の積極財政路線を継続する見解を改めて打ち
出すとともに「本格的な景気回復と（経済）構造改革の二つをともに
実現するために、力の限り立ち向かう」と述べ、「経済新生」に全力
を挙げて取り組む考えを表明した。さらに、民主党や自民党非主流派
などが求めている財政再建路線への転換については、「財政再建は重
要だが、足元を固めることなく、景気を本格軌道に乗せる前に取りか
かるという過ちを犯すべきでない」と牽制した。その上で、次の課題
として、「わが国経済が低迷を脱し、将来世代のことも展望した議論
に取り組む環境を整え、そのうえで財政構造改革という大きな課題に
立ち向かいたい」との意向を明らかにした[18]。

　首相演説に対する代表質問は 31 日から、まず衆議院本会議で行われ、
異例なことに自民党の森喜朗幹事長が質問の第一陣に立ち、戦後教育の理
念の再考を迫った。小渕首相から、教育国民会議で根本的教育改革に取り
組む、という答弁があった[19]。
　『朝日新聞』は「社説：施政演説　お手軽にすぎないか」の中で、今回
の首相演説を次のように批判した。

　　まとまった考えをぜひ聞きたいのに、言葉は表面的でとらえどころ

211

第VI部　阪神・淡路大震災、自民党復活、小泉長期政権

がない。何かといえば有識者懇談会や国民会議をつくり、重要な政策判断も「丸投げ」というのでは、演説の内容もむなしく響く。結局のところ、首相に欠けているのは、政治の変革に挑む断固たる意志と責任感ではないか、と思わざるをえない[20]。

　一方、『読売新聞』もまた「社説：五つの挑戦も国会が揺れては」の中で、首相演説に次のような注文をつけた。

　　　しかし、施政方針演説の狙いは、その内閣がこれから実施しようとしている政策を説明し、理解を求めることにある。この観点からすれば、首相の踏み込み不足は否定できない。首相は今後の国会審議で、これらの問題について率直、具体的に語ってほしい。野党の参加も不可欠だ。国民の政治不信をこれ以上、増大させてはならない[21]。

　それでは、小渕首相による施政方針演説の中で①全体の特色と概要、②現状認識、③公約・理念、④課題への対策、および⑤諸外国との関係はどのように述べられていたのであろうか、検討する。
　まず、①全体の特色と概要である。特色は取り組む課題として、創造、安心、新生、平和、および地球への「挑戦」と五つの挑戦を謳ったことであろう。概要は、「はじめに」「創造への挑戦」「安心への挑戦」「新生への挑戦」「平和への挑戦」「地球への挑戦」、および「むすび」から構成。②の現状認識については、積極財政を堅持すると述べたことであろうか。③の公約・理念に関しては、「教育改革国民会議」を立ち上げ教育立国をめざすという。④の課題への対策としては、7月の九州・沖縄サミット成功に全力を投入するということか。⑤諸外国との関係については、ロシアの新しい指導者との間で、今年中の平和条約締結に力を尽くすと謳う[22]。
　小渕首相の演説で光っていたのは、「むすび」の中で、国会に自民党が願う憲法調査会を設置したことについて言及した次のくだりである。

　　　今国会から衆参両院に憲法調査会が設置されました。国民の負託を

第 6 章　2000 年の政治状況と「首相演説」

受けた真の有識者である国会議員の皆様による、幅広い議論が展開されるものと期待しております[23]。

②所信表明演説（4 月 7 日）

第 147 回通常国会開催中の 4 月 2 日、小渕首相が脳梗塞で倒れ、4 月 5 日には、森内閣が発足、森首相は就任 2 日後にして、所信表明演説を行うはめとなった。その概要は次の通りである。

　　首相は就任後初の所信表明演説の中で、小渕前首相の政治を継承した新内閣を「日本新生内閣」だと位置づけた。その際、焦点は教育改革であって「教育改革国民会議」の中間報告を今夏に求め、国民的運動を展開する考えを表明した。また、有事法制の整備については、戦後の歴代首相の国会演説で初めて言及し、自民、公明、保守の与党三党の意向を踏まえて対応を検討する方針を示した[24]。

首相演説などに対する各党の代表質問は 10 日からまず衆議院本会議で行われ、質問の第一陣に立った民主党の鳩山由紀夫代表は、前首相の入院後の経緯が疑問であると質した。森首相は「事態の推移を見極めながら対応してきた。空白の 24 時間という指摘はあたらない」と答弁した[25]。

『朝日新聞』は「社説：暫定色いよいよ濃く」の中で、森首相の演説について次のような懸念を示した。

　　就任したばかりの森喜朗首相が、衆参両院で所信表明演説を行った。小渕恵三前首相の病気退陣を受けて、慌ただしく組閣してから、わずか 2 日後である。準備不足はやむをえないとしても、自らの率直な思いを議員や国民に訴え、新政権の発足を印象づけるのが目的だったはずだ。その狙いははたされただろうか。新しい政権を「日本新生内閣」と名付け、「安心して暮らせる国家」などいくつかのキャッチフレーズを使って、首相なりのめざすべき国家像を描こうとはした。しかし、何のためにいま首相に就任したのかは、最後まで読みとれなかったと

213

第Ⅵ部　阪神・淡路大震災、自民党復活、小泉長期政権

いうほかない[26]。

一方、『読売新聞』は「社説："日本新生"の肉づけを急げ」の中で、首相の演説を次のように批判した。

　　首相として初めて行う国会演説は、自らの政治哲学や理念、カラーを打ち出そうと想を練り、知恵を絞るのが普通だ。演説を聞く方も、新政権が何をめざすのかに関心を集中させる。ところが、森新首相の所信表明演説は、「前首相の志を引き継ぐ」といったたぐいの表現が随所に見られるなど、小渕前内閣の路線・政策の継承ばかりを印象づけた。異例の首相演説と言っていい。……「選挙管理内閣」との評を払拭するためにも、首相は「日本新生」の具体的肉付けを急がなければならない[27]。

　それでは、森首相による初の所信表明演説の中で①全体の特色と概要、②現状認識、③公約・理念、④課題への対策、および⑤諸外国との関係はどのように述べられていたのであろうか。
　まず①全体の特色と概要である。特色は教育改革へ国民運動を展開するということか。概要は、「はじめに」「時代認識」「安心して夢を持って暮らせる国家」「心豊かな美しい国家」「世界から信頼される国家」、および「むすび」から構成。②の現状認識については、森内閣を「日本新生内閣」を謳っていることだろう。③の公約・理念に関しては、歴代首相として初めて有事法制に言及したことだ。④の課題への対策としては、「安心して夢を持ってくらせる国家」「心の豊かな美しい国家」「世界から信頼される国家」という具合に三つの国家の実現を目指す考えを打ち出した点である。⑤の諸外国との関係については、日米関係を基軸とした北東アジア諸国との平和創造への努力を強調している[28]。
　なお、今回の森首相の所信表明演説で唯一「森カラー」らしさが見られたのは、上で述べたように、新内閣が取り組む課題について、いわゆる"三つの国家像"の実現を目指す考えを明確に打ち出したことである[29]。

③所信表明演説（7月28日）

既述のように、衆議院の総選挙を受けて第148回特別国会が7月4日に召集、森首相は衆参両院の本会議で第86代、55人目の首相に選出され、同日、森首相は自民、公明、および保守三党の連立による第二次森内閣を発足させた[30]。特別国会では、院の構成のみが行われ6日に閉会。続いて28日、第149回臨時国会が召集され、同日、衆参両院の本会議場において森首相による所信表明演説が行われた。その概要は次の通りである。

　　　首相は、1947年3月に施行された教育基本法の抜本的改正の必要性について、歴代首相として初めて言及し、法改正に強い意欲を表明した。また、IT（情報技術）革命への取り組みなど「日本新生プラン」の実現に全力を尽くす考えをなど示した[31]。

首相演説に対する代表質問が7月31日にまず衆議院本会議で行われ、代表質問の第一陣に立った民主党の鳩山由紀夫代表は大手百貨店そごうの「瑕疵担保特約は破棄すべきで、そのための交渉をすべき」だと迫った。森首相は「今回の問題を教訓に、企業再建はあくまで自己責任が原則で、公的資金を用いた破綻処理の過程で債権放棄は安易に認めるべきでない」との認識を示した[32]。

『朝日新聞』は「社説：所信表明　言葉は胸に響いたか」の中で、首相演説を次にように批判した。

　　　……小渕政権の継承という枠を抜け出し、「森カラー」を大いにアピールする決意で（演説に）臨んだに違いない。随所に「心の問題」を持ち出し、「心豊かな日本」をめざす姿勢を強調したのも、その表れだろう。しかし、そうした思いはどれほど国民の胸に響いただろうか[33]。（カッコ内、引用者）

一方、『読売新聞』も「社説：国民に分かる言葉で語ったか」の中で、

第Ⅵ部　阪神・淡路大震災、自民党復活、小泉長期政権

首相演説を一部評価した上で、次のような懸念を示した。

　　　首相が示した改革プログラム……は時代にマッチしたキャッチフ
　レーズとは言えるだろう。問題はその中身だ。首相は、わが国の政治、
　経済、社会などすべてが老朽化しているとし、「時代の求めにこたえ
　られない」構造的問題が目立つと指摘した。この現状認識は的確だ。
　だが、一筋縄ではいかない構造的な諸課題に、どのような優先順位で、
　どんな糸口から、いかなる戦略で対処しようとするのだろうか。この、
　まさに核心部分が、多くはあいまいな指針や既述のままでとどまって
　いたのは物足りず、残念だ [34]。

　それでは、森首相による二度目の所信表明演説の中で①全体の特色と概
要、②現状認識、③公約・理念、④課題への対策、および⑤諸外国との関
係はどのように述べられていたのであろうか。
　まず、①の全体の特色と概要だが、特色は教育基本法の抜本的改正に強
い意欲を示したことであろう。概要は、「はじめに」「九州・沖縄サミット
の報告」「日本新生プラン」「経済の新生」「社会保障の新生」「教育の新生」
「政府の新生」「外交の新生」、および「むすび」から構成。②の現状認識
については、ITを景気の起爆剤にすると謳ったことであろうか。③の公約・
理念に関しては、「日本新生」の実現に全力を投入するという。④の課題
への対策は、何よりも噴火・地震で被災した住民の生活支援や復旧復興対
策に全力で取り組むという。⑤の諸外国との関係については、サミットの
成果を踏まえて、日米関係、ロシアとの関係、および中国との関係に多く
言及している。
　今回の森首相の演説で目立っていたのは、「日本新生プラン」の実現を
中心に据えた上で、これを経済、社会保障、教育、政府（行政改革）、お
よび外交の五つの分野に分けて説明したことだろう [35]。

④所信表明演説（9月21日）
　第150回臨時国会が9月21日に召集、同日、森首相による所信表明演

第 6 章　2000 年の政治状況と「首相演説」

説が行われた。首相就任後半年足らずで三回目の所信表明とあって、内容
も新味に乏しく、約 1 万 1,500 字という長文となったわりには、メリハリ
が乏しいと批判された[36]。演説の概要は以下の通りである。

　　首相は経済運営について当面は景気回復に軸足を置く必要性を強調
　しつつ、財政投入は「限定的範囲」にするとし、財政構造改革への準
　備を進める考えを示した。また、財政再建路線への転換にも含みを持
　たせた。政権の看板である情報技術（IT）では、日本型 IT 社会を目
　指した「E- ジャパン」構想を掲げ、「五年後にはわが国を世界の情報
　通信の最先端国家に仕上げる」という目標を掲げた。経済政策につい
　ては、財政構造改革に向けて、かじを切る準備段階であることを示し
　た。年金や医療、介護など社会保障制度については、社会保険方式の
　堅持を主張した。また、教育改革については、教育改革関連法案を提
　出する方針など、を表明した[37]。

　首相演説に対する代表質問は、まず 9 月 25 日から衆議院本会議で行わ
れ、質問の第一陣にたった民主党の鳩山由紀夫代表が情報技術（IT）革
命や教育改革などについて、森首相に質した。首相はあっせん利得処罰法
案の成立に意欲を示した[38]。
　『朝日新聞』は「社説：奇妙な安定の中の攻防」の中で、首相演説を次
のようにけなした。

　　首相の演説はこれからの懸案処理について「結論を出していただき
　たい」。「議論を進めていただきたい」と、党任せの表現が目についた。
　どのように指導力を発揮しようとしているのか伝わらず、迫力に欠け
　る[39]。

　一方、『読売新聞』は「社説：臨時国会　21 世紀の日本への大局的な論
議を」の中で、首相演説について物足りない点が大きかったとして、次の
ような苦言を呈した。

217

第Ⅵ部　阪神・淡路大震災、自民党復活、小泉長期政権

　　　時代の変化が加速している時、必要なのは改革のスピードだ。政策
　　立案に民間の知恵を借りる手法は必要だ。が、それだけに頼っていて
　　改革が遅れるようでは、21世紀の日本は最初からつまずくことにな
　　る。時機を逃がさず果断に実現していく首相のリーダーシップが不可
　　欠だ[(40)]。

　それでは、森首相による三度目の演説の中で①全体の特色と概要、②現
状認識、③公約・理念、④課題への対策、および⑤諸外国との関係はどの
ように述べられていたのであろうか、検討する。
　まず、①の全体の特色と概要だが、特色はIT推進に「国民運動」をと
謳っていることであろうか。概要は、「はじめに」「IT革命」「教育改革」「社
会保障改革」「経済の再構築」「社会システムの再構築」「日本外交」、およ
び「二十一世紀へ」から構成。②現状認識に関して、医療、年金、介護な
どの社会保障は「横断的・総合的見直しを進めることが必要だ」と指摘し
ている。③の公約・理念ついては、情報通信分野で5年後に日本が最先端
国家になるという。④の課題への対策としては、いわゆる日本型IT社会
を目指した「E-ジャパン」構想を掲げていることか。⑤の諸外国との関
係については、日米安保体制の重要性を指摘した上で、アジア諸国との友
好関係に多く言及している。
　今回の森首相の演説で注目すべきは、所信表明演説全体の三分の一が情
報技術（IT）革命と教育改革といった、いわば「二枚看板」で占められ
ていたことである[(41)]。
　2000年には、何と首相演説が4回も行われたのである。ただその内容が、
必ずしも国民の大きな関心を呼んだとはいえない。

5　おわりに

　衆議院の総選挙が6月25日に終了した半年後の11月10日、森内閣へ
の批判を強めていた加藤紘一元自民党幹事長が森首相の退陣を求め、もし

受け入れられない場合には、民主党など野党四党が提出する内閣不信任案に同調する可能性を示唆した。いわゆる「加藤の乱」の始まりである。しかしである。その動きは党執行部の切り崩しに遭い、本会議を欠席するにとどまった。内閣不信任案は反対237票、賛成190票で否決された。なお、欠席者は52人に達した[42]。

　加藤の乱の影響について、政治学者の佐道明広は、確かに「加藤の乱は不発に終わったものの、だが、その後、森内閣の低迷は続き、存続自体が厳しくなった」と述べている。結論的にいえば、加藤の乱は、森内閣不信任案の否決で加藤紘一側の敗北に終わったものの、しかし、それが必ずしも森内閣の信任につながったわけではなかったことだ[43]。

注

(1)　松田吉史〔2001年〕「政治」『世界年鑑　2001年版』共同通信社、135頁。

(2)　藤本一美・酒井慶太〔2017年〕『衆議院の解散・総選挙―決断の政治』志學社、176-177頁。

(3)　藤本一美〔2014年〕『日本政治の転換　1997-2013年』専修大学出版局、44頁。

(4)　佐道明広〔2012年〕『現代日本政治史5　「改革」政治の混迷』吉川弘文館、114頁、根本俊雄〔2012年〕「森喜朗首相」藤本一美編『現代日本宰相論　一九九六年～二〇一一年の日本政治』龍渓書舎、91頁。

(5)　後藤謙次〔2014年〕『ドキュメント　平成政治史2』岩波書店、106頁。これ以降、首相（総裁）の退陣劇では必ず総裁選が実施されるようになったという（同上、107頁）。

(6)　尾山宏「特集：小渕政権から森政権へ」『読売年鑑　2001年版』読売新聞社、122頁。

(7)　佐道、前掲書『現代日本政治史5　「改革」政治の混迷』115頁。

(8)　藤本、前掲書『日本政治の転換　1997-2013』47頁。

(9)　藤本・酒井、前掲書『衆議院の解散・総選挙―決断の政治』180頁。

(10)　「社説：『数合わせ』への一撃だ　総選挙・自公保劇減」『朝日新聞』2000年6月26日。

(11)　「選挙―第42回総選挙」前掲書『読売年鑑　2001年版』128頁。

(12)　藤本・酒井、前掲書『衆議院の解散・総選挙―決断の政治』177頁。

(13)　根本、前掲書「森喜朗首相」藤本一美編『現代日本宰相論　一九九六年～二〇一一年の日本政治』80頁。

(14)　同上、106頁。

第VI部　阪神・淡路大震災、自民党復活、小泉長期政権

(15) 金指正雄〔2001年〕「森喜朗」宇治敏彦編『首相列伝　伊藤博文から小泉純一郎まで』東京書籍、370頁。

(16) 小林弘平〔2001年〕「特集；自公保連立に批判　ミレニアム衆院選」前掲書『読売年鑑　2001年版』121頁。

(17) 「国会」同上、124頁。

(18) 「施政演説　積極財政を堅持」『読売新聞』2000年1月28日（夕）。

(19) 「焦点採録　代表質問」『朝日新聞』2000年2月1日。

(20) 「社説：施政演説　お手軽にすぎないか」同上、2000年1月29日。

(21) 「社説：五つの挑戦も国会が揺れては」『読売新聞』2000年1月29日。

(22) 「施政方針演説の骨子」『朝日新聞』2000年1月28日（夕）、「施政演説」『読売新聞』2000年1月28日（夕）。

(23) 「小渕首相の施政方針演説　全文」『朝日新聞』2000年1月28日（夕）。

(24) 「教育改革へ国民運動―首相が所信表明演説」『読売新聞』2000年4月7日（夕）。

(25) 「焦点採録　代表質問」『朝日新聞』2000年4月11日。

(26) 「社説：暫定色いよいよ濃く」同上、2000年4月8日。

(27) 「社説："日本新生"の肉づけを急げ」『読売新聞』2000年4月8日。

(28) 「教育改革へ国民運動―森首相が所信表明演説」同上、2000年4月7日（夕）。『朝日新聞』は解説の中でも、森首相の演説について、準備不足を指摘して次のような苦言を呈している。「演説を取りまとめた政府高官は『小渕首相の政策を継承して、発展させること』を基本姿勢としたという。確かに1年8ヵ月余り自民党幹事長として小渕政権を支えてきたわけだから『残された課題をきっちり実行していくのが目的』というのもわかる。実際、演説を読むと、今年1月に前首相が行った施政方針演説とほとんど同じだ」（「真空ぶりまで継承」『朝日新聞』2000年4月7日（夕））。

(29) 「教育改革へ国民運動―森首相が所信表明演説」『読売新聞』2000年4月7日（夕）、「真空ぶりまで継承」『朝日新聞』2000年4月7日（夕）。朝日新聞は三つの国家像についても、「内容はありきたりで、一国の首相が語るには、あまりにも平板で無味乾燥だ」と突き放している（同上）。

(30) 「国会」前掲書『読売年鑑　2001年版』124頁。

(31) 「教育基本法改正　首相が強い意欲―臨時国会　所信表明演説」『読売新聞』2000年7月28日（夕）。

(32) 「焦点採録　代表質問」『朝日新聞』2000年8月1日。

(33) 「社説：所信表明　言葉は胸に響いたか」同上、2000年7月29日。

(34) 「社説：国民に分かる言葉で語ったか」『読売新聞』2000年7月29日。

(35) 「ITを景気起爆剤に―首相所信表明へ」『朝日新聞』2000年7月28日（夕）、「教育基本法改正　首相が強い意欲」『読売新聞』2000年7月28日（夕）。

第 6 章　2000 年の政治状況と「首相演説」

(36)「情報通信 5 年後最先端国家に―首相所信表明」『朝日新聞』2000 年 9 月 22 日、
　　「総花的　森カラー今一つ」『読売新聞』2000 年 9 月 22 日。

(37)「情報通信 5 年後に最先端国家に―首相所信表明」『朝日新聞』2000 年 9 月 22 日。

(38)「与野党揺れる秋の陣―国会論戦スタート」同上、2000 年 9 月 26 日。

(39)「社説：奇妙な安定の中の攻防」同上、2000 年 9 月 22 日。

(40)「社説：臨時国会　21 世紀の日本への大局的な論議を」『読売新聞』2000 年 9
　　月 21 日。

(41)「求心力の維持に躍起―首相の所信表明」『朝日新聞』2000 年 9 月 22 日。

(42)「政党・会派」前掲書『読売年鑑　2001 年版』148 頁。

(43)佐道、前掲書『現代日本政治史 5　「改革」政治の混迷』118 頁、根本、前掲書
　　「森喜朗首相」藤本一美編『現代日本宰相論　一九九六年～二〇一一年の日本政治』
　　105 頁。加藤の乱の経緯については、後藤、前掲書『ドキュメント　平成政治史 2』
　　140 頁以下に詳しい。

221

第VI部　阪神・淡路大震災、自民党復活、小泉長期政権

第7章　2001年の政治状況と「首相演説」

1　はじめに

　米国ハワイ沖において日本時間の2月10日午前、米国の原子力潜水艦グリーンビルと愛知県立和島水産高校の漁業実習船えひめ丸が衝突事故を起こし、えひめ丸は沈没、教員5人と生徒4名が死亡した。森喜朗首相は直ちに知らせを受けたものの、当時、森首相は横浜市内のゴルフ場でプレー中であり、ゴルフを続行し直ちに公邸に戻らなかった。そのため、森首相の行動を批判する世論が沸き起こった。実際、同月末の共同通信社の世論調査によれば、内閣支持率が7%に急落し、不支持率は82%にも達したのである[1]。

　こうした状況の中で、3月5日、衆議院では野党から森内閣不信任決議案が提出された。しかし、連立与党などの反対多数で否決された。だが、7月29日に予定されている参議院通常選挙への影響が懸念され、連立を組む公明党だけでなく、自民党内からも森首相の退陣を求める声が高まった。そこで3月10日、森首相は首相官邸で党五役と会談、9月まで任期の党総裁を途中で辞任することにより、総裁選を前倒しする意向を示し、事実上、退陣を表明した[2]。

　自民党は4月11日、総裁選を告示した。これには、小泉純一郎元厚相、橋本龍太郎元首相、亀井静香党政調会長、および麻生太郎経済財政担当相の4人が立候補した。24日に実施された総裁選の結果は、郵政民営化などに象徴される「構造改革路線」を強く打ち出した小泉が国会議員票346人と地方代表票141人の投票を獲得して第20代の自民党総裁に選ばれ、26日には、国会で第87代の首相に指名された。小泉首相の人気は高く、内閣発足直後の読売新聞の調査によれば、内閣支持率が87.1%という空

222

前の数字を記録した[3]。

　第 19 回参議院通常選挙（以下、参院選と略す）が 7 月 12 日に公示、7 月 29 日に実施され、自民党は "小泉人気" を背景に改選議席 61 を上回る 64 議席（選挙区 44、比例 20）を獲得して大勝利を収めた。また、公明党も改選議席の 13 議席を確保、保守党は 1 議席、与党三党で参議院の過半数 62 議席を大きく上回り、小泉政権の安定度は増した。自民党の躍進は、小泉首相のいう「聖域なき構造改革路線」に国民が信任を与えたものと見られた。一方、野党の民主党は 26 議席と伸び悩み、自由党は倍増の 6 議席、共産党は 5 議席、社民党は 3 議席に終わった。自民党は 8 月 10 日両院議員総会で小泉総裁を再選、内閣改造もないまま連立政権を堅持した[4]。

　米国で「9・11 同時多発テロ」が勃発した。これを受けて、政府は「目に見える貢献」を急ぎ、10 月 29 日、「テロ対策特別措置法」（以下、テロ特措法と略す）関連 3 法を成立させた。また、アフガニスタン停戦合意後の「国連平和維持活動（PKO）」の本体業務への参加を自衛隊ができるように PKO 改正案を提出し、12 月 7 日に成立した。こうして、日米間の防衛協力は一層進展することになった[5]。

　さて、本章では、2001 年の日本の政治状況を踏まえて、森内閣退陣の経緯、次いで、新たに政権を担当した小泉内閣の政治課題に言及する。その上で、国会における一連の「首相演説」の分析を通じて、この年の政治的動向の一端を紹介する。

2　政治状況──森内閣退陣──小泉内閣発足・参院選挙・テロ特措法

　1 月 6 日、1 府 12 省庁体制の発足により首相官邸サイドが強い制度と権限を有することになった。しかしである。森首相は外務省機密費流用問題、米原潜追突による日本の練習船の沈没時のゴルフ問題、自身のゴルフ場会員権問題、加えて数々の失言など、また、回復するどころか悪化する一方の経済的状況の中で、内閣支持率は低迷を余儀なくされ、もうこれ以上、森首相には政治を任せられないという国民の声を受けて、辞任へと追

223

第VI部　阪神・淡路大震災、自民党復活、小泉長期政権

い込まれていった[6]。

　既述のように、2月10日、ハワイ沖で日本の高校の実習船「えひめ丸」が沈没し、日本人9名が死亡するという痛ましい事故が発生した。事故の知らせを受けた森首相は当時ゴルフを行っており、ゴルフ場で待機していた。だが、事故の報道の中で、森首相のゴルフをプレーする姿が繰り返し報道され悪印象を残した。この件を記者団から問われた首相は「プライベート」だと答え、批判が拡大した。また、ゴルフ場の会員権が知人から無償で借り受けて自分名義となっており、批判を増幅させた。一方、事故を起こした米国のジョージ・W・ブッシュ大統領の方は「事故の責任はすべてアメリカ側にある」と謝罪、マスコミはこれを異例の早い対応だと評価した。そのため、日本側、特に森首相側の事後処理の印象を一層悪化させたのは否めない[7]。

　こうして追及の矛先は森首相の進退問題にまで発展し、3月5日、衆議院で内閣不信任決議案が、また13日には、参議院で首相問責決議案が提出される事態となった。確かに、両決議案はいずれも否決されたものの、しかし、自民党内から“森降ろし”の声が日増しに高まり、結局、4月6日、森首相は2001年度当初予算成立後に、閣僚懇談会で正式に退陣表明をせざるを得なかった[8]。

　森首相の退陣表明を受け、4月12日、小泉純一郎元厚相が橋本龍太郎、麻生太郎、亀井静香と共に自民党総裁選に出馬した。小泉は総裁予備選で派手な選挙戦を展開し、“自民党をぶっ壊す”“私の政策を批判する者はすべて抵抗勢力だ”と熱弁を繰り返し、街頭演説では多数の観衆が押し寄せ、閉塞した状況の中で変化を渇望していた国民の圧倒的支持を得て、「小泉旋風」を巻き起こした。小泉は予備選挙では地滑り的な大勝利を手にし、4月24日の本選挙でも圧勝して自民党総裁に選出され、4月26日、国会での首班指名選挙で公明党、保守党、および無所属の会などの支持を得て首相に就任したのである[9]。

　小泉首相は組閣に際しても、慣例となっていた派閥の推薦を一切受け付けず、閣僚・党人事を全て自分で決め、“官邸主導”の流れを作り、従来の派閥順送り型人事を排除した。実際、少数派閥の山崎拓を幹事長に起用

224

第 7 章　2001 年の政治状況と「首相演説」

する一方で、多数派閥の橋本派から党三役を起用しなかった。ちなみに、第一次小泉内閣では 5 人の女性が閣僚に任命された。小泉首相は持論である郵政三事業の民営化を"改革の本丸だ"と位置づけた。こうして、小泉内閣発足時の内閣支持率は読売新聞の調査によれば、何と 87.1％を記録し、戦後では歴代第一位を誇ったのである[10]。

　既に述べたように、第 19 回参院選は 7 月 12 日に公示、29 日に投開票が行われた。小泉内閣が発足して初めての国政選挙であり、選挙の争点は、小泉首相が掲げる構造改革路線をめぐる是非であった。結果は、自民、公明、および保守党連立政権の勝利に終わり、小泉人気を背景に、自民党は無党派の支持を大幅に増大させたことが、自民党の大勝利につながった[11]。

　自民党は選挙区と比例区を合わせて 64 議席を獲得し民主党の 26 議席に大きく差をつけて勝利したのだ。非改選を合わせた与党全体の議席数は139 議席となり、過半数の 124 を超えた安定過半数を手にしたのである[12]。

　朝日新聞は社説の中で参院選の結果について、次のように総括した。

　　　有権者は構造改革に伴う"痛み"にためらいつつも、"日本改革のラストチャンス"と思いを込めて、小泉政権の改革断行を支持したと見るべきであろう[13]。

　米国の同時多発テロを受けて、米軍などの軍事行動を支援するためのテロ特措法などの関連法が 10 月 29 日、参議院本会議において与党三党の賛成多数で可決・成立した。こうして、1991 年 8 月の湾岸戦争で本格化した自衛隊の海外派遣論は、戦時に隣接する外国領土への派遣も可能とする同法の成立で大きな転換を迎えた。それは、海外での自衛隊の抑制的な作戦に意を注いできた従来の対応とは明らかに一線を画するものであって、9.11 同時多発テロの衝撃の大きさに日本なりの回答を示したものに他ならない。ただ、国家の基本戦略や憲法解釈が複雑に絡む大きな問題を泥縄式に処理した感は否めず、今後、国際的危機に対応して、我が国がどの範囲まで、しかもどのような手段で責任を果たすのかについては、依然として不明確のままであった[14]。

225

第Ⅵ部　阪神・淡路大震災、自民党復活、小泉長期政権

　続いて、12月7日には、改正国連平和維持活動（PKO）協力法も成立した。本法は、武力紛争の停止状況の監視、緩衝地帯の監視・巡回、放棄された武器の取集・保管・処分など、PKO本体業務への参加凍結を解除したものである。なお、テロ特措法に準じて、自衛隊員の武器使用基準も緩和された。この結果、居合わせたPKO要員や国連機関職員らと行動を共にする現地スタッフの防護も可能となった、という[15]。

3　小泉内閣の特色と課題

　小泉純一郎は4月26日、衆参両院本会議で第87代、56人目の首相に指名された。党内人事では、最大派閥の橋本派からの三役起用は一切なく、幹事長に山崎拓、総務会長に堀内光雄、そして、政調会長に麻生太郎を抜擢した一方、閣僚には5人の女性を起用して「脱派閥」を掲げ、派閥の意向を無視して若手を抜擢した。しかも、小泉首相は党内人事を誰とも相談なく決めたのだ。これは、その後の5年5ヵ月にわたる長期政権を通じても変化することがなかった[16]。

　それでは、小泉純一郎はどのような経歴を有し、いかなる思想をもった政治家であるのか、紹介しよう。小泉は1942年1月8日、神奈川県横須賀市生まれ。祖父・父ともに衆議院議員を務めた政治家一家である。1960年神奈川県横須賀高校を卒業して、慶応大学経済学部に学んだ。卒業後、福田赳夫元首相の秘書を経て、1972年の衆議院総選挙で初当選、連続当選12回を数える。小泉は自民党内で「清和会（福田派・安部派・三塚派・森派）」に所属、山崎拓や加藤紘一と「YKK」を結成するなど、竹下派の経世会支配からの脱却や党の世代交代を訴え「グループ・新世紀」を旗揚げした。永田町では長い間"変人"や"一匹狼"扱いされてきた。厚生族として鳴らし、1988年竹下内閣で厚相、1992年宮澤内閣で郵政相、1996年第二次橋本内閣で厚相を務めた。総裁選には過去3回出馬し、二度落選。2001年の総裁選で勝利し、同年4月首相に就任。2006年9月退陣した[17]。

　小泉首相のリーダーシップの特色について、政治学者の浅野一弘は次の

ように述べている。

　　小泉首相の演説は、フォーマルな言葉を使用しているとはいえ、一
　文一文が短く、簡潔で、何をするのか聞き手にわかりやすく伝わって
　くる。いってみれば、ガラス張りの、中身がよく見える演説であった
　からに他ならない。こうした背景には恐らく、タブーを設けず、永田
　町では少数意見であっても多数の支持が得られるよう主張するのが、
　小泉純一郎の基本的政治姿勢である、事実が大きく関係している。そ
　の結果、小泉は日本政治屈指のパフォーマンス型リーダーとされ、テ
　レビなどマスコミを最大限に利用して、都市の無党派層などを対象に
　パフォーマンスを展開し、支持率確保や集票を狙う劇場（型）政治を
　行い続けたのである[18]。

　ただ、同じ政治学者の佐道明広は小泉政治の限界について、次のように
論じている。「戦略のないまま、独自の勘とこだわりで進められたのが小
泉外交であった」。内政では「改革としては中途半端であった」として、「よ
り重要なことは、そもそも小泉改革では改革の先にどのような国家像が
あったのか、定かではないのである」と批判する。きわめて適切な指摘で
ある[19]。

4　首相演説

①施政方針演説（1月31日）

　第151回通常国会は2001年1月31日に召集、同日午後から、森首相
の就任後初めての施政方針演説が衆参両院の本会議場で行われた。その概
要は次の通りである。

　　首相は21世紀の最初の国会を「日本新生のための改革国会」と位
　置づけ、5年以内に世界最先端のIT（情報技術）国家になることを
　目指し、本格的な教育改革に取り組む姿勢を表明した。最大の焦点と

227

第Ⅵ部　阪神・淡路大震災、自民党復活、小泉長期政権

なる中小企業経営者福祉事業団（KSD）の政界汚職事件に関しては、辞任した額賀福志郎経済財政担当相を任命した責任を追及されないように、政治倫理確立を訴えるにとどめ、謝罪は避けた。また、橋本龍太郎行政改革担当相が積極的姿勢を示していた特殊法人改革については、具体的な見直し作業を７月の参院選後に先送りする考えを示したのである[20]。

　首相演説などに対する代表質問は、まず２月５日に衆議院本会議で行われ、代表質問の第一陣に立った民主党の鳩山由紀夫代表は外務省の機密費流用事件に関して、機密費の全容を示せと迫った。森首相は機密費の減額は考えていないと、答弁した[21]。
　『朝日新聞』は「解説」の中で、首相演説について次のように強く批判した。

　　森喜朗首相の初めての施政方針演説は、この政権の構造をくっきりと描きだしている。首相の思い通りになったのは“表紙”だけ。大半の中身は各省庁が担い、形ばかりの政治主導をめくれば、相も変わらず官主導が顔を出す。……しかし、華々しい言葉にはさまれた文章の大半は、各省庁の施策の寄せ集めだ[22]。

　一方、『読売新聞』は「社説：政治に対する信頼の回復を競え」の中で、首相の演説に次のような注文をつけた。

　　第151通常国会が開幕した。新世紀最初のこの国会を、改めて政治再生の第一歩としなければならない。まず必要なのは、政治の最高責任者である森首相の自覚と見識である。……21世紀の「最初の10年が極めて重要」とし、痛みや苦しみを乗り越えて改革を進める必要性も強調した。だが、この演説に国民の共感を得るには首相自身の信頼回復が不可欠だ[23]。

それでは次に、森首相による施政方針演説の中で①全体の特色と概要、

②現状認識、③公約・理念、④課題への対策、および⑤諸外国との関係は
どのように述べられていたのであろうか、検討する。

　まず、①の全体の特色と概要である。特色は中小企業経営者福祉事業団
（KSD）を巡る事件について遺憾の意を表明したが、しかし、謝罪はしな
かった。また、外務省の機密費流用については陳謝した。概要は、「はじめに」
「21世紀の展望」「希望の世紀」「人間の世紀」「信頼の世紀」「地球の世紀」、
および「むすび」から構成。②の現状認識に関しては、教育改革などを強
調したことであろうか。③の公約・理念については、特殊法人改革を先送
りしたことか。④の課題への対策に関しては、「日本新生のための改革国会」
と位置づけ、5年以内に世界最先端のIT国家になることを目指すという。
⑤の諸外国との関係については、「地球の世紀」を標ぼうし、「外交の新生」
を図るという⁽²⁴⁾。

　森首相の演説で目立ったのは、21世紀を展望すると謳った上で、政策
分野ごとに、希望の世紀、人間の世紀、信頼の世紀、および地球の世紀と
訴えた点であろう⁽²⁵⁾。

②所信表明演説（5月7日）

　4月26日、小泉純一郎は第87代首相に選出され、5月7日には小泉首
相が衆参両院の本会議場で首相就任後最初の所信表明演説を行った。その
概要は次の通りである。

　　　首相は構造改革の中心に据える財政再建について、まず歳出を徹底
　　的に見直して2002年度予算の国債発行額を30兆円以下に抑え、次
　　に将来目標として国債関連の収支を除く基本的収支（プライマリー・
　　バランス）の均衡を図る――という二段階方式で取り組む考えを表明
　　した。また、「国民との対話」の重視を打ち出し、関係閣僚が出席す
　　る対話集会を半年以内に全都道府県で開催する方針を示した⁽²⁶⁾。

　首相演説などに対して、まず衆議院本会議で代表質問が5月9日に行
われ、質問の第一陣に立った民主党の鳩山由紀夫代表は「歴史教科書問題

第VI部　阪神・淡路大震災、自民党復活、小泉長期政権

で中韓と対話を図れ」と迫った。小泉首相は「鳩山氏の提案も検討する」
と前向きな答弁をした [27]。

『朝日新聞』は「社説：抵抗勢力にどう立ち向かうか」の中で、首相演
説について、次のように論評した。

　　多弁を好まない小泉純一郎氏らしく、淡々とした所信表明演説だっ
　た。自民党総裁選での歯切れのよさが印象に強いだけに、訴えかける
　力や明快さという点で、物足りなさもあった。各論になると総裁選の
　演説同様、具体性に欠けた。……その場合、忘れてならないのは党内
　外の抵抗にどう取り組むかだ [28]。

　これに対して『読売新聞』は「社説：改革の意気込みを具体論で示せ」
の中で、首相演説を評価した上で次のような注文をつけた。

　　小泉首相に求められるのは、日本再生に避けて通れない構造改革を
　国民に分かりやすく説き、どんな圧力にも信念を曲げず、果断に実行
　することだ。国民の圧倒的な支持も、首相の熱意に期待してのことで
　ある。……改革への意気込みは分かった。聞きたいのはその先だ。何
　を、いつまでに、どんな手順で実現するのか、である。それが乏しい
　ために「小泉改革」の全容がいま一つ、はっきりしない。首相は、所
　信表明の内容を早急に肉付けし、「小泉改革」の具体論を国民の前に
　提示すべきである [29]。

　それでは次に、小泉首相による所信表明演説の中で①全体の特色と概要、
②現状認識、③公約・理念、④課題への対策、および⑤諸外国との関係は
どのように述べられていたのであろうか。

　まず、①の全体の特色と概要である。特色は、構造改革実行を強調した
ことであろう。概要は、「新世紀革新を目指して」「日本経済の再生を目指
して」「経済・財政の構造改革」「行政の構造改革」「社会の構造改革」「21
世紀の外交・安全保障」、および「むすび」から構成。②の現状認識に関

しては、歳出の徹底見直しを説く一方、③の公約・理念については、国債発行来年度 30 兆円以下を謳った。④の課題への対策として、国民との対話集会を開催するという。⑤の諸外国との関係については、日米関係を基礎に、中国、韓国、ロシアなど近隣諸国との友好関係を維持・発展させるという。

今回の小泉首相の演説で光るのは、明治初期の長岡藩での「米百俵の精神」を引用して、改革を進めようと述べているくだりである[30]。

③所信表明演説（9 月 27 日）

第 152 回臨時国会は 8 月 7 日に召集されたが、参院選後の院の構成のみで閉幕。続いて、第 153 回臨時国会が 9 月 27 日に召集され、同日、小泉首相の所信表明演説が衆参両院の本会議場で行われた。その概要は次の通りである。

　　首相は（9 月 11 日の）米国の同時多発テロ事件を受け、テロリズムとの戦いを「わが国自身の問題」であると位置づけ、主体的に取り組む姿勢を強調した。また、米軍などへの自衛隊の後方支援を可能にする新法を含めた法整備を早急に行う方針を示した。さらに、国際協調の精神をうたった憲法前文を引用し、テロとの対決への協力を呼びかけた[31]。

首相演説などに対する代表質問はまず衆議院本会議で 10 月 1 日に行われ、質問の第一陣に立った、民主党の鳩山由紀夫代表は（テロ対策などで）「憲法に例外は認めない」と迫った。首相は憲法の枠内で後方支援を活動すると答弁した[32]。

『朝日新聞』は「社説：説明も要る、議論も要る」の中で、首相が述べた武器使用緩和について、次のように強く批判した。

　　自衛隊の支援は基本的には周辺事態法に準じた内容になるようだが、活動の舞台が広がるにつれて、これまでの法体系や原則を踏み越

第Ⅵ部　阪神・淡路大震災、自民党復活、小泉長期政権

えるものも少なくない。最大の論点は、自衛隊員の武器使用の基準を
緩めようとする動きである[33]。

　一方、『読売新聞』は「社説：与野党は危機意識を共有せよ―首相所信表明」
の中で、首相の対応について次のように要請した。

　　卑劣な国際テロとの戦いで何をなすべきか。恐慌の縁に立った日本
　経済をどう立て直すか。政府と与野党は、危機意識を共有し、全力で
　この難局を乗り切らなければならない。危機管理に不可欠なのは、事
　態を正しく認識し、臨機応変に実効ある政策をまとめ、迅速に実行す
　ることである[34]。

　それでは、小泉首相による所信表明演説の中で①全体の特色と概要、②
現状認識、③公約・理念、④課題への対策、および⑤諸外国との関係はど
のように述べられていたのであろうか、検討する。
　まず、①の全体の特色と概要であるが、特色は対テロ対策で国民に協力
を訴えことであろうか。概要は、「はじめに」「小泉構造改革が目指す社会」
「経済運営の基本姿勢」「構造改革への不断の取り組み――経済・財政、行政、
社会」「平和と繁栄の実現」、および「むすび」から構成。②の現状認識に
関しては、改革を「大胆かつ柔軟に」と訴えたことであろうか。③の公約・
理念については７項目の支援対策を即急にと謳う。④の課題への対策では、
改革への痛みの緩和策を列挙した。⑤の諸外国との関係については、対米
関係を中心に平和と繁栄を目指し、テロ対策で国際協調をと述べた。
　今回の小泉首相の演説で興味深いのは、「むすび」の箇所でダーウィン
の進化論を引いて、「この世に生き残る生き物は、最も力の強いものか、
そうではない。最も頭のいいものか。そうでもない。それは、変化に対応
できる生き物だ」という考えを紹介したことであろう[35]。

5 おわりに

本論では触れることができなかったが、森および小泉首相による外交政策について概観しておこう。

まず特筆すべきは1月13日から、森首相が日本の首相として初めてアフリカ主要3ヵ国を歴訪したことである。その後3月19日、米国のブッシュ大統領とホワイトハウスで初の首脳会談を行った。ブッシュ大統領は不良債権の迅速な処理を要求、一方、森首相は構造改革推進を約束した。次いで3月25日、森首相はイルクーツクでロシヤのプーチン大統領と会談、イルクーツク声明を発表した。ただ、平和条約締結の時期は明示されなかった。

一方、小泉首相の方は6月30日、キャンプ・デービットでブッシュ大統領と初めて首脳会談を行い、「安全と繁栄のためのパートナーシップ」と題した共同声明を発表した。さらに9月25日、小泉首相はワシントンDCでブッシュ大統領と再び会談、両国が連携してテロと対抗していく方針を確認した。次いで10月8日に中国を訪問し、江沢民国家主席との首脳会談に先立ち、盧溝橋で侵略戦争犠牲者への「おわびと哀悼」を表明した。また10月15日には訪韓して、植民地支配について「反省とおわび」を表明している。さらに、小泉首相はジェノバで開催された「主要国首脳会議」（サミット）でロシアのプーチン大統領との首脳会談に臨み、声明を発表し北方領土問題に言及した。だが、平和条約交渉のめどをつけることはできなかった[36]。

この年に、日本外交が大きな転換期を迎える中で生じたのが外務省の機密費流用事件であり、また、田中眞紀子外相の更迭劇であった。前者は職員2名を懲戒免職にする一方、計328人の処分を行った。また、後者については、田中大臣が事務方との間で人事問題をめぐって衝突、翌2002年1月29日、田中外相と野上義二外務次官の両者を更迭することで決着をつけた[37]。

ちなみに、後者の顛末については、政治評論家の後藤謙次が「小泉はま

第Ⅵ部　阪神・淡路大震災、自民党復活、小泉長期政権

た一つの大きなハードルをクリアした。"眞紀子騒動"も終わってみれば、小泉の人気と求心力を高める格好の舞台を提供した」と記している[38]。

注

(1)　後藤謙次〔2014年〕『ドキュメント　平成政治史2』岩波書店、157-159頁。

(2)　〔2002年〕「政治」『世界年鑑　2002年版』共同通信社、135頁。

(3)　〔2002年〕「内閣」『読売年鑑　2002年版』読売新聞社、168-169頁。

(4)　藤本一美〔2014年〕『日本政治の転換　1997-2013』専修大学出版局、54-55頁。

(5)　佐道明広〔2012年〕『現代日本政治史5　「改革」政治の混迷』吉川弘文館、129頁。

(6)　藤本、前掲書『日本政治の転換　1997-2013』55-56頁。

(7)　「内閣」前掲書『読売年鑑　2002年版』168-169頁。

(8)　「国会」同上、146頁。

(9)　浅野一弘〔2012年〕「小泉純一郎首相」藤本一美編『現代日本宰相論　一九九六年〜二〇一一年の日本政治』龍溪書舎、141頁。

(10)　「内閣」前掲書『読売年鑑　2002年版』168-169頁。

(11)　「選挙」同上、150頁。

(12)　佐道、前掲書『現代日本政治史5　「改革」政治の混迷』128-129頁。

(13)　「社説：後戻りは、もう出来ない―参院選、自民大勝」『朝日新聞』2001年7月30日。

(14)　「テロ特措法が成立―自衛隊、戦時派遣への転換」同上、2001年10月30日。

(15)　「国会」前掲書『読売年鑑　2002年版』149頁。

(16)　後藤、前掲書『ドキュメント　平成政治史2』178頁。

(17)　藤本一美・酒井慶太〔2017年〕『衆議院の解散・総選挙―決断の政治』志學社、182-183頁。

(18)　浅野、前掲書「小泉純一郎首相」藤本一美編『現代日本宰相論　一九九六年〜二〇一一年の日本政治』117頁。

(19)　佐道、前掲書『現代日本政治史5　「改革」政治の混迷』168-170頁。小泉政権の全体像については、後藤、前掲書『ドキュメント　平成政治史2』167頁以下で余すことなく伝えている。

(20)　「首相　KSD事件　謝罪せず―施政方針演説」『朝日新聞』2001年1月31日(夕)。

(21)　「焦点採録　代表委質問」同上、2001年2月6日。

(22)　堀江隆“改革”中身は官任せ」同上、2001年1月31日（夕）。

(23)　「社説：政治に対する信頼の回復を競え」『読売新聞』2001年2月1日。

(24)　「施政演説で遺憾・陳謝―森首相」『読売新聞』2001年1月31日（夕）、「KSD事件で謝罪せず―首相」『朝日新聞』2001年1月31日（夕）。

第 7 章　2001 年の政治状況と「首相演説」

(25)「森首相の施政方針演説：全文」『朝日新聞』2001 年 1 月 31 日（夕）。

(26)「構造改革　決意を表明」『読売新聞』2001 年 5 月 7 日（夕）。

(27)「焦点採録　代表質問」『朝日新聞』2001 年 5 月 10 日。

(28)「社説：抵抗勢力にどう立ち向かうか」同上、2001 年 5 月 8 日。

(29)「社説：改革の意気込みを具体論で示せ」『読売新聞』2001 年」5 月 8 日。

(30)「小泉首相の所信表明演説　全文」『朝日新聞』2001 年 5 月 7 日（夕）。

(31)「対テロ　国民に協力訴え―首相所信表明」『読売新聞』2001 年 9 月 27 日（夕）。

(32)「焦点採録　代表質問」『朝日新聞』2001 年 10 月 2 日。

(33)「社説：説明も要る、議論も要る」同上、2001 年 9 月 28 日。

(34)「社説：与野党は危機意識を共有せよ―首相所信表明」『読売新聞』2001 年 9 月 28 日。

(35)「首相の所信表明演説　全文」『朝日新聞』2001 年 9 月 27 日（夕）。

(36)「外交」前掲書『世界年鑑　2002 年版』135-136 頁。

(37) 御厨貴〔2013 年〕「小泉純一郎」御厨貴編『増補新版　歴代首相物語』新書館、276 頁。なお、読売新聞の調査によれば、更迭前の 1 月調査では 77.6％であった内閣支持率は 2 月の調査で 53.0％に急落したという（「内閣」前掲書『読売年鑑 2003 年』読売新聞社、164 頁）。

(38) 後藤、前掲書『ドキュメント　平成政治史 2』198 頁。

第Ⅵ部　阪神・淡路大震災、自民党復活、小泉長期政権

第8章　2002年の政治状況と「首相演説」

1　はじめに

　2002年という年は、日本外交にとって忘れられない成果をもたらした年だ、と記憶されるであろう。小泉首相が9月17日、北朝鮮を電撃的に訪問し、金正日総書記との首脳会談を行い、いわゆる「日本人拉致問題」解決の一歩を記したからだ。首脳会談では金総書記が北朝鮮による日本人拉致事件を認め、生存者5人を含む被害者の安否を明らかにし、10月15日には、地村保志夫妻ら5人が日本に帰国したのである。小泉首相が訪朝した直後の読売新聞の調査によれば、内閣支持率は訪朝前の8月の45.7%から一気に66.1%と20.4%も急上昇したのである [1]。

　一方、国内では「スキャンダル国会」が始まった。1月21日、第154回通常国会が召集されたが、「政治家とカネ」の関係にまつわる国会議員の不祥事が続出し、会期中に1人の議員が逮捕され、4人が辞職するという大スキャンダルとなった。この時、共同通信社の世論調査によると、何と内閣支持率が79.5%から58.0%へと21.5%も急落している [2]。

　一方、野党に目を転じるなら、民主党は9月23日に党代表選挙を実施し、鳩山由紀夫代表が三選された。鳩山代表は新しい幹事長に旧民社党出身の中野寛成を起用したものの、それは「論功人事」だと批判され、出足をくじかれた。その後、10月27日の衆参統一補選では民主党が惨敗し、鳩山代表に対する辞任を求める声が広がり、12月3日、鳩山代表は辞任を表明。12月10日、両院議員総会を開催して、国会議員投票で菅直人前幹事長を選出した。しかし、その過程で新党構想が浮上し、12月25日、菅体制に批判的な5人の民主党議員が離党して「保守新党」を結成。翌26日、自民、公明との連立政権文書に署名、新しい連立政権が誕生した [3]。

236

第 8 章　2002 年の政治状況と「首相演説」

　本章では、2002 年の政治状況を踏まえて、小泉改造内閣の特色に触れる。
次いで、小泉首相による 2 月 4 日の施政方針演説と 10 月 18 日の所信表
明演説の分析を通じて、この年の政治的特色の一端を紹介する。

2　政治状況──日朝首脳会談・スキャンダル国会・民主党混乱

　本章の冒頭でも述べたように、9 月 17 日、小泉首相は北朝鮮の平壌を
訪問し、金正日総書記と首脳会談を行った。両首脳は会談後、日朝国交正
常化交渉の再開や日朝安保協議の再開などを謳った「日朝平壌宣言」に署
名した。宣言には記載されなかったとはいえ、金総書記がそれまで存在さ
え認めていなかった日本人拉致事件について、国家犯罪だったことを認め
て謝罪した [4]。
　しかし問題なのは、確かに金総書記が拉致を認めたものの、拉致疑惑
＝事件そのものは解決しておらず、日本国内で徹底解明を求める声と北朝
鮮に対する反発が強まった。そこで、政府拉致調査団が 9 月 28 日から 10
月 2 日にかけて訪朝し、北朝鮮政府から横田めぐみさんの死が自殺だっ
たとする説明を受け、生存していた曽我ひとみさんらの 5 人と娘のキム・
ヘギョンさんと面会した。5 人は 10 月 15 日、日本政府のチャーター機で
羽田空港に帰国、24 年ぶりに地元に戻り、肉親と再会した。日本政府は
5 人を北朝鮮に戻さずに、北朝鮮にいる 5 人の子供らの早期帰国を求める
方針を決定した。ただ、その後、日朝正常化交渉の方は未解決のままであ
る [5]。
　第 154 回通常国会は 1 月 21 日に召集されたが、国会議員のスキャンダ
ルで揉めた。混乱の契機は、「非政府組織（NGO）」参加への拒否問題であっ
た。鈴木宗男衆議院議員運営委員長が外務省に圧力をかけたとして 2 月 4
日に辞任（4 月 9 日、議員職も辞任）。一方、鈴木議員と対立していた田
中眞紀子外相も 1 月 20 日に更迭された。
　その後、鈴木宗男は北方 4 島支援事業などをめぐる疑惑で証人喚問され、
6 月 19 日には、あっせん収賄容疑で東京地検に逮捕された。また、秘書

237

第Ⅵ部　阪神・淡路大震災、自民党復活、小泉長期政権

給与流用疑惑を指摘されていた社民党の辻元清美政審会長、元秘書が脱税事件で起訴された自民党の加藤紘一元幹事長、元秘書の裏金疑惑が指摘されていた井上裕参議院議長の3人が議員を辞職した。さらに、秘書給与流用疑惑で衆議院の政治倫理審査会で弁明を行った田中眞紀子外相も通常国会閉幕後の8月9日、議員を辞職した。このような国会議員による一連の不祥事はいずれも「政治とカネ」を巡るものであり、与党のみならず、野党でも同様な不祥事件が生じたことは、国民の間に政党や政治家への不信感を著しく増大させたことは間違いない[6]。

　民主党は9月23日に代表選を実施し、鳩山由紀夫代表が三選されたことについては既に述べた。代表選で勝利した鳩山代表は、新しい幹事長に旧民社党の中野寛成を指名した。だが、これは清新さに欠ける「露骨な論功人事」であると、党の内外から批判を受けたのである。挙党体制の構築に失敗した鳩山代表は、中野の自発的辞任を促したものの、本人の同意は得られず、鳩山新体制は発足直後から大きな失態を演じた、といわざるを得ない[7]。

　その後、10月27日、衆参統一補欠選挙が行われ、結果は与党の勝利に終わり民主党は惨敗し、鳩山代表の辞任を求める声が一段と高まった。鳩山は自由党に新党結成を打診したものの、事態の局面を打開できず、12月3日、辞任表明に追い込まれたのだ。出直し代表選では、菅直人が岡田克也を破り、3年3ヵ月ぶりに代表に返り咲いた。こうした中で、民主党の熊谷弘前副代表と保守党の二階俊博幹事長を中心とする新党構想が浮上し、「保守新党」が結成され、12月26日には、自民、公明、および保守新党からなる「連立政権」が発足したのである[8]。

3　小泉内閣改造

　小泉首相は9月30日、内閣改造に踏み切った。6閣僚を交代させた上で、11閣僚を留任させたのである。内閣改造にあたり首相は「構造改革の路線を確固たる軌道に乗せるため、新たな体制を構築する」という改造の基本方針を示した。その上で、内閣改造が構造改革路線推進のための「政策

強化」だと強調した[9]。

　財務、外務、および経済産業などの主要閣僚が留任した中で、注目されたのが柳沢伯夫金融相の交代であった。柳沢は不良債権処理について、現状では金融機関に公的資金を投入する必要はないとの立場であり、銀行を一時国有化しても不良債権処理を早めるべきだという竹中平蔵経済財政相と対立していた。小泉首相は今回の内閣改造において、柳沢の後任に竹中を兼務させることで、金融行政の転換を強く訴えたのである[10]。

4　首相演説

①施政方針演説（2月4日）

　第154回通常国会は1月21日召集されていたが、小泉首相による衆参両院本会議場での最初の施政方針演説の方は2月4日に行われた。その骨子は次の通りである。

　　　今年は「改革本番の年」「経済再生の基盤を築く年」。03年度から改革の成果を国民に示し、04年度以降は民需主導の着実な経済成長を目指す。デフレスパイラル回避に細心の注意、04年度不良債権問題の正常化。金融危機を起こさないため、あらゆる手段を講じる。個人や企業の自由な選択を尊重し、努力が報われる社会実現のために税制を再構築。6月に基本方針を示し、年内に取りまとめて03年度以降実施。知的財産戦略会議を立ち上げる。政府系金融機関の見直しは年内に結論。今国会で京都議定書を承認、国内法整備。有事対応の関連法案を今国会に提出。外務省の体制一新。信頼回復のため外務書改革を強力に進める。政治倫理確立の法整備について国会の十分な議論を期待する[11]。

　首相演説などに対する野党による代表質問は、まず2月6日から衆議院本会議で行われ、質問の第一陣に立った民主党の鳩山由紀夫代表は、「あなたはいつ自民党をつぶす、日本を変えるという志を捨てたのか」と迫っ

239

第VI部　阪神・淡路大震災、自民党復活、小泉長期政権

た。小泉首相は国民を信じ改革を進めるなどと答弁した[12]。

『朝日新聞』は「社説："改革"危うくするな」の中で、首相演説を次のように批判した。

　　小泉氏は「いかなる政策も、政治に対する国民の信頼なくしては実行できない」と強調した。その言葉は自身に跳ね返ってこざるを得ない。まず何よりも、首相が国民にどこまで向き合おうとしているかが問われる[13]。

一方、『読売新聞』も「社説：不況克服と改革で成果を示せ」の中で、首相演説に対して次のような要望をつきつけた。

　　失地回復には、不況克服と構造改革で成果を示す以外にない。その前提として首相がなすべきは「政と官」の関係の抜本的見直しだ。……首相は危機回避へ、「あらゆる手段を講じる」と述べた。デフレ阻止を優先しつつ、改革の実行を上げなければならない。言葉だけでなく、行動する時だ[14]。

それでは次に、小泉首相による施政方針演説の中で①全体の特色と概要、②現状認識、③公約・理念、④課題への対策、および⑤諸外国との関係はどのように述べられていたのか、検討する。

まず①全体の特色と概要である。特色は、金融危機阻止へ全力と謳ったことであろうか。概要は、「はじめに」「経済運営の基本姿勢と金融安定化への取り組み」「構造改革断行の基本姿勢」「努力が報われ再挑戦できる社会」「民間と地方の知恵が活力と豊かさを生み出す社会」「人をいたわり安全で安心に暮らせる社会」「美しい環境に囲まれ快適に過ごせる社会」「子どもたちの夢をはぐくむ社会」「外交の基本姿勢」、および「むすび」から構成。②の現状認識に関しては、政府系金融機関に年内に結論を出すと謳う。③の公約・理念については、有事立法法案の提出を明言したことであろう。④の課題への対策としては、今年を「構造改革本番の年」だと謳っ

240

第 8 章　2002 年の政治状況と「首相演説」

たことであろうか。⑤の諸外国との関係は、昨年発足したアフガニスタン暫定政権を支援して、安定に向けて人道・復興支援を行うと強調している
⁽¹⁵⁾。

　今回の演説で小泉首相がこだわったのは、次のくだりである。それは終戦翌年の新春、昭和天皇が詠んだ歌であるという。

　　　　ふりつもるみ雪にたへていろかえへぬ松ぞををしき人もかくあれ

　演説の検討会議に出席した人によれば、これは小泉首相の「抵抗勢力に耐えに耐えて改革を進めるぞ、という決意が込められている」のだと説明している⁽¹⁶⁾。

　なお、異例なことに今回の施政方針演説を述べるに先立って、小泉首相が「(内閣)支持率低下で改革の姿勢が低下することを懸念する声があるが、改革への決意はまったく揺るがない」と述べたことを、付記しておく⁽¹⁷⁾。

②所信表明演説（10 月 18 日）

　第 155 回臨時国会は 10 月 18 日に召集され、同日の午後から衆参両院の本会議場で、小泉首相による内閣改造後初めての所信表明演説が行われた。その概要は次の通りである。

　　　　首相は、現下の最大の課題である「日本経済の再生」について、「経
　　　済情勢に応じて、大胆かつ柔軟な措置を講じる」と述べて、金融シス
　　　テムと経済の安定を図るため、金融機関への公的資金導入も辞さない
　　　決意を強調した。また、29 日に再開する日朝国交正常化交渉に関し
　　　ては、拉致事件の真相解明を最も重視する姿勢を明確にした⁽¹⁸⁾。

　首相演説などに対する各党の代表質問は 10 月 21 日からまず衆議院本会議で開催され、質問の第一陣に立った、民主党の鳩山由紀夫代表は首相の失政で「経済有事」の状態であると迫った。これに対して、小泉首相の方は「大胆な景気対策が必要だ」と答弁した⁽¹⁹⁾。

241

第Ⅵ部　阪神・淡路大震災、自民党復活、小泉長期政権

『朝日新聞』は「社説：威勢よりも中身だ」の中で、首相演説について次のような厳しい批判の声を投げた。

　　　“恐れず、ひるまず、とらわれず”“私が自民党をつぶします”。政策論よりも、そんな小気味がいい、型破りのメッセージで、首相は国民の気持ちを引きつけてきた。だが、思うように進めなくなると、それも影を潜め、紋切り型の官僚用語に頼る。言い回しは対照的だが、実体が空虚なことでは共通する。いまの切羽詰まった日本と世界を思うと、攻める方にも守る方にも、街頭演説のような威勢のいいだけの論戦は、やめてもらいたい。首相は、使い古された意味のはっきりしない言葉でその場しのぎをしてはだめだ。そんな時間の浪費をしている暇はない[20]。

　一方、『読売新聞』も「社説：デフレ脱却への決意が見えない―首相所信表明」の中で、首相演説に次のような注文をつきつけた。

　　　深刻な現状をどう打開していくか、論戦を通じ、知恵を絞るのが、政府と与野党の責任である。その前提として、デフレ脱却に向け、基本的な考えを示すことが、首相に求められているのはいうまでもない。所信表明は、首相が自らの決意を示す絶好の機会となるはずだった。だが、小泉首相の口からは、あらゆる手立てを尽くし、経済危機を乗り切っていこうという、明確なメッセージを聞くことができなかった[21]。

　それでは、小泉首相による所信表明演説の中で①全体の特色と概要、②現状認識、③公約・理念、④課題への対策、および⑤諸外国との関係はどのように述べられていたのであろうか。
　まず、①の全体の特色と概要だが、特色は経済再生を「大胆・柔軟に」と述べたことであろう。概要は、「はじめに」「日本経済の再生」「“官から民へ”“国から地方へ”」「外交」、および「むすび」から構成。②の現状認

識に関しては、日朝・経済で手詰まり感を訴えたことだ。③の公約・理念については「拉致」解明に全力を尽くすと述べたことか。④の課題への対策は、改革を確固たる軌道に乗せるとし、構造改革路線の強化を表明した。⑤の諸外国との関係については、国際社会の一員として世界の平和と安定に貢献していくという[22]。

　今回の小泉首相の演説で注意すべきは、演説の中身自体がこれまでで最も短く、内容に手詰まり感が反映されていたことである[23]。

　ちなみに、小泉首相は前回と同様に、演説の中で先人の言葉を引用していたので紹介しておこう。首相は次のように述べた。

　　"他策なかりしを信ぜむと欲す"。これは、内閣制度創成期、第二次伊藤博文内閣において外務大臣を務めた陸奥宗光の言葉です。"他の誰であっても、これ以外の策はなかったに違いない"。真の国益とは何か、考えに考えた末の結論であるとの確信を込めたこの言葉は、私自身の思いでもあります[24]。

　この引用文について首相は、「他の誰であっても、これ以外の策はなかったに違いないという言葉は、（日朝交渉再開で合意した）私自身の思い」だとして、29日からの正常化交渉再開に理解を求めた。しかし現実には、北朝鮮が核開発を認めたため、国交正常化交渉は米国の立場も重視しなければならないという重い課題を抱えたと批判的であって、政権の浮揚を狙った、一歩間違えば政権を揺るがす難問になりかねない、と警告を発している[25]。

　ただしその一方で、例えば、政治評論家の後藤謙次は小泉首相の電撃訪朝などの成果について、次のように評価している。

　　確かに小泉訪朝は時代を画した転換点であった。それは小泉の決断に負うところが大きいが、同時に北朝鮮を"悪の枢軸"と名指しした米国の存在なくしては実現に至らなかったことも否定できない。金正日にしてみれば米国の圧力を回避するために日本との対話に踏み切った

243

第Ⅵ部　阪神・淡路大震災、自民党復活、小泉長期政権

ともいえた。……電撃的な訪朝によって小泉内閣の支持率は劇的に回
復した。ほぼすべてのメディアの世論調査で60%台に戻した。一度、
下落した内閣支持率が急カーブを描いて反転したのだった[26]。

　なお、米国は北朝鮮の核問題が解決されない状態で日朝国交正常化を進
めないように、日本への働きかけを強めた。結局、10月に2年ぶりに再
開された国交正常化交渉は平行線に終わり、日朝関係は膠着的状態に陥っ
た事実を忘れてならない[27]。

5　おわりに

　本章の冒頭でも指摘したように、2002年は「政治とカネ」にまつわる
問題で国会議員の不祥事が続出し、議員1人が逮捕された上に4人が議
員辞職に追い込まれるという、異常な1年間であった[28]。
　こうした状況の中で、7月1日、衆参両院において、国会議員の2001
年度の所得が公開された。読売新聞の調査によれば、国会議員一人当たり
の平均所得は2,871万円だったという。前年の公開時に比べて121万円
の増大であった[29]。
　ちなみに、所得が10億円を超えた議員は自民党5人、民主党1人の合
計6人であった。また、最多は自民党の笹川堯元科学技術長官の10億1,822
万円。一方、党首では、民主党の鳩山代表が8,836万円でトップ、次いで
自由党の小沢党首が3,734万円、自民党の小泉総裁が3,688万円、保守党
の野田党首が3,209万円と続いた。また、社民党の土井党首は2,163万円、
共産党の志位委員長は2,144万円で議員平均を下回った[30]。
　最後に、2000年の2月に導入されて話題をさらった、いわゆる「党首
討論」が曲がり角にきたことを指摘しておきたい。首相と野党党首が、政
策や社会の重要テーマについて議論する場であるが、しかし討論自体が低
調で、与野党から廃止や見直しを求める声が相次いだことだ。存在理由が
問われたのであって、何らかの工夫が必要であると思われる[31]。

注

(1) 〔2003 年〕「内閣」『読売年鑑　2003 年版』読売新聞社、165 頁。小泉訪朝の経緯については、政治評論家の後藤謙次が余すことなく詳細に伝えている（後藤謙次〔2014 年〕『ドキュメント　平成政治史 2』岩波書店、250-265 頁を参照）。

(2) 〔2003 年〕「政治」『世界年鑑　2003 年版』共同通信社、135 頁。

(3) 藤本一美〔2014 年〕『日本政治の転換　1997-2013』専修大学出版局、68-69 頁。

(4) 佐道明広『現代日本政治史 5　「改革」政治の混迷』』吉川弘文館、143 頁。

(5) 「外交」前掲書『世界年鑑　2003 年版』137 頁。なお、2004 年 5 月 22 日、小泉首相は再訪朝し、津村夫妻（3 人）と蓮池夫妻（2 人）の子供達の帰国を成功させている（後藤、前掲書『ドキュメント　平成政治史 2』337 頁）。

(6) 藤本、前掲書『日本政治の転換　1997-2013』337 頁。

(7) 後藤、前掲書『ドキュメント　平成政治史 2』273-274 頁。

(8) 「政治」前掲書『読売年鑑　2003 年版』135 頁。

(9) 「内閣」同上、165 頁。

(10) 同上。

(11) 「"小泉語" 消えた施政方針」『朝日新聞』2002 年 2 月 4 日（夕）。

(12) 「焦点採録　代表質問」同上、2002 年 2 月 7 日。

(13) 「社説："改革" 危うくするな」同上、2002 年 2 月 5 日。

(14) 「社説：不況克服と改革で成果を示せ」『読売新聞』2002 年 2 月 5 日。

(15) 「金融危機阻止へ全力―首相施政演説」同上、2002 年 2 月 4 日（夕）。

(16) 「"小泉語" 消えた施政方針」『朝日新聞』2002 年 2 月 4 日（夕）。

(17) 同上。

(18) 「経済再生　"大胆・柔軟に"」『読売新聞』2002 年 10 月 18 日（夕）。

(19) 「失政で "経済有事" に」『朝日新聞』2002 年 10 月 22 日。

(20) 「社説：威勢よりも中身だ」同上、2002 年 10 月 19 日。

(21) 「社説：デフレ脱却への決意が見えない―首相所信表明」『読売新聞』2002 年 10 月 19 日。

(22) 「首相の所信表明演説―全文」『朝日新聞』2002 年 10 月 18 日（夕）。

(23) 「日朝・経済、手詰まり感―首相所信表明」同上、2002 年 10 月 18 日（夕）。

(24) 同上。

(25) 「日朝・経済、手詰まり感」同上。

(26) 後藤、前掲書『ドキュメント　平成政治史 2』264-265 頁。

(27) 「外交」前掲書『読売年鑑　2003 年版』166 頁。

(28) 藤本、前掲書『日本政治の転換　1997-2013』64 頁。

(29) 〔国会〕前掲書『読売年鑑　2003 年度版』147 頁。

(30) 同上。

第VI部　阪神・淡路大震災、自民党復活、小泉長期政権

(31) 同上、148 頁。

第 9 章　2003 年の政治状況と「首相演説」

1　はじめに

　米国のジョージ・W・ブッシュ大統領は 3 月 20 日、イラクのフセイン政権への武力攻撃を開始した。その理由について、オサマ・ビン・ラディンなどテロリスト集団の存在とフセイン政権が長期にわたり、生物・科学兵器などの廃棄義務を履行しようとせず、しかも大量破壊兵器を開発してきたことを挙げた。一方、小泉純一郎首相は開戦当日に記者会見を行い、直ちに武力攻撃の理由を支持し、政府が "小切手外交" だと揶揄された湾岸戦争時の反省を踏まえて、イラクへの自衛隊派遣を含む人的貢献を可能とする法整備に努めた。超えて 7 月 26 日、イラク復興支援特別措置法（以下、イラク支援特措法と略す）が 4 年の時限立法として成立した。その結果、5 月に採択された国連安全保障理事会決議第 1483 号を根拠に、イラク国内で米英軍を中心に行っていた復興復旧支援活動に自衛隊が参加できるようになった [1]。

　自民党は 9 月 20 日総裁選を実施し、国会議員票と地方票の大半を固めた小泉首相が 399 票を獲得し、亀井静香元政調会長、藤井孝男元運輸相、および高村正彦元外相を下して再選された。なお、総裁の任期はこれまでの 2 年から 3 年に延期された。総裁選の過程で、小泉首相は再選後、当選 3 回に過ぎない安部晋三官房副長官を党の幹事長に抜擢、また、内閣改造にも着手し、党内で強かった民間閣僚の交代要求を退け、竹中平蔵金融経済担当相と川口順子外相を留任させたのである [2]。

　改正テロ対策特措法が 10 月 10 日に国会で成立し、これを受けて、小泉首相は衆議院の解散に踏み切り、3 年 4 ヵ月ぶりに総選挙が行われることになった。選挙では各党が掲げる「マニフェスト（政権公約）」を巡っ

第VI部　阪神・淡路大震災、自民党復活、小泉長期政権

て争われたので、今回は「マニフェスト解散」と称されている。総選挙は
11月9日に実施され、結果は自民党237議席、民主党177議席、公明党
34議席、共産党9議席、社民党6議席、保守新党4議席、無所属の会1
議席、並びに無所属が11議席を獲得した。自民党、公明党、および保守
新党でもって275議席に達し、各委員長職を独占して国会運営を安定的
に運営できる「安定多数（269議席）」を確保し、11月19日には、第二
次小泉内閣が発足した。なお、総選挙後、保守新党が自民党に合流したので、
連立政権の枠組みは"自公保"から"自公"二党による連立へと変わった[3]。

　本章では、2003年の政治状況を踏まえた上で、小泉改造内閣に言及する。
次いで、1月31日の施政方針演説および9月26日の所信表明演説の内容
を検討することを通じて、この年の政治的特色の一端を紹介する。

2　政治状況──イラク支援特措法・自民党総裁選・衆院解散─総選挙

　フセイン政権による圧制とそれに対して米国が武力行使を行った結果、
小泉首相は疲弊したイラク復興や人道支援などを目的に「国連平和維持活
動（PKO）」の枠外で、自衛隊をイラクへ派遣する方針を決意すべく、通
常国会の延長を図った。首相は6月13日、国会に「イラク支援特措法」
を提出し、7月26日の未明に、野党が強く反対する中で自民党、公明党、
および保守新党の与党三党の賛成多数で成立させたのだ。国会審議の過程
において、"戦闘地域"とそれ以外とをいかに区別するかが大問題となり、
また"戦闘地域"が「国際的な武力紛争」だと定義されている点も批判の
対象となった[4]。

　イラク支援特措法の問題点について、朝日新聞が「まず何のための派遣
なのか。浮彫になったのは、主な目的が法律にうたわれているイラクの復
興支援ではなく、むしろ米軍の占領を手助けすることにある、ということ
だった」と批判した[5]。

　政府は12月9日に自衛隊派遣の基本計画を閣議決定し、続いて18日
には、小泉首相が実施要項を承認した。こうして、石破茂防衛庁長官の命

248

第 9 章　2003 年の政治状況と「首相演説」

令を受けて、26 日、航空自衛隊先発部隊がイラクへ出発したのである。

　既に述べたように、自民党の総裁選は 9 月 20 日に実施され、小泉首相の圧勝に終わった。今回の総裁選では、従来の派閥が機能しなくなったことが浮き彫りとなったといえる。かつては派閥の領袖が誰を支持するかを決めれば、大方の所属議員はそれに従っていた。だが、今や領袖の求心力は低下し、派閥の引き締めが効果しなくなったのだ。これを象徴したのが橋本派であって、同派は藤井孝男支持派と小泉純一郎支持派とに分かれ、分裂選挙を余儀なくされた。また、当選 2 回前後の若手議員が派閥を横断する形で若手候補擁立に動いたことも、従来見られなかった現象であった[6]。

　総裁選で勝利した小泉首相は 10 月 10 日に、衆議院の解散を断行し、総選挙は 28 日に告示され、11 月 9 日に投開票が行われた。衆議院の解散は、森内閣の下での 2000 年 6 月のいわゆる「神の国解散」以来 3 年 4 ヵ月ぶりのことで、小泉首相は 2001 年 4 月の政権発足以降、2 年半におよぶ「構造改革」の成果を有権者に問うことになった[7]。

　第 43 回衆議院・総選挙は、11 月 9 日に投開票が行われ、その結果、自民党、公明党、および保守新党の与党三党は解散時の議席を下回ったものの、275 議席を獲得して国会運営の主導権を握る絶対多数を堅持した。一方、民主党も解散時を大きく上回る 177 議席を獲得して躍進した。それとは対照的に、共産党と社民党は 9 議席および 6 議席と低迷し、ここに、自民党と民主党を軸とする「二大政党の時代」が到来することになった[8]。

　今回の総選挙の結果について、朝日新聞は社説の中で、次のように総括した。

　　二大政党が政権を競う時代が、名実ともに幕を開けた。政権の選択を初めて有権者に委ねたといってもよい総選挙では、自民党が過半数を維持できず、民主党が躍進した。小泉首相にとっては苦々しい結果ではなかったか[9]。

249

第Ⅵ部　阪神・淡路大震災、自民党復活、小泉長期政権

3　小泉内閣改造

　小泉首相は9月20日、自民党の総裁に再選された。そこで、党役員人事と内閣改造に取り組んだ。首相は衆議院の解散・総選挙に備えるべく、国民的人気の高かった安部晋三官房副長官を幹事長に抜擢し、また、党内で交代論が高まっていた山崎拓幹事長を副総裁に据えた一方、内閣改造では批判の強かった竹中平蔵経済財政相と川口順子外相を留任させて、小泉再改造内閣を発足させたのである。なお、内閣改造に際しては、国土交通相に石原行政改革相を横滑りさせるなど、いわゆる「小泉流人事」の健在ぶりを示し、9月22日に小泉再改造内閣の発足にこぎつけた。ちなみに、前内閣からの留任組は6人、閣僚への横滑りが2人、そして初入閣は7人であった。また、女性の閣僚は小池百合子環境相をはじめ3人となった。首相は記者会見の席で「より鮮明に構造改革をまい進する時期に来たと判断し、内閣改造に踏み切った」と述べ、構造改革路線の堅持を訴えた[10]。

　10月9日の総選挙の結果を受けて、11月19日には第158回特別国会が召集、小泉首相が第88代の首相に指名され、全閣僚が再任された形で第二次小泉内閣が発足した。

4　首相演説

①施政方針演説（1月31日）
　第156回通常国会は1月20日に召集、1月31日には、小泉首相の施政方針演説が衆参両院本会議場で行われた。その概要は次の通りである。

　　首相は低迷が続く日本経済の再生に向けて「あらゆる政策手段を動員する」と述べ、歳出、税制、金融、規制の4分野で構造改革を加速させる決意を表明した。また、不良債権処理に全力で取り組み、「金融危機は起こさせない」と明言した。しかし、デフレ対策では、具体的な政策課題を明示せず、政府・日銀一体で取り組む考えを示すに留

第 9 章　2003 年の政治状況と「首相演説」

まった[11]。

　首相演説などに対する代表質問は 2 月 3 日、まず衆議院本会議で行われ、代表質問の第一陣に立った民社党の岡田克也幹事長は「医療費負担の上げを凍結するよう」に求めた。小泉首相は、見直し等について今年度中に基本方針を策定すると答弁した[12]。

　『朝日新聞』は「社説：首相の息切れが聞こえる―小泉演説」の中で、首相の演説について次のように厳しく批判した。

　　これほど無味乾燥で平板、退屈な首相の演説は近年でもまれでなかろうか。首相自身の言葉が余りにも少ない。小泉首相を一言居士、実行の人と感じさせてきた絶叫調も、影を潜めてしまった。演説のなかで言及した法案や政策は約 100 項目、耳慣れた課題が次々と並んだ。だが、どう取り組むのかという説明が乏しい[13]。

　一方、『読売新聞』は「社説：破綻した経済政策に固執するな―施政方針演説」の中で、首相の演説を次のように論評した。

　　首相は、国民が一番聞きたいことに答えなかった。深まる一方のデフレ不況をどう克服するのか、その具体策だ。「日本経済を再生するため、あらゆる政策手段を動員する必要がある」と、首相は声を張り上げた。そうであれば、財政出動を含む思い切った景気回復策が後に続かなければならない。だが、具体策には全く言及しなかった[14]。

　それでは、小泉首相による施政方針演説の中で①全体の特色と概要、②現状認識、③公約・理念、④課題への対策、および⑤諸外国との関係はどのように述べられていたのであろうか、検討する。

　まず、①の全体の特色と概要である。特色は、経済再生へ政策の総動員を謳ったことであろうか。概要は、「はじめに」「経済再生の向けた取り組み」「"官から民へ""国から地方へ"」「政治への信頼」「潜在力をいかした挑戦」

251

第Ⅵ部　阪神・淡路大震災、自民党復活、小泉長期政権

「科学技術と環境」「日本の魅力再生」「人の育成」「暮らしの構造改革」「危機管理と国際社会安定の実現に向けた取り組み」「外交」、および「むすび」から構成。②の現状認識に関しては、構造改革を強調したことであろうか。③の公約・理念については、歳出、税制、金融、規制の四つの改革を加速させ、デフレを克服するという。④の課題への対策として、「改革は途半ばで、時間が必要である」という。⑤の諸外国との関係は、北朝鮮について日朝平壌宣言を踏まえて、国交正常化に取り組むと謳っている[15]。

　今回の首相演説で特異な点は、演説の冒頭で天皇陛下のご病気を気にかけており、一日も早く陛下の御快復をお祈り申し上げると述べたくだりであろう[16]。

　それにつけても、今回の首相演説について留意すべきは、マスコミが総じて批判・酷評していることだ。例えば、朝日新聞は冒頭で「あせた小泉色　目立つ配慮」と断じるなど、小泉らしさの欠如を嘆いている一方[17]、読売新聞も解説記事の中で「政権発足以来、実体経済がどれだけ悪化しているか、首相はあまりに無自覚で、このままでは日本経済再生の道は遠のくばかりだ」と懸念を示している[18]。政権3年目に入り、演説内容が雑になり、小泉らしさが消えさり、与党への気配りに満ちたものになっているのだ。結局、印象に残るのは演説の単調さだけになった、といわねばならない[19]。

　ただ、忘れてならないのは、この通常国会では政府提出121法案のうち、118本が成立しており、法案成立率が97.5％と高く、2002年の通常国会（84.6％）を大きく上回り、法案成立数も1965年の136本以来の多さとなったことである。問題となった法案以外は順調な成果である[20]。

②所信表明演説（9月26日）

　第157回臨時国会は9月26日に召集され、小泉首相の演説が同日午後から衆参両院の本会議場で行われた。その概要は次の通りである。

　　首相は「日本再生に向けた改革に芽が出てきた」と2年半の成果を強調した。演説の骨格は、郵政民営化の07年実現、道路4公団の05

第 9 章　2003 年の政治状況と「首相演説」

年の民営化をはじめ、自民党総裁選において A5 判の用紙 1 枚で示した政権公約をほぼ踏襲した。一方、今年 1 月の施政方針にあった「改革は途半ば」といった後ろ向きの表現は見られなかった。従来よりも踏み込んだのは、イラク復興支援で「自衛隊や文民の派遣など我が国にふさわしい貢献を行う」と、自衛隊の派遣を明言したことだ[21]。

　首相演説などに対する代表質問は、まず 9 月 29 日に衆議院本会議で行われ、質問の第一陣に立った民主党の菅直人代表は、「イラク」についてどう対応するのかと迫った。首相は「相応の負担をしたい」と答弁した[22]。『朝日新聞』は今回の首相演説について、異例なことに社説を掲載していない（国会論戦については社説がある）。そこで、解説記事を参考にしながら、演説内容の問題点を紹介しておきたい。例えば、民主党の菅直人代表は、小泉首相の所信表明演説について次のような苦言を呈している。

　　（小泉首相の所信表明演説は）新人候補の演説そのもの。すべて「これからこうしたい」という目標を羅列しただけで、2 年半やってきたことをどう位置づけるかは、何もなかった。「芽が出てきた」ということは、結局何一つものごとが進んでないということ。現職首相とは思えない。大変残念な所信表明だ[23]。（カッコ内、引用者）

　一方、『読売新聞』は「社説：政権選択へ政策論争を深めよ」の中で、首相演説について次のように論評した。

　　冒頭の小泉首相の所信表明演説は、先の自民党総裁選での公約をほぼ踏襲している。総裁選の公約が衆院選の公約になるとしてきた経緯から、この所信表明演説は "政権公約" ということなのだろう。……内閣改造後の読売新聞の緊急世論調査では、景気対策を優先する経済政策への転換を求める人は 55％にも上っている。こうした有権者は、首相の所信表明演説に物足りなさを覚えたことだろう[24]。

253

第Ⅵ部　阪神・淡路大震災、自民党復活、小泉長期政権

　それでは、小泉首相による所信表明演説の中で①全体の特色と概要、②現状認識、③公約・理念、④課題への対策、および⑤諸外国との関係はどのように述べられていたのであろうか。

　まず、①の全体の特色と概要だが、特色は郵政民営化の2007年実現を謳ったことであろう。概要は、「はじめに」「外交・安全保障」「国民の“安全”と“安心”の確保」「将来の発展基盤への投資」「経済活性化」「“国から地方へ”“官から民へ”」、および「むすび」から構成。②の現状認識に関しては、「日本再生に向けた改革に芽が出てきた」と述べたことであろうか。③の公約・理念については、拉致問題と核を始めとする安全保障問題に包括的解決を目指すという。④の課題への対策は、雇用問題と中小企業政策に全力を挙げる方針を示したことか。⑤の諸外国との関係について、北朝鮮とは日朝平壌宣言を基本に包括的な解決を目指すという[25]。

　首相演説で注目すべきは、愛読する小説家の言葉を引用し、次のように紹介していることだ。意義深い言葉である。

　　　「人間のすばらしさは、自分のことを悲観的に思わないことです。」これは、司馬遼太郎氏が子供たちに贈った言葉であります。悲観論からは新しい挑戦は生まれません[26]。

　この点に関して朝日新聞は、「国民に我慢を強いて、なお“がんばれ”と言い続けざるを得ない。そこに“改革”の成果がなかなか表れない首相の苦しさがにじんでいる」と指摘しているが正鵠を射た論評である[27]。

5　おわりに

　本文では、十分に触れることができなかった「イラク支援特措法」について今少し言及しておきたい。既述のように、同法は6月13日に国会に提出、7月26日成立したものである。それは4年間の時限立法で、派遣する自衛隊の活動について①現に戦闘が行われておらず、今後も戦闘が行われないと認められる「非戦闘地域」に限る。②武力行使、あるいは武力

第 9 章　2003 年の政治状況と「首相演説」

による威嚇は行わない——ことが原則である。ただし、「戦闘」の主体は「国または国に準じるもの」を想定しており、テロが発生しても、そのままその地域が戦闘地域になるわけでないとしている[28]。（傍点、引用者）

　なお、イラク支援特措法では、イラク国民への医療活動、被災民への食糧、医療、医薬品など「人道復興支援活動」と、治安維持活動を行う米英軍を後方支援する「安全確保支援活動」の二つの分野に従事できることとしている[29]。

　ただここで問題とすべきは、米国のブッシュ大統領がいうような、イラクへの武力行使の大義とされていた大量破壊兵器が発見されていないことだろう。だから、野党陣営は「イラク攻撃には大義がない」「非戦闘地域などない」と、国会で夜を徹して猛反対を続けたわけである[30]。

注

(1)　河島光平〔2004 年〕「焦点　イラク戦争と復興支援　自衛隊派遣に向け特措法を整備」『読売年鑑　2004 年版』読売新聞社、169 頁。

(2)　〔2004 年〕「政治」『世界年鑑　2004 年版』共同通信社、135 頁。政治評論家の後藤謙次は安部晋三の抜擢について次のようにその意義を強調している。「"安部幹事長"は自民党内の時間が一瞬止まったような衝撃を与えた。当面の"選挙の顔"という側面と、3 年後の総裁任期切れを睨み、"安部後継"の布石を打ったと見られたからだった」（後藤謙次〔2014 年〕『ドキュメント　平成政治史 2』岩波書店、303 頁）。

(3)　藤本一美・酒井慶太〔2017 年〕『衆議院の解散・総選挙—決断の政治』志學社、182 頁。

(4)　「防衛」前掲書『世界年鑑　2004 年版』138 頁。

(5)　「社説:将来に禍根をのこさぬか—イラン特措法」『朝日新聞』2003 年 7 月 26 日。

(6)　古川肇「焦点　総裁選圧勝、衆院選も乗り切り　小泉首相、長期政権への戦略」前掲書『読売年鑑、2004 年版』165 頁。

(7)　藤本・酒井、前掲書『衆議院の解散・総選挙—決断の政治』182 頁。

(8)　藤本一美〔2014 年〕『日本政治の転換　1997-2013』専修大学出版局、80 頁。

(9)　「社説:政権交代が見えてきた—03 年総選挙」『朝日新聞』2003 年 11 月 10 日。

(10)　「内閣」前掲書『読売年鑑　2004 年版』205 頁。

(11)　「経済再生へ政策総動員—首相施政演説」『読売新聞』2003 年 1 月 31 日（夕）。

(12)　「焦点採録　代表質問」『朝日新聞』2003 年 2 月 4 日。

第Ⅵ部　阪神・淡路大震災、自民党復活、小泉長期政権

(13)「社説：首相の息切れが聞こえる─小泉演説」同上、2003 年 2 月 1 日。
(14)「社説：破綻した経済政策に固執するな─施政方針演説」『読売新聞』2003 年 2 月 1 日。
(15)「小泉首相の施政方針演説　全文」『朝日新聞』2003 年 1 月 31 日（夕）。
(16) 同上。
(17)「あせた小泉色　目立つ配慮─首相施政方針演説」同上、2003 年 1 月 31 日。
(18)「デフレ　危機感どこに─首相方針演説」『読売新聞』2003 年 2 月 1 日。
(19)「あせた小泉色　目立つ配慮─首相施政方針演説」『朝日新聞』2003 年 1 月 31 日。
(20)「国会」前掲書『読売年鑑　2004 年版』170 頁。
(21)「選挙を意識、成果強調─首相所信表明」『朝日新聞』2003 年 9 月 26 日（夕）。
(22)「焦点採録　代表質問」同上、2003 年 9 月 30 日。
(23)「発言録」同上、2003 年 9 月 27 日。
(24)「社説：政権選択へ政策論争を深めよ」『読売新聞』2003 年 9 月 27 日。
(25)「郵政民営化 2007 年実現」同上、2003 年 9 月 26 日（夕）。
(26)「小泉首相の所信表明演説　全文」『朝日新聞』2003 年 9 月 26 日（夕）。
(27)「選挙を意識、成果強調─首相演説」同上。
(28)「外交」前掲書『世界年鑑　2004 年版』138 頁。
(29)「国会」前掲書『読売年鑑　2004 年版』173 頁。
(30)「外交」前掲書『世界年鑑　2004 年版』138 頁。

第10章　2004年の政治状況と「首相演説」

1　はじめに

　第159回通常国会は1月19日に召集、焦点は年金制度改革とイラクへの自衛隊派遣であった。年金制度関連法案については、保険料や給付水準を5年ごとに見直す方式を改め、2005年度までに国民年金で月額1万6,900円、厚生年金で18.30%（労使折半）上限で固定する一方、給付水準については、現役世代の減少や平均余命の伸びに応じて自動的に抑制する方式の導入を盛り込んだ。関連法案は与野党攻防の末、6月5日未明にようやく成立した。ただこの間に、福田康夫官房長官および7閣僚、並びに菅直人民主党代表の国民年金保険料の未納問題が浮上し、福田官房長官は5月7日に、また菅代表は5月10日に引責辞任に追い込まれたのである[1]。

　第20回参議院・通常選挙（以下、参院選と略す）は7月11日に投開票が行われた。結果は自民党が勝敗ラインの改選51議席を下回り、49議席と敗北した一方で、民主党は改選38議席から50議席へと大勝利した。参院選では、自民党の不振と民主党の躍進が浮き彫りとなった。ただ、小泉首相は非改選を含めて過半数を確保したとして、続投を決めこんだ[2]。

　米軍のCH53D大型輸送ヘリコプターが8月13日、沖縄県宜野湾市の沖縄国際大学キャンパス内に撃墜・炎上した。従来から危険性が指摘されていた米軍普天間飛行場の現場が近い上に、沖縄県警が現場検証から排除されたこともあって、沖縄県民の反発が強まった。そのため、同飛行場の早期返還、日米地位協定の見直し、および沖縄の負担軽減問題などが改めて浮上した[3]。

　本章では、2004年の政治状況を踏まえた上で、第二次小泉改造内閣の意義について触れる。次いで、小泉首相の1月19日の施政方針演説と10

第Ⅵ部　阪神・淡路大震災、自民党復活、小泉長期政権

月12日の所信表明演説の内容を検討することを通じて、この年の政治的特色の一端を紹介する。

2　政治状況──年金制度改革・参院選挙・沖縄ヘリ墜落事故

　年金改革関連法案は通常国会において、与野党間で最大の対決法案となった。同法案は2月10日に閣議決定。それは、現役世代の負担に歯止めをかけると同時に年金給付額を約20年かけて引き下げる内容であり、厚生年金保険料率の上限は18.30％とされた。民主党はこれに強く反対し、審議を拒否した。その後、自民、民主、および公明三党の合意に至り、5月11日、衆議院本会議で政府案を一部修正の上で可決、参議院に送付された。野党議員が抵抗する中で、最終的に6月5日、自民党と公明党の賛成多数で可決したものの、民主党と社民党の両党は本会議を欠席、共産党は出席して反対した。なお、この過程で、福田官房長官や民主党の菅代表の年金未納問題が浮上して辞任に追い込まれたのである[4]。

　朝日新聞は年金改革関連法案の成立について、その内容を次のように批判した。

　　5日に成立した年金改革関連法案は、与党が当初胸を張った"100年もつ制度"からはほど遠く、前提となる出生率や年金保険料の納付率などの動向次第では、早期の見直しが迫られかねない。……保険料の引き上げと給付の切り下げという負担を国民に求める一方で、年金不信につながる保険料未納への対策、基礎年金の財源問題、世代間や職業ごとに異なる年金制度にある不公平感解消などの重要課題には、ほとんど手が付けられないままだ[5]。

　既述のように、参議院選は7月11日に投開票が行われた。与党は自民党が改選議席50を割る49議席にとどまった。しかし、公明党が11議席確保したので、合わせて60議席となり、非改選と合わせた与党新勢力

258

は 139 議席で、国会運営で有利な「絶対安定多数」（135 議席）を維持した。これに対して、民主党は改選議席 38 を大きく上回る 50 議席を獲得し、新勢力は 82 議席と大躍進した。2003 年の衆議院総選挙に続いて、参議院でも自民党と民主党を中心とする「二大政党対決」の時代が到来したといえる[6]。

朝日新聞は参院選の結果について、3 年間の小泉政治に対して有権者の厳しい審判が下ったとして、小泉首相の対応を次のように批判した。

　　有権者の態度が劇的とも言える変化をとげた理由が、年金問題とイラクへの自衛隊派遣問題で首相自身が見せた姿勢にあることは明らかだ。みずからの年金加入履歴に絡んで、"人生いろいろ、会社もいろいろ"と居直ったあげくに、年金改革法案の採決を強行した。国会や国民に対する説明も、了解を得る努力もせぬままに、自衛隊の多国籍軍参加を決めた。しかもそうしたやり方を批判したメディアを"反米"の一言で切り捨てた。そうした態度が、有権者の目には高い支持率のあぐらをかいた首相のおごりと映ったに違いない。首相の強引さに拍手を送ってきた人々が、逆にそれを暴徒と見て不安を感じたのかもしれない[7]。

既述のように、訓練中の米軍海兵隊の大型ヘリコプター CH53D が 8 月 13 日の午後 2 時 15 分頃、沖縄県宜野湾市宜野湾 2 丁目の沖縄国際大学敷地内の校舎わきに墜落・炎上し、乗員 1 人が重症、2 人が軽傷を負った。幸いなことに、大学生や一般人にけがはなかった。沖縄国際大学は普天間飛行場に隣接しており、沖縄県は再発防止策が講じられるまで同飛行場での米軍機の飛行禁止を求めた。小泉内閣は普天間飛行場の移設計画を進めてきたものの、しかし、現在のところ代替施設建設のめどは立っていなかった[8]。

問題なのは、消火活動を終えた宜野湾市の消防隊員に対し、米軍が消火現場から立ち退かせ、墜落事故現場を制限するなど、大学構内が米軍によって一方的に占拠されたことである。しかも、事故原因が特定されないまま、

第VI部　阪神・淡路大震災、自民党復活、小泉長期政権

事故発生から9日目にあたる8月22日から事故同型機の飛行を開始した
のだ。確かに、その後、被害補償への政府による支払いが行われ、また、
在沖米海兵隊司令官が墜落事故に関して宜野湾市に謝罪したとはいえ、そ
の一方で、早朝に訓練の飛行を再開したのは遺憾であった[9]。

　米軍ヘリ墜落事故からおよそ1ヵ月後の9月12日、事故現場の沖縄国
際大学で抗議集会が開催され、主催者側の発表によれば、3万人の市民が
これに参加した。これは、1995年10月に開催された沖縄米兵少女暴行事
件に対する抗議県民総決起大会（8万5千人・主催者側発表）以来の大規
模なもので、沖縄県の米軍基地問題に対する県民の不満の大きさを浮き彫
りにしたものだ、といえる。いずれにせよ、在日米軍基地の再配置、沖縄
の負担軽減が改めて浮上したことは間違いなく、沖縄の米軍飛行場の早期
返還や日米地位協定の見直しが問われた[10]。

3　第二次小泉改造内閣

　小泉首相は9月27日、自民党の役員人事と内閣改造を行い、同日第二
次小泉改造内閣を発足させた。幹事長には、安部晋三に替えて武部勤を抜
擢し、総務会長には久間章生を起用した。一方、新設の郵政民営化担当大
臣は竹中平蔵経済財政相が兼務した。麻生太郎総務相も留任し、首相は郵
政民営化の実現を最優先する体制を整えたのである。改造内閣の17閣僚
のうち、留任は6人、新任11人のうち9人は初入閣組であった。なお、
女性閣僚は法務相の南野知恵子と環境・沖縄・北方大臣の小池百合子の2
人にとどまった[11]。

　今回の内閣改造について、政治評論家の後藤謙次は次のように総括して
いる。

　　内閣改造でも小泉は徹底的に小泉流を貫いた。郵政民営化法案策定
　の責任者である郵政民営化担当相に予想通り竹中平蔵を横滑りさせ
　た。この改造人事を一言で表現するなら、"派閥よりも忠誠心"だった。
　"激突型改造"を貫徹したのだ[12]。（傍点、引用者）

260

第 10 章　2004 年の政治状況と「首相演説」

4　首相演説

①施政方針演説（1 月 19 日）

　第 159 回通常国会は 1 月 19 日に召集、同日午後、小泉首相は衆参両院の本会議場で施政方針演説を行った。その概要は次の通りである。

　　　首相はイラクへの自衛隊派遣について、「人的貢献は危険を伴う可能性があるから他の国に任せるということでは、国際社会の一員として責任を果たしたとは言えない」と、イラク復興支援活動の意義を強調した。一方、経済運営については、「構造改革なくして日本の再生と発展はない」というこれまでの方針を堅持し、「断固たる決意をもって改革を推進する」と、初心を貫く考えを鮮明にした[13]。

　首相演説などに対する代表質問は 1 月 21 日、まず衆議院本会議で行われ、質問の第一陣に立った民主党の菅直人代表は「イラクへの自衛隊派遣は憲法の原則を破る」と追及した。首相は「非戦闘地域要件は満たされば派遣は終了だ」などと答弁した[14]。
　『朝日新聞』は「社説：派遣論議に理を求む」の中で、小泉首相の施政方針演説について次のような注文をつけた。

　　　与野党、とくに小泉首相に考えてもらいたいことがある。大事な課題であればあるほど、理を尽くして語るべきだ。過去の答弁のように“なぜ自衛隊か”と問われ、“では何もしなくていいのか”と強弁するだけでは首相の議論として落第である[15]。

　一方、『読売新聞』は「社説：“イラクと憲法”の論議を深めたい」の中で、首相演説を次のように論評した。

　　　首相は、施政方針演説で、自衛隊のイラク派遣をめぐって憲法前文

261

を引きながら、憲法改正に言及しなかった。……国際平和協力に、自衛隊をどう活用していくのか、そのために憲法９条はどうあるべきか。イラク問題の国会論戦を通じて、憲法論議をさらに深めるべきだ[16]。

それでは次に、小泉首相による施政方針演説の中で①全体の特色と概要、②現状認識、③公約・理念、④課題への対策、および⑤諸外国との関係はどのように述べられていたのであろうか、検討する。

まず、①の全体の特色と概要であるが、特色はイラク支援の意義を強調し、国際協調の重要性を訴えたことであろうか。概要は、「はじめに」「イラク復興支援とテロとの闘い」「進展する改革―"官から民へ""国から地方へ"の具体策」「暮らしの改革の実現」「安全への備え」「安心の確保」「地域の再生と経済活性化」「将来の発展への基盤作り」「外交」、および「むすび」から構成。②の現状認識に関しては、日本経済が着実に回復していると自画自賛している。③の公約・理念については、自衛隊の海外派遣に理解を求めていることか。④の課題への対策としては、「小泉構造改革」の継続を強調している点である。⑤の諸外国との関係については、最初に北朝鮮への言及が多く見られる[17]。

小泉首相の演説で留意すべきは、演説の最大の柱が何よりも「イラク復興支援」に他ならず、イラクへの自衛隊派遣について、強い決意で望むことを謳っていることであろう[18]。

なお、小泉首相の演説で常態化している先人の引用であるが、今回は中国古代の思想家の次のような言葉を引用している。

　　　　義を為すは、毀を避け誉に就くに非ず。

この点について首相は自身で、「我々が世のためになることを行うのは、悪口を恐れたり、人から褒められるためではなく、人間として当然のことをなすという意味であります」と説明している[19]。

②所信表明演説（10 月 12 日）

7 月 11 日の参院選後、第 160 回臨時国会が 7 月 30 日に召集、参議院本会議で議長に自民党の扇千景議員を選出し、参院初の女性議長となった。なお、首相の演説は行われず、次期臨時国会に譲った[20]。

次いで、10 月 12 日に第 161 回臨時国会が召集され、同日午後から、衆参両院の本会議場で小泉首相による所信表明演説が行われた。その概要は次の通りである。

> 首相は「構造改革の芽が大きな木に成長するか否かは、これからが正念場だ」と強調し、郵政民営化や国と地方の税財政を見直す三位一体改革を加速する決意を示した。また、郵政民営化については、閣議決定した基本方針に基づき、07 年から日本郵政公社を民営化する方針を表明し、「郵政事業は公務員でなければ運営できないのか。350 兆円もの郵便貯金や簡易保険の資金が民間で効率的に使われる仕組みが必要だ」と理解を求めた。さらに、外交・安全保障では、国連安全保障理事会常任理事国入りへの決意や米軍再編成問題で米側と本格的に協議する意向を示した[21]。

首相演説に対する各党の代表質問が 10 月 13 日、衆議院本会議で始まり、質問の第一陣に立った民主党の岡田克也代表は「郵政改革は日本が直面する課題の一つに過ぎないのではないか」と質した。首相から「郵政民営化は、行財政改革や経済の活性化の観点から極めて重要だ」との答弁があった[22]。

首相演説に関していつも掲載される朝日新聞の「社説」は管見の限り見当たらない。そこで代わりに、連立与党である公明党の神崎武法代表の苦言を引用しておきたい。

> 総花的で盛り上がりに欠けた印象を持った。……首相は自民党の大改革を掲げて総裁になった。もう少し踏み込んで政治団体間の献金の上限規制などでリーダーシップを発揮し、制度改革をこの国会でやる

第VI部　阪神・淡路大震災、自民党復活、小泉長期政権

という強い決意を示してもよかった[23]。

　一方、『読売新聞』は「社説：郵政民営化の中身を説明せよ」の中で、首相の演説について次のような苦言を呈した。

　　民営化の目的は、郵便貯金、簡易保険を通じて集めた巨額の資金を非効率的に使う"国営金融機関"の解体にある。だが、望ましい民営化の姿は何か。国民にどのような利益をもたらすのか、など肝心な点の説明が極めて不十分だ。……しかし、どんな法案に仕上げるつもりなのか、その目的や内容をきちんと説明しないのでは、国民の理解は得られない[24]。

　それでは、小泉首相による所信表明演説の中で①全体の特色と概要、②現状認識、③公約・理念、④課題への対策、および⑤諸外国との関係はどのように述べられていたのであろうか。

　まず、①の全体の特色と概要だが、特色は郵政民営化の断行を強調したことであろうか。概要は、「はじめに」「官から民へ　国から地方への徹底」「地域社会の再生と経済の活性化」「暮らしの安心と安全」「外交・安全保障」、および「むすび」から構成。②の現状認識に関しては、構造改革の芽が大きな木に成長するか否かは、これからが正念場だという。③の公約・理念については、2007年から日本郵政公社を民営化すると謳っている。④の課題への対策としては、年金など社会保障改革について踏み込んだ言及を避けた。⑤の諸外国との関係については、日米同盟と国際協調を外交の基本とするとして、国連、米国、北朝鮮、およびイラクなどに言及している[25]。

　今回の首相演説で注目すべきは、「むすび」のくだりで、全国高校野球選手権で準優勝した済美高校の校歌「光になろう」の一節"やれば出来る"を引用したことである[26]。

　ちなみに、小泉首相は今回もまた演説の冒頭で、中国の思想家孔子の言葉を引用し、演説の中で政治家一人ひとりが肝に銘じ、常に襟を正さなければならない、と説明している。首相は著名人の言葉がことのほか気に入っ

第 10 章　2004 年の政治状況と「首相演説」

ているようである。引用文を紹介しておく。

　　政<ruby>まつりごと</ruby>とは、正すこと。"政<ruby>せい</ruby>は正<ruby>せい</ruby>なり"。政治は不正を許さず人々に模
　範を示すことで、秩序ある社会を作り上げる [27]。

5　おわりに

　最後に日米同盟関係など外交・安全保障問題について若干言及しておく。
小泉首相とブッシュ大統領との関係は極めて密接であった。小泉首相は 6
月 8 日、米ジョージア州シーアイランドでブッシュ大統領と会談して、イ
ラク多国籍軍への自衛隊参加を事実上表明し、ブッシュ大統領はこれを高
く評価すると歓迎した。一方、9 月 21 日に国連総会に出席した首相は首
脳会談で、国連改革への協力を要請、大統領は日本の国連安全保障理事会
常任理事国入りを支持する考えを伝えた [28]

　石破茂防衛庁長官は 1 月 9 日、イラク復興支援特措法に基づき、陸上
自衛隊に対しイラク南部サマワでの人道復興支援活動の実施に向けて、治
安状況の情報収集と本体受け入れ準備のため、約 30 人の先遣部隊を編制
し現地に派遣する命令を出した。そして 6 月 18 日には、イラク主権移譲
後に編成される多国籍軍に自衛隊を参加させることを閣議決定し、12 月
9 日には 1 年間の派遣延長を決めたのである [29]。

　また、政府は 12 月 19 日、航空自衛隊に派遣命令を出し、26 日には先
遣隊の第一陣がクウェートに向けて日本を後にした。こうして、9.11 米
同時多発テロを契機にインド洋に護衛艦を派遣したのに続き、日本が長く
封印してきた戦闘地への派遣に踏み出したのだ [30]。

　政治学者の佐道明広は、小泉首相は長期的な外交戦略を考えていなかっ
たとして「戦略がないまま、独自の勘とこだわりで進められたのが小泉外
交であった」と批判している [31]。それは安全保障の面でもある程度妥当
する。特に、多国籍軍への参加問題では、自衛隊の海外派遣に対する政府
の場当たり的な対応が目立ったのは否めない。

265

第VI部　阪神・淡路大震災、自民党復活、小泉長期政権

注

(1)　[2005年]「政治」『世界年鑑　2005年版』共同通信社、135頁。

(2)　藤本一美〔2014年〕『日本政治の転換　1997-2013』専修大学出版局、84頁。

(3)　小川聡〔2005年〕「在日米軍の再編論議　沖縄の負担軽減が焦点」『読売年鑑　2005年版』読売新聞社、167頁。

(4)　「国会」同上、171頁。

(5)　「年金改革法成立―財源・未納金対策先送り」『朝日新聞』2004年6月6日。

(6)　後藤謙次〔2014年〕『ドキュメント　平成政治史2』岩波書店、345頁。

(7)　「裁かれた首相のおごり―参院選　自民党敗北」『朝日新聞』2004年7月12日。

(8)　藤本、前掲書『日本政治の転換　1997-2013』88頁。

(9)　同上、89頁。

(10)　小川、前掲書「焦点　在日米軍の再編論議　沖縄の負担減が焦点」『読売年鑑　2005年版』167頁。

(11)　「内閣」前掲書『読売年鑑　2005年版』183頁。

(12)　後藤、前掲書『ドキュメント　平成政治史2』358-359頁。

(13)　「"イラク支援"前面に―首相が施政方針演説」『朝日新聞』2004年1月19日(夕)、「国会」前掲書『読売年鑑、2005年版』170頁。

(14)　「焦点採録　代表質問」『朝日新聞』2004年1月22日。

(15)　「社説：派遣論議に理を求む」同上、2004年1月20日。

(16)　「社説："イラクと憲法"の論議を深めたい」『読売新聞』2004年1月20日。

(17)　「イラク支援　意義強調―首相施政演説」同上、2004年1月19日（夕）、「イラク支援前面に―首相が施政方針演説」『朝日新聞』2004年1月19日（夕）。

(18)　「イラク支援　意義強調―首相施政演説」『読売新聞』2004年1月19日（夕）。

(19)　「小泉首相の施政方針演説　全文」『朝日新聞』2004年1月19日（夕）。

(20)　「国会」前掲書『読売年鑑　2005年版』171頁。

(21)　「郵政民営化断行を強調―首相所信表明」『朝日新聞』2004年10月12日（夕）、「国会　第161回臨時国会」前掲書『読売年鑑　2005年版』172頁。

(22)　「郵政　一課題に過ぎぬ―代表質問」『朝日新聞』2004年10月13日（夕）、「首相、"年金"以外は防止」、同上、2004年10月14日。

(23)　「神崎氏、所信表明に苦言」同上、2004年10月13日。

(24)　「社説：郵政民営化の中身を説明せよ」『読売新聞』2004年10月13日。

(25)　「郵政民営化断行を強調―首相所信表明」『朝日新聞』2004年10月12日（夕）、「首相"改革は正念場―所信演説」『読売新聞』2004年10月12日（夕）。

(26)　「やれば出来る―首相所信表明」『朝日新聞』2004年10月13日。

(27)　「小泉首相の所信表明演説　全文」同上、2004年10月12日（夕）。

(28)　「外交」前掲書『世界年鑑　2005年版』135頁。

（29）「防衛」同上、137 頁。

（30）後藤、前掲書『ドキュメント　平成政治史 2』315 頁。

（31）佐道明広〔2012 年〕『現代日本政治史 5　「改革」政治の混迷』吉川弘文館、168 頁。

第VI部　阪神・淡路大震災、自民党復活、小泉長期政権

終章──首相演説の特色（1995 年〜 2004 年）

　第VI部で分析の対象としている時期は 1995 年から 2004 年までの 10 年間であり、この間の日本の政治状況と首相演説を取りあげている。大雑把に表現するなら、この時期の政治的特色としては以下の 2 点ほどあげることができよう。

　その第一は、自民党が再び政権の座に復帰したことだ。すなわち、1996 年 1 月 11 日、橋本龍太郎自民党総裁が首相に選出され、自民党は宮澤内閣の下で首相の座を失って以来、2 年 5 ヵ月ぶりに首相の座（権力）を手にしたのである。それ以降、自民党は短期の小渕恵三内閣、森喜朗内閣、および長期の小泉純一郎内閣と政権をつないできた。確かに公明党などと連立を組んでのことであるとはいえ、"自民党支配体制" が復活したとの印象を深くする。第二に、自民党は「新保守主義」と「小さな政府」の旗印を掲げた小泉政権の下で、一種の衣替えをはかり "郵政民営化" など構造改革を促進・実現することを通じて、長期安定政権を堅持することに成功したことである [1]。

　その場合、留意すべきは、特に 2000 年代に入ってから、日本政治が大きく転換ないし様変わりを遂げてきた事実である。例えば、自民党政権は、特に日米安保体制の再定義を促進することで、米国との間で軍事同盟関係を強化してきたのだ。しかも、2001 年 9 月の「アメリカ同時多発テロ」発生以降は、小泉内閣の下で、ついにイラクへの自衛隊の海外派遣が実現するなど、外交・安全保障の面で、右寄りの保守的姿勢が一段と顕著となった、といわねばならない。また、国内経済の面でも、年金制度改革や郵政民営化を促進したものの、結局、不況を克服できず、現実には富者と貧者との貧富の格差が一段と広がり、日本経済が曲がり角に入ったことである [2]。

　この時期の首相演説を見て興味深いのは、特に小泉内閣に入ってからの

終章——首相演説の特色（1995 年〜 2004 年）

ことだが、施政方針演説や所信表明演説の中で、必ず古今東西の著名な思想家や作家などの言葉が引用され、それが演説における特色の一つとなっていることだ。引用した文面が、果たしてどれほど国会議員、国民、およびマスコミなどの心に浸透しかつ影響を与えたのかを正確に確認することはできない。しかしである。それ以前の首相演説に比べると大きな特色の一つであることに間違いない。あるいは、政権が掲げる政策への野党やマスコミなどによる厳しい批判の声をかわす効果を狙ったのかもしれない。周知のように、小泉首相は内政・経済・外交の面で多難な改革に挑戦したが、首相演説もその一つであったとの感を深くする[3]。

　小泉首相はまず、2001 年の「所信表明演説」の中で、明治初期の長岡藩での「米百俵の精神」を引用して、改革を進めようと述べているのを端緒に、演説のたびに先人の主要な文章を引用している。本論との重複をいとわず、以下にその内容と首相自身の解説を挙げておく。

　　この世に生き残る生き物は、最も力の強いものか、そうではない。最も頭のいいものか。そうでもない。それは、変化に対応できる生き物だ（2001 年 9 月 27 日の「所信表明演説」）。

　　"他策なかりしを信ぜむと欲す"。これは、内閣制度草創期、第二次伊藤博文内閣において外務大臣を務めた陸奥宗光の言葉です。"他の誰であっても、これ以外の策はなかったに違いない"。真の国益とは何か、考えに考えた末の結論であるとの確信を込めたこの言葉は、私自身の思いでもあります（2002 年 10 月 18 日の「所信表明演説」）。

　　「人間の素晴らしさは、自分のことを悲観的に思わないことです」。これは司馬遼太郎氏が、子供たちに贈った言葉です。悲観論から新しい挑戦は生まれません（2003 年 9 月 26 日の「所信表明演説」）。

　　義為すは、毀を避け誉に就くに非ず（2004 年 1 月 19 日の「施政方針演説」）。

第Ⅵ部　阪神・淡路大震災、自民党復活、小泉長期政権

　　政とは、正すこと。"政は正なり"。政治は不正を許さず人々に模
　範を示すことで、秩序ある社会を作り上げる（2004年10月12日の「所
　信表明演説」）。

　小泉首相が引用した内容は、いずれも立派でかつ蘊蓄に富んだ文章ばか
りである。確かに、政治は「言葉」そのものであるという側面があり、政
治家が言葉を重要視するのは当然である。だが他方で、政治は結果責任だ
といわれる。どんなに立派な言葉を発しても、実行が伴わなくては意味が
ない[4]。それでは、小泉首相は日本の政治、経済、および外交でどのよう
な成果を残したのであろうか。その評価については、本書に続く第4巻で
示したい。

　注
（1）　藤本一美［2003年］『戦後政治の決算　1971-1996』専修大学出版局、390頁。
（2）　『朝日年鑑　1997年版』朝日新聞社、142頁。
（3）　「外交」『世界年鑑　2005年版』共同通信社、135頁。
（4）　ソジェ内田恵美〔2018年〕「戦後日本の首相における逸話分析」『津田塾大学
　　　言語文化研究所報』第15号、参照。

参考文献

〈政治状況〉

・後藤謙次〔2000 年〕『竹下政権・五七六日』行研出版局。

・後藤謙次〔2014 年〕『ドキュメント　平成政治史 2』岩波書店。

・佐道明広〔2012 年〕『現代日本政治史 5　「改革」政治の混迷』吉川弘文館。

・田中善一郎〔1990 年〕「中曽根政権と転換期の国会―第 97 回国会～第 109 回国会」
　　内田健三・金原左門・古屋哲夫編『日本議会史録　6』第一法規出版。

・塚原政秀編・林健太郎監修〔1987 年〕『実録昭和史　6』ぎょうせい、131 頁。

・藤本一美〔1992 年〕『海部政権と「政治改革」』龍渓書舎。

・藤本一美〔2000 年〕「村山内閣の歴史的位置」岡野加穂留・藤本一美編『村山内閣
　　とデモクラシーの危機』東信堂。

・藤本一美〔2003 年〕『戦後政治の決算　1971-1996』専修大学出版局。

・藤本一美〔2008 年〕『現代日本政治論　1945-2005』専修大学出版局。

・藤本一美〔2014 年〕『日本政治の転換　1997-2013』専修大学出版局。

・藤本一美・酒井慶太〔2017 年〕『衆議院の解散・総選挙―決断の政治』志學社。

・牧太郎〔1988 年〕『中曽根政権・一八〇日　下』行研出版局。

・若月秀和〔2012 年〕『現代日本政治史 4　大国日本の政治指導 1972 ～ 1989』吉川
　　弘文館。

・〔1990 年〕『議会制度百年史　国会史　下巻』衆議院・参議院。

・『朝日年鑑』朝日新聞社。

・『読売年鑑』読売新聞社。

・『世界年鑑』共同通信社。

〈内閣〉

・〔2006 年〕『実録首相列伝』学習研究社。

・浅野一弘〔2012 年〕「小泉純一郎首相」藤本一美編『現代日本宰相論　一九九六年
　　～二〇一一年の日本政治』龍渓書舎。

・飯尾潤〔1995 年〕「細川護熙」渡辺昭夫編『戦後日本の宰相たち』中央公論社。

・飯尾潤〔1995 年〕「羽田孜」渡辺昭夫編『戦後日本の宰相たち』中央公論社。

・五十嵐武士〔1995 年〕「宮澤喜一」渡辺昭夫編『戦後日本の宰相たち』中央公論社。

・岩間陽子〔2013 年〕「宮澤喜一」御厨貴編『増補新版　歴代首相物語』新書館。

・岩間陽子〔2013 年〕「海部俊樹」御厨貴編『増補新版　歴代首相物語』新書館。

・宇治敏彦〔2001 年〕「橋本龍太郎」宇治敏彦編『首相列伝　伊藤博文から小泉純一
　　郎まで』東京書籍。

・宇治敏彦〔2001 年〕「宮澤喜一」宇治敏彦編『首相列伝　伊藤博文から小泉純一郎
　　まで』東京書籍。

・金指正雄〔2001 年〕「森喜朗」宇治敏彦編『首相列伝　伊藤博文から小泉純一郎まで』東京書籍。
・金指正雄〔2001 年〕「中曽根康弘」宇治敏彦編『首相列伝　伊藤博文から小泉純一郎まで』東京書籍。
・金指正雄〔2001 年〕「竹下登」宇治敏彦編『首相列伝　伊藤博文から小泉純一郎まで』東京書籍。
・金指正雄〔2001 年〕「海部俊樹」宇治敏彦編『首相列伝　伊藤博文から小泉純一郎まで』東京書籍。
・金森和行〔1996 年〕『村山富市が語る「天命」の五六一日』ＫＫベストセラーズ。
・久米郁男〔1995 年〕「竹下登」渡辺昭夫編『戦後日本の宰相たち』中央公論社。
・高野恵亮〔2012 年〕「橋本龍太郎首相」藤本一美編『現代日本宰相論　一九九六年～二〇一一年の日本政治』龍渓書舎。
・竹中治堅〔2013 年〕「竹下登」御厨貴編『増補新版　歴代首相物語』新書館。
・田中善一郎〔1990 年〕「中曽根康弘」内田健三・金原左門・古屋哲夫編『日本議会史録 6』第一法規出版。
・鈴木邦子〔2013 年〕「村山富市」御厨貴編『増補新版　歴代首相物語』新書館。
・濱賀祐子〔2012 年〕「小渕恵三内閣」藤本一美編『現代日本宰相論　一九九六年～二〇一一年の日本政治』龍渓書舎。
・御厨貴〔2013 年〕「小泉純一郎」御厨貴編『増補新版　歴代首相物語』新書館。
・宮脇峯生〔2000 年〕「村山内閣と危機管理」岡野加穂留・藤本一美編『村山政権とデモクラシーの危機』東信堂。
・根本俊雄〔2012 年〕「森喜朗首相」藤本一美編『現代日本宰相論　一九九六年～二〇一一年の日本政治』龍渓書舎。
・福井治弘〔1995 年〕「海部俊樹」渡辺昭夫編『戦後日本の宰相たち』中央公論社。
・世界平和研究所編〔1996 年〕「第二次中曽根改造内閣－1984 年 11 月～ 85 年 12 月」『中曽根内閣史　日々の挑戦』世界平和研究所。

〈首相演説〉
・東照二〔2006 年〕『歴代首相の言語力を診断する』研究社。
・岩井奉信〔1983 年〕「国会における首相演説の内容分析」慶應義塾大学新聞研究所『新聞研究所年報』第 20 号。
・河原彰宏・吉原秀樹〔2020 年〕「戦後歴代首相の施政方針演説と所信表明演説の計量分析」『情報知識学会誌』Vol30. No.2。
・ソジュ内田恵美〔2018 年〕「戦後日本政治における所信表明演説の研究－Discourse Analysis を用いた実証研究」日本政治学会『年報政治学Ⅱ』筑摩書房。
・ソジュ内田恵美〔2020 年〕「戦後日本の首相のける逸話分析」『津田塾大学言語文

化研究所報』第 35 号。
・高瀬淳一〔2005 年〕『武器としての言語政治』講談社。
・田瀬康弘〔2015 年〕『1945 ～ 2015　総理の演説』バジリコ。
・中村秩祥子〔2004 年〕「内閣総理大臣の文体分析―鳩山首相から大平首相について」
　『龍谷大学国際センター研究年報』13。
・日垣隆＋ガッキーファイター編集部〔2015 年〕『日本の奇跡　戦後歴代首相の施政
　方針演説』銀河系出版。

索　引

【事項索引】

数字・欧文

Ｅ－ジャパン構想 217

YKK 226

あ行

イラク復興支援特別措置法 247, 265

イラクへの自衛隊派遣 261

オウム真理教 151

沖縄経済振興 21 世紀プラン 174

か行

改革フォーラム 21 103

改新 126

外務省の機密費流用事件 233

加藤の乱 219

神の解散 249

神の国発言 209

ガラス細工 117

官邸主導 224

北朝鮮訪問団 197

九州・沖縄サミット 212

共和汚職事件 106

金権腐敗 146

金融国会 182

金融不安 182

グループ・新世紀 226

景気回復内閣 156

憲法調査会 206

倹約斉家論 59

小泉旋風 224

小泉流人事 250

皇室外交 110

厚生省汚職 167

構造改革路線 222

国民福祉税構想 126

国連平和維持活動（PKO）協力法案
　　94, 102

国連平和協力法案 87

コメ市場開放問題 98

さ行

自粛ムード 51

地震対策国会 154

衆参同日選挙 25

住専国会 163

自由党 182

党首討論 244

証券不祥事 96

小選挙区比例代表並立制 78

消費税解散 80

消費税導入 51

新国家主義 40

新進党 127

新進党解党 179

スーパー 301 条 79

政・官・業の癒着打破 123
政治改革解散 113
政治改革関連三法案 92
政治改革政権 117
政治家の錬金術 53
政府委員制度 201
絶対安定多数 206
ゼネコン（総合建設企業）汚職事件
　115
戦後 50 年談話 150
戦闘地域 248

た行
第 8 次選挙制度審議会 80
第 12 回サミット（主要先進国首脳会議）
　27
大喪の礼 63
太陽党 169

地域振興券 183
地下鉄サリン事件 151
中距離核戦力（INF）全廃条約 36
中小企業経営者福祉事業団（KSD）228
駐留軍用地特例法 171
調整型政治指導 54
調整型リーダー 159

テロ対策特別措置法 223

ドイツの統一 78
東芝ココム違反事件 38

な行
二重権力構造 118
日米構造協議問題（SII）79
日米防衛協力のための指針（ガイドラ
　イン）196
日米防衛協力のための指針（新ガイド
　ライン）172
日米包括経済協議 133
日米安保共同宣言 161
日朝平壌宣言 237
日本新生内閣 213
日本新生プラン 216
日本新党 104
日本人拉致問題 236

年金未納問題 258
撚糸工連事件 27

は行
阪神・淡路大震災 151

人にやさしい政治 138

ふるさと創生論 46, 69

平成 63

防衛庁事件 192
保守新党 236
保守党 206
北方領土問題 90

ま行
民主党結党大会 168

275

や行

野合政権 129

リクルート事件 51, 64
領土画定問題 92

連座制 80

六大改革 172
ロン・ヤス関係 25

ら・わ行

湾岸危機 82
湾岸戦争 91

索　引

【人名索引】

あ行

青木伊平　66
青木幹雄　199
安部晋三　247
阿部文男　106

飯尾潤　130
五十嵐武士　104, 116
石田梅岩　59
石破茂　248, 265
石橋正嗣　29

宇野宗佑　65

太田昌秀　151
岡田克也　251, 263
岡田利春　42
岡光序治　167

小此木彦三郎　92
小沢一郎　103
小沢潔　150
小渕恵三　183

か行

海部俊樹　66
梶山静六　114, 162, 164
加藤紘一　153
金子みつ　46
金丸信　102
菅直人　236

神崎武法　196
金正日　197, 236

久米郁男　67

小池百合子　250, 260
小泉純一郎　226
江沢民　233
河野洋平　116
後藤謙次　47, 55, 204, 207, 243
後藤田正晴　114
小林与三次　78
小松秀熙　51
ゴルバチョフ，ミハイル　90

さ行

坂田道太　28
笹川堯　244
佐道明広　105, 117, 159, 219, 227, 265
佐藤孝行　171

司馬遼太郎　254
昭和天皇　51

鈴木邦子　204
鈴木宗男　237

曽我ひとみ　237

た行

竹下登　45
竹中治堅　54, 66
武部勤　260
武村正義　132

田中眞紀子 233, 238
田辺誠 96, 98, 102, 106

土井たか子 115

な行
中野寛成 178, 189, 236

西岡武夫 167

根本俊雄 210

南野知恵子 260
野上義二 233
野田毅 196, 199
蘆泰愚 60

は行
橋本龍太郎 122
羽田孜 103
鳩山由紀夫 168
濱賀祐子 193
原健三郎 38

ビン・ラディン，オサマ 247

福井治弘 87
福田康夫 257
藤尾正行 33
ブッシュ，ジョージ・W 224, 247

細川護熙 117

ま行
三塚博 164
宮崎勇 153
宮澤喜一 93

陸奥宗光 243
村岡兼造 174
村山富市 197

森山真弓 106
森喜朗 209

や行
柳沢伯夫 239
山崎拓 224
山花貞夫 118
村山富市 126
山本富雄 134

横田めぐみ 237
米沢隆 139

ら・わ行
若月秀和 44, 53
渡辺昭夫 130
渡辺広康 105

藤本一美（ふじもと　かずみ）

1944 年　青森県に生まれる。
1973 年　明治大学大学院政治経済研究科・博士課程修了
　　　　　国立国会図書館調査員を経て、専修大学法学部教授
現　在　専修大学名誉教授、日本臨床政治学会理事長
専　攻　政治学
著　作　『日本政治の転換　1997-2013』（専修大学出版局、2014 年）
　　　　『青森県初の衆議院議長　大島理森』（北方新社、2022 年）
　　　　『戦後政治と「首相演説」1　1945-1964』（専修大学出版局、2023 年）
　　　　『戦後政治と「首相演説」2　1965-1984』（専修大学出版局、2024 年）他多数

住　所　〒 279-0012　千葉県浦安市入船 2-5-301
メール　thj0520@isc.senshu-u.ac.jp

戦後政治と「首相演説」3　　1985-2004

2025 年 1 月 23 日　第 1 版第 1 刷
著　者　　藤本　一美
発行者　　上原　伸二
発行所　　専修大学出版局
　　　　　〒 101-0051　東京都千代田区神田神保町 3-10-3
　　　　　株式会社専大センチュリー内　電話 03-3263-4230
印　刷
製　本　　モリモト印刷株式会社

ⓒ Kazumi Fujimoto 2025 Printed in Japan
ISBN978-4-88125-396-0

○専修大学出版局の本○

藤本一美 著

戦後政治と「首相演説」1 ——**1945-1964**
A5 判　定価 **3,740** 円（発売中）

藤本一美 著

戦後政治と「首相演説」2 ——**1985-2004**
A5 判　定価 **3,740** 円（発売中）

藤本一美 著

戦後政治と「首相演説」4 ——**2005-2024**
（続刊）